合併の法務

弁護士法人北浜法律事務所
弁護士
谷口明史［著］

中央経済社

は し が き

　本書は，合併に関する実務書として利用されることを念頭におき，平成26年改正後の会社法を中心に，平成28年の確定拠出年金法改正および商業登記規則の改正，平成29年度税制改正などを含め，本書執筆時点における最新の法令に基づいて記述しています。

　本書の読者層としては，弁護士等の法律家だけでなく，企業の法務担当者やアドバイザーの方々も想定しています。実務書であることから，原則として学説上争いのある論点には深入りせず，会社法等の合併関連法令の条文，判例，実務上の一般的な取扱い等を丁寧に解説することを目指しました。もっとも，本書の執筆に際して，会社法をはじめとする各法令の条文を丁寧に読み込み，既存の文献を読み直したところ，必ずしもきちんと解説されていないと思われる箇所や疑問が生じる箇所がいくつかあり，そのような疑問等については，できる限り対応しました。

　また，すでに多数の合併案件を経験している方のみならず，初めて合併案件を担当する際に本書を参照される方もいることを想定し，基本的な事項や誤りやすい事項については，正確かつわかりやすく記述することとしました。なお，厳密さを犠牲にした記述ではなく，むしろ曖昧さを残さないことによるわかりやすさを目指しています。もちろん，本書の性格上，あらゆる事項，論点について，詳細に記述することはできませんので，さらに詳細な検討をするに際しては，引用文献を参照していただければと思います。

　加えて，実務上，グループ企業間の合併が多いことから，実務上の利便性を向上させるため，無対価合併に関する記述を先行させるなどの工夫をしています。また，時間がない方は第4章第1節を最初に読んでいただくことにより，合併手続の全体像が把握できるようにしています。

　なお，本書には，合併実務に役立つウェブサイトを多数掲げていますので，

各機関が作成している書式等については，該当のウェブサイトにアクセスしていただければと思います。

　本書が，少しでも合併実務を行う皆様のお役に立つことがあれば，望外の喜びです。

　最後に，本書が刊行できたのは，株式会社中央経済社の川副美郷氏をはじめとする担当者の皆様からの粘り強いご支援があったからにほかなりません。この場を借りて厚く御礼申し上げます。

　2017年8月

著　　者

CONTENTS

はしがき

第1章 合併の意義と効果 ─── 1
第1節 合併の意義 ─── 1
第2節 新設合併 ─── 2
第3節 合併の効果 ─── 2
1　概　要 ─── 2
2　消滅会社の解散・消滅 ─── 3
3　権利義務の包括承継 ─── 3

第2章 合併の当事者 ─── 15
第1節 合併自由の原則 ─── 15
第2節 持分会社を当事者とする場合の特殊性 ─── 16
1　持分会社が合併当事会社となる場合の会社法の規定 ─── 16
2　合併契約に関する特殊性 ─── 16
3　合併手続に関する特殊性 ─── 16
第3節 合併当事会社となることの可否 ─── 17
1　特例有限会社 ─── 17
2　清算中の会社 ─── 17
3　倒産手続中の会社 ─── 17
4　債務超過会社の合併 ─── 18
5　外国会社との合併 ─── 18

第3章　合併ストラクチャーと合併対価 ─── 19

第1節　合併ストラクチャーの検討 ─── 19
第2節　存続会社・消滅会社の決定 ─── 20
第3節　合併対価の決定 ─── 21
1　合併対価の自由化 ─── 21
2　合併対価の割当ができない株主 ─── 21
3　合併対価にかかる株主平等原則 ─── 22
4　合併対価の種類 ─── 23
5　合併比率の公正性 ─── 26
第4節　消滅会社の新株予約権者に対する対価の決定 ─── 28

第4章　合併手続 ─── 31

第1節　合併手続の概要 ─── 31
1　会社法上の手続 ─── 31
2　会社法以外の手続 ─── 33
3　各手続の概説 ─── 33
4　具体的なスケジュール例 ─── 41
5　秘密保持契約・基本合意書 ─── 46
第2節　合併契約 ─── 52
1　総　論 ─── 52
2　必要的記載事項 ─── 53
3　任意的記載事項 ─── 64
第3節　事前備置書類 ─── 72
1　事前備置の趣旨 ─── 72
2　備置開始日・備置期間 ─── 72
3　備置方法と閲覧等 ─── 73

    4　事前備置書類の記載内容 ……………………………………… 74
第4節　株主総会 ──────────────────────── 87
　1　概　要 ………………………………………………………………… 87
　2　基準日 ………………………………………………………………… 87
　3　株主総会 ……………………………………………………………… 88
　4　種類株主総会 ………………………………………………………… 90
　5　簡易合併 ……………………………………………………………… 92
　6　略式合併 ……………………………………………………………… 97
　7　任意の株主総会の可否・効果 ……………………………………… 99
第5節　株主・債権者等への通知・公告 ─────────── 102
　1　概　要 ………………………………………………………………… 102
　2　通知・公告に関する一般的留意点 ………………………………… 103
　3　債権者異議手続 ……………………………………………………… 105
　4　株式買取請求にかかる通知・公告 ………………………………… 110
　5　新株予約権買取請求にかかる通知・公告 ………………………… 111
　6　登録株式質権者・登録新株予約権質権者に対する通知・公告 … 111
　7　株券提出手続・新株予約権証券提出手続にかかる通知・公告 … 112
　8　通知・公告のまとめと具体例 ……………………………………… 114
第6節　株式買取請求・新株予約権買取請求 ───────── 121
　1　概　説 ………………………………………………………………… 121
　2　株式買取請求 ………………………………………………………… 121
　3　新株予約権買取請求 ………………………………………………… 136
第7節　効力発生と対価の割当て ───────────── 138
　1　概　説 ………………………………………………………………… 139
　2　存続会社の株式の場合 ……………………………………………… 139
　3　存続会社株式以外の場合 …………………………………………… 142
　4　消滅会社の新株予約権者に対する対価の交付 …………………… 143

第8節　事後備置書類 —————————————— 143
- 1　事後備置の趣旨 ……………………………………………… 143
- 2　備置期間 ……………………………………………………… 143
- 3　備置方法と閲覧等 …………………………………………… 143
- 4　事後備置書類の記載内容 …………………………………… 144

第9節　登　記 ———————————————————— 145
- 1　消滅会社の解散登記 ………………………………………… 145
- 2　存続会社の変更登記 ………………………………………… 145

第10節　合併の手続未了・変更・中止・差止め・無効等 ——— 148
- 1　合併関連手続の未了と合併の効力 ………………………… 148
- 2　合併の中止 …………………………………………………… 150
- 3　合併条件の変更 ……………………………………………… 151
- 4　差止請求・無効の訴え等 …………………………………… 154

第5章　金融商品取引法・金融商品取引所規則・振替法
——————————————————————————— 163

第1節　概　要 ———————————————————— 163
第2節　金融商品取引法 ————————————————— 164
- 1　組織再編成開示制度 ………………………………………… 164
- 2　臨時報告書 …………………………………………………… 168
- 3　インサイダー取引規制 ……………………………………… 170

第3節　金融商品取引所規則 ———————————————— 174
- 1　概　要 ………………………………………………………… 174
- 2　適時開示等 …………………………………………………… 174
- 3　合併に係る提出書類 ………………………………………… 176
- 4　上場廃止とテクニカル上場 ………………………………… 177

5　不適当合併 ………………………………………………… 178
　第4節　米国証券法 ──────────────────── 180
　第5節　振替法 ────────────────────── 181
　　1　振替法に関する基本的事項 ……………………………… 181
　　2　買取口座の開設 ………………………………………… 184
　　3　会社法の適用除外 ……………………………………… 184
　　4　合併対価の交付と振替法 ………………………………… 185

第6章　独占禁止法 ───────────────── 191

　第1節　概　要 ────────────────────── 191
　第2節　事前届出制度 ──────────────────── 192
　　1　事前届出を要する合併 …………………………………… 192
　　2　事前届出を要しない場合 ………………………………… 192
　　3　定義語の内容 …………………………………………… 193
　　4　届出書の様式・添付資料 ………………………………… 195
　　5　待機期間 ………………………………………………… 196
　　6　届出義務違反に対する罰則等 …………………………… 196
　第3節　企業結合審査の手続 ──────────────── 197
　　1　届出前相談 ……………………………………………… 197
　　2　届出の受理 ……………………………………………… 197
　　3　第1次審査 ……………………………………………… 198
　　4　第2次審査 ……………………………………………… 198
　　5　問題解消措置の申出 …………………………………… 199
　　6　排除措置命令 …………………………………………… 200
　　7　緊急停止命令 …………………………………………… 200
　　8　合併後の手続 …………………………………………… 200
　第4節　企業結合ガイドライン ─────────────── 201

1　企業結合審査の対象 …………………………………… 201
　　2　一定の取引分野の画定 ………………………………… 201
　　3　競争を実質的に制限することとなる場合 …………… 202
　第5節　ガン・ジャンピング ──────────── 206
　第6節　外国競争法 ────────────────── 207

第7章　労働関係法 ─────────────── 209
　第1節　合併による労働契約の承継 ─────────── 209
　第2節　労働条件の統一 ──────────────── 209
　　1　労働契約の変更 ………………………………………… 210
　　2　労働協約の変更 ………………………………………… 210
　　3　就業規則の変更 ………………………………………… 211
　第3節　人員整理 ─────────────────── 213
　第4節　企業年金 ─────────────────── 214
　　1　企業年金の統廃合等を検討するための前提事項 …… 214
　　2　企業年金の同一制度内の統廃合等 …………………… 216
　　3　他制度への移行 ………………………………………… 219
　　4　規約の変更 ……………………………………………… 221
　　5　企業年金の終了 ………………………………………… 221

第8章　会　計 ──────────────────── 225
　第1節　会社計算規則と企業結合会計基準の関係 ────── 225
　　1　会社計算規則 …………………………………………… 225
　　2　企業結合会計基準における組織再編の分類 ………… 226
　　3　企業結合会計基準等と連結会計基準との関係 ……… 228
　第2節　会計処理の概要 ──────────────── 228

	1	資産・負債の計上 …………………………………………	228
	2	のれんの計上・処理 ………………………………………	230
	3	株主資本等の額の変動 ……………………………………	231

第3節　会計処理の具体例 ──────────────────── 234
　1　親会社と子会社との合併 ………………………………… 234
　2　子会社同士の合併 ………………………………………… 235
　3　子会社が親会社を吸収合併する場合 …………………… 237
第4節　新設合併に関する会社計算規則の定め ──────── 237
第5節　差損が生じる場合 ──────────────────── 237
　1　「差損」が生じるか否かの判定の重要性 ……………… 237
　2　会社法795条2項 ………………………………………… 238
　3　会社法施行規則195条 …………………………………… 239
　4　差損が生じる場合の具体例 ……………………………… 242
　5　連結配当規制適用会社の特例 …………………………… 244

第9章　税　務 ─────────────────────────── 247
第1節　概　要 ─────────────────────────── 247
第2節　適格合併・グループ法人税制の適用要件 ──────── 248
　1　完全支配関係・支配関係 ………………………………… 248
　2　適格合併の適用要件 ……………………………………… 250
　3　グループ法人税制の適用要件 …………………………… 258
第3節　適格合併・非適格合併の課税関係 ──────────── 258
　1　適格合併の課税関係 ……………………………………… 259
　2　非適格合併の課税関係 …………………………………… 265
　3　グループ法人税制が適用される場合 …………………… 267
第4節　包括否認規定 ────────────────────── 268

第5節　所得課税以外の税務 ──────────── 269
 1　消費税 ………………………………………………… 269
 2　登録免許税 …………………………………………… 269
 3　印紙税 ………………………………………………… 269

索　引／271

■凡例（法令略語）

会：会社法
会施規：会社法施行規則
計算規：会社計算規則
整備法：会社法の施行に伴う関係法律の整備等に関する法律
金商：金融商品取引法
金商令：金融商品取引法施行令
開示府令：企業内容等の開示に関する内閣府令
取引規制府令：有価証券の取引等の規制に関する内閣府令
開示ガイドライン：企業内容等の開示に関する留意事項について
商登：商業登記法
商登規：商業登記規則
独禁：私的独占の禁止及び公正取引の確保に関する法律
独禁令：私的独占の禁止及び公正取引の確保に関する法律施行令
独禁届出規則：私的独占の禁止及び公正取引の確保に関する法律第九条から第十六条までの規定による認可の申請，報告及び届出等に関する規則
企業結合ガイドライン：企業結合審査に関する独占禁止法の運用指針
振替（法）：社債，株式等の振替に関する法律
振替令：社債，株式等の振替に関する法律施行令
業務規程：株式等の振替に関する業務規程（証券保管振替機構）
業務規程施規：株式等の振替に関する業務規程施行規則（証券保管振替機構）
通則法：法の適用に関する通則法
法税：法人税法
法税令：法人税法施行令
法税規：法人税法施行規則

所税：所得税法

労基：労働基準法

労契：労働契約法

労組：労働組合法

企業結合会計基準：企業結合に関する会計基準

適用指針：企業結合会計基準及び事業分離等会計基準に関する適用指針

連結財規：連結財務諸表の用語，様式及び作成方法に関する規則

上場規程：有価証券上場規程（東京証券取引所）

上場規程施規：有価証券上場規程施行規則（東京証券取引所）

確定給付：確定給付企業年金法

確定給付令：確定給付企業年金法施行令

確定給付規則：確定給付企業年金法施行規則

確定拠出：確定拠出年金法

確定拠出令：確定拠出年金法施行令

外為：外国為替及び外国貿易法

【文献略語】

コンメ(1)～(21)：『会社法コンメンタール(1)～(21)』（商事法務・2008年～2014年）

相澤・新会社法解説：相澤哲編著『立案担当者による新・会社法の解説』（別冊商事法務No. 295）（商事法務・2006年）

相澤・省令解説：相澤哲編著『立案担当者による新会社法関係法務省令の解説』（別冊商事法務No. 300）（商事法務・2006年）

柔軟化対応：別冊商事法務編集部編『合併等対価の柔軟化への実務対応』（別冊商事法務No.309）（商事法務・2007年）

相澤ほか・論点解説：相澤哲＝葉玉匡美＝郡谷大輔『論点解説　新・会社法千問の道標』（商事法務・2006年）

相澤・実務論点：相澤哲編著『Q&A　会社法の実務論点20講』（金融財政事情研究会・2009年）

坂本・一問一答：坂本三郎編著『一問一答　平成26年改正会社法〔第2版〕』（商事法務・2015年）

江頭：江頭憲治郎『株式会社法〔第6版〕』（有斐閣・2015年）

田中：田中亘『会社法』（東京大学出版会・2016年）

数字でわかる：田中亘編著『数字でわかる会社法』（有斐閣・2013年）

計算詳解：郡谷大輔＝和久友子編著『会社法の計算詳解〔第2版〕』（中央経済社・2008年）

弥永コンメ施規：弥永真生『コンメンタール会社法施行規則・電子公告規則〔第2版〕』（商事法務・2015年）

論点体系(5)・(6)：江頭憲治郎＝中村直人編著『論点体系会社法5・6』（第一法規・2012年）

会社の合併：今井宏＝菊地伸『会社の合併』（商事法務・2005年）

理論と実務：河本一郎＝今井宏＝中村直人＝菊地伸＝中西敏和＝堀内康徳『合併の理論と実務』（商事法務・2005年）

ハンドブック：玉井裕子編集代表『合併ハンドブック〔第3版〕』（商事法務・2015年）

商業登記ハンドブック：松井信憲『商業登記ハンドブック〔第3版〕』（商事法務・2015年）

組織再編：森・濱田松本法律事務所編『新・会社法実務問題シリーズ9　組織再編』（中央経済社・2015年）

布施・会計Q&A：布施伸章『新版　詳解組織再編会計Q&A』（清文社・2015年）

実務必携：日本税理士連合会編集『会社合併実務必携〔第2版〕』（法令出版・2013年）

適時開示ガイドブック：東京証券取引所『会社情報適時開示ガイドブック〔2017年3月版〕』

M＆A法大系：森・濱田松本法律事務所編『M＆A法大系』（有斐閣・2015年）

商事関係訴訟：西岡清一郎＝大門匡編集『商事関係訴訟〔改訂版〕』（青林書院・2013年）

田辺＝深町：田辺治＝深町正徳編著『企業結合ガイドライン』（商事法務・2014年）

【判例集・雑誌】

民（刑）集：最高裁判所民（刑）事判例集

集民：最高裁判所裁判集民事

裁時：裁判所時報

判時：判例時報

判タ：判例タイムズ

金判：金融・商事判例

労判：労働判例

商事：旬刊商事法務

資料版商事：資料版商事法務

第1章

合併の意義と効果

　本書では，実務上の重要性の観点から，主に「(取締役会設置会社である)株式会社と株式会社」の「吸収合併」を念頭に置いて記述することとし，持分会社が当事者となる合併や新設合併については必要に応じて触れるにとどめる。そのため，本書において，単に「合併」と記載する場合は，原則として「吸収合併」を意味することとする。

第1節　合併の意義

　会社法は，「合併」自体の定義を定めず，合併の2つの形態である「吸収合併」と「新設合併」をそれぞれ以下のとおり定義している。

【合併の定義】

> 吸収合併：会社が他の会社とする合併であって，合併により消滅する会社（以下「消滅会社」という）の権利義務の全部を合併後存続する会社（以下「存続会社」という）に承継させるもの（会2条27号）
> 新設合併：二以上の会社がする合併であって，消滅会社の権利義務の全部を合併により設立する会社（以下「新設会社」という）に承継させるもの（会2条28号）

このように，合併においては，複数の会社が統合することにより，一部または全部の会社が消滅し，存続会社または新設会社に消滅会社の権利義務の全部が承継される。

企業が合併を検討する目的は，規模拡大によるシナジー効果や，統合による管理コストの削減，不振企業の救済などさまざまである。

第2節　新設合併

実務上，新設合併は，ほとんど使われていない。その理由は，①吸収合併の場合は少なくとも存続会社の許認可は維持されるが，新設合併においては，合併当事会社の全部が消滅するため，法令上許認可が承継されない場合は，あらためて新設会社において許認可を取得しなければならないこと，②新設合併では，全部の合併当事会社が消滅するため，権利義務の移転等に関する手続が吸収合併に比べて煩雑になること，③合併の登録免許税に関し，吸収合併と新設合併で税率は同じであるものの，その課税標準が異なっており，新設合併では「資本金の額」であるのに対し，吸収合併では「増加した資本金の額」であることから（第9章第5節2参照），吸収合併のほうが課税負担は軽くなること等である。

新設合併の手続は，基本的には吸収合併と同じであるが，①無対価合併は認められず，消滅会社の株主に対し必ず新設会社の株式を発行しなければならないこと（会753条1項6号参照），②新設会社の設立の登記が合併の効力発生要件であり，設立登記日が効力発生日となること（会754条1項）等が異なる。

第3節　合併の効果

1　概　要

合併によって生じる効果については，主に会社法750条が定めており，その

概要は以下のとおりである。本節では①②について述べ、③④については**第4章第7節**で解説する。

> ① 消滅会社は当然に解散する（会471条4号）。この場合、清算手続は開始されない（会475条1号かっこ書）。
> ② 存続会社は、効力発生日に、消滅会社の権利義務を包括承継する（会750条1項）。
> ③ 合併対価を定めた場合は、効力発生日に、消滅会社の株主に対して対価が交付される（会750条3項各号参照）。
> ④ 消滅会社の新株予約権は、効力発生日に消滅する（会750条4項）。消滅会社の新株予約権者に対する対価を定めた場合は、効力発生日に、当該新株予約権者に対して対価が交付される（同条5項参照）。

2　消滅会社の解散・消滅

　上記のとおり、合併が効力を生じた場合、消滅会社は当然に解散し、清算手続を経ずして消滅する。この場合、効力発生日から2週間以内に、消滅会社の解散登記および存続会社の変更登記を、同時にしなければならない（会921条、商登82条3項）。

　そして、合併による消滅会社の解散は、合併登記の後でなければ、第三者に対抗することができない（会750条2項）。第三者の善意・悪意を問わないとされている（相澤ほか・論点解説704頁）。

3　権利義務の包括承継

(1) 包括承継

　存続会社が消滅会社のすべての権利義務を包括承継することは合併の本質であるから、一部の権利義務を除くことはできず、仮に合併契約において一部の権利義務を除くことを定めたとしても、その部分は無効である（一部の権利義務を除きたい場合は、会社分割等を利用することになる）。

包括承継されることの意味は，個別の権利義務移転手続を要することなく，当然に承継されるということである。

もっとも，以下に記述するとおり，いくつかの留意点がある。

(2) 対抗問題
ⓐ 不動産の場合

対抗問題が生じる典型例は不動産である（同様の問題として船舶など）。学説等で議論されている対抗問題は，消滅会社が保有している不動産について，消滅会社から存続会社への包括承継と，消滅会社（の代表者）による第三者への譲渡との対抗問題である。

この問題については，消滅会社から第三者への不動産譲渡の時期によって，①合併の効力発生前，②合併の効力発生後，合併登記の前，③合併の効力発生および合併登記の後，の3つに場合を分けて検討されている。

まず，①合併の効力発生前に，消滅会社が，その保有する不動産を第三者に譲渡した場合は，消滅会社の第三者に対する移転登記義務等を存続会社が承継するから，存続会社と第三者は当事者の関係に立ち，対抗関係とならない。

次に，③合併の効力発生および合併登記の後に，消滅会社の元代表者等によって不動産が第三者に譲渡された場合，存続会社は，第三者に対して消滅会社の解散を第三者に対抗することができる（会750条2項参照）。したがって，存続会社は，元代表者等の無権限を主張でき，対抗関係とならない。

問題は，②合併の効力発生後，合併登記の前に，消滅会社の元代表者等によって不動産の譲渡がなされた場合である。会社法の立案担当者は，そもそもこのような問題が生じないようにするために会社法750条2項を定めたのであり，存続会社は第三者に対して不動産を引き渡す義務を負うと解している（相澤ほか・論点解説704頁）。かかる立案担当者の見解は，会社法750条2項によって，消滅会社の解散を対抗できない結果，存続会社が消滅会社の義務を承継し，上記①と同じ結論になる（対抗問題にならない）という趣旨と解される（田中648頁）。

これに対し，学説上の通説は，存続会社は対抗要件（登記）を具備しなければ，第三者に対抗することはできないと解している（江頭846頁等）。かかる通説が，不動産の移転登記の先後で優劣を決する趣旨と考えると，(i)第三者が先に移転登記を備えれば第三者が優先するが，(ii)第三者が不動産の移転登記を行わない間に，存続会社が不動産の移転登記をした場合は存続会社による包括承継が優先すると考えることになろう。

　会社法750条2項の存在および立法趣旨に鑑みれば，立案担当者の見解が妥当と解される。

(b)　**動産・債権等の場合**

　不動産のように権利の得喪一般に対抗要件が要求されるものでなく，動産や債権など権利の「譲渡」につき対抗要件が要求されるものについては，対抗要件を備えることなく合併による包括承継を対抗できると解するのが通説であるが（コンメ(17)160頁参照），不動産と同様に対抗問題になるとの反対説もある（江頭846頁）。

　もっとも，上記(a)で述べた立案担当者の見解によれば，動産・債権等についても対抗問題は生じない。

(3)　**海外資産**

　消滅会社が保有している日本国外の資産や債権債務が，合併に伴って当然に承継されるかどうかについては，当該資産や債権債務の準拠法による（藤田友敬「国際会社法の諸問題〔下〕」商事1674号20頁，ハンドブック235頁）。したがって，動産・不動産等の物権については目的物の所在地法が適用され（通則法13条），契約上の地位やその債権債務については契約で定められた準拠法または最密接関係地法等が適用される（通則法7条～12条，23条）ことになろう。日本以外の国の法律が適用される場合は，当該国の法律に定められた移転要件を満たす必要がある。

(4) 知的財産権

消滅会社が保有していた特許権等の知的財産権は，合併により存続会社に承継されるが，遅滞なく特許庁長官に届出をしなければならない（特許法98条2項，意匠法36条，商標法35条）。なお，特許等を受ける権利や特許権等が共有に係るときは，各共有者は，他の共有者の同意を得なければ，その持分を譲渡することができないが（特許法33条3項・73条，意匠法15条2項・36条，商標法35条），合併による包括承継の場合は他の共有者の同意は不要である。消滅会社の著作権等も合併により存続会社に承継される。

このように知的財産権の承継自体には問題ないが，むしろ承継されることによる問題が生じ得る。たとえば，①職務発明にかかる対価の額の認定，②職務発明規程の統一の問題，③チェンジ・オブ・コントロール条項等に基づくライセンス契約の解除問題，④ライセンス契約の承継に関連して，ライセンサーAとライセンシーBがライセンス契約を締結していた場合に，Bを消滅会社，非ライセンシーCを存続会社とする合併が行われると，CがBのライセンシーたる地位および実施権を承継するところ，AがCに対して特許権侵害差止訴訟を提起していた場合には，Cは合併によって実施権の抗弁を主張できてしまう問題等であり，これらの問題については，財団法人知的財産研究所「企業再編における特許権等の取扱いに関する調査研究報告書」（平成21年3月）（https://www.jpo.go.jp/shiryou/toushin/chousa/pdf/zaisanken/200600all.pdf）を参照されたい。

(5) 潜在債務

消滅会社が負う債務は，顕在化している債務のみならず，潜在債務（不法行為責任，保証債務等）も含めて，すべて承継される。潜在債務の有無は，合併前のデュー・ディリジェンスにおいて確認すべき重要な事項である。

なお，消滅会社が発行していた新株予約権は消滅する（会750条4項）。

(6) 持分会社の社員たる地位

　持分会社の社員は，定款に合併によって承継される旨の定めがない限り（会608条1項），合併による消滅が退社事由とされている（会607条1項4号）。すなわち，消滅会社の子会社に持分会社がある場合など，消滅会社が持分会社の社員である場合，原則として，当該持分会社の社員たる地位はなくなることとなる。

　したがって，持分会社の社員たる地位を維持する場合は，持分会社の定款を変更し，合併によって承継される旨を定めておかなければならない。

(7) 契約関係

(a) 役員との委任契約

　消滅会社とその役員（取締役，監査役等）との関係は委任関係である（会330条）が，合併によって，消滅会社の役員が当然に存続会社の役員になることはなく，存続会社の役員になるためには別途存続会社において役員選任の株主総会決議が必要である。この場合，消滅会社と役員との委任関係がどうなるかが問題になるが，役員たる地位と委任関係は密接不可分であると解されることから，委任関係も終了すると解すべきである。

　なお，役員が従業員を兼務している場合，従業員たる地位にかかる労働契約は，存続会社に承継される。

　これに対し，存続会社の役員たる地位は合併後も存続する（相澤・新会社法解説190頁）。

(b) 労働契約

　従業員との労働契約，これに随伴する身元保証契約および労働協約は，合併によって存続会社に承継される（コンメ(17)161頁）。ただし，企業年金に関する権利義務は当然に承継されるものではない（第7章第4節参照）。

(c) その他の契約

　消滅会社が締結している契約は，合併によって，すべて存続会社に承継される。この点，委任契約，使用貸借契約および組合契約は，合併により終了また

は脱退事由となると解する見解がある（コンメ⑰162頁）が，一律にそう解してよいかは問題であり，原則として，存続会社に承継されると解すべきであろう。

(d) チェンジ・オブ・コントロール条項等

契約の承継において留意すべき事項としては，契約条項に，合併による承継を阻害するような条項がないかどうかを確認すべきことが挙げられる。

たとえば，契約当事者の合併（または合併に伴う支配権の変更等）が，契約相手方の要承諾事項または契約の解除事由とされているような場合である。このような場合であっても，消滅会社の契約上の地位および権利義務は存続会社に承継されるが，契約相手方の承諾を取らなかったことが契約上の債務不履行となると解されている。

このような条項の有無は，合併前のデュー・ディリジェンスで確認すべき重要なポイントである。

(8) 民事訴訟

(a) 中断・受継

消滅会社が民事訴訟の当事者となっている場合，当該訴訟は中断し，存続会社によって受継される（民事訴訟法124条1項2号）。ただし，当該訴訟に訴訟代理人がいる場合は中断せず（同条2項），訴訟代理人は，その旨を裁判所に書面で届け出なければならない（民事訴訟規則52条）。

(b) 組織法上の行為に関する訴え

消滅会社を当事者とする株主総会決議取消の訴え等の組織法上の行為に関する訴訟も，原則として存続会社に承継される。もっとも，消滅会社の取締役の地位に関する訴訟等については，合併により，訴えの利益が消滅する。

また，消滅会社を被告とする設立無効の訴えは，法人格の存否を争うものであることから，存続会社に承継されないと解されている（コンメ⑰164頁）。

(c) 株主代表訴訟

株主代表訴訟は，株主が会社のために取締役等の会社に対する責任を追及する訴訟である（会847条）。つまり，株主が，会社の取締役等に対する損害賠償

請求権を，会社に代わって行使するものである。

　株主代表訴訟において原告となる株主は，会社に対する提訴請求時の6カ月前（これを下回る期間を定款で定めた場合にあっては，その期間。会847条1項）から訴訟終了に至るまで，継続して株主であることを要すると解されている。したがって，消滅会社の株主が，合併により，消滅会社の株主でなくなった場合は，原告適格を失い，訴えを提起できず，また，訴訟係属中であれば訴え却下になるのが原則である。しかしながら，合併により，存続会社またはその完全親会社の株主になる場合には，訴え提起権を失わず，また，訴訟も継続される。具体的には，以下のとおりである。

① 　消滅会社の株主による訴え提起前に合併が行われ，消滅会社の株主が，存続会社の株主となった場合，存続会社は，消滅会社が有していた元取締役に対する損害賠償請求権を承継するから，当然に，存続会社の株主として，消滅会社の元取締役に対して株主代表訴訟を提起できる（坂本・一問一答205頁）。

② 　消滅会社の株主による訴え提起前に合併が行われ，消滅会社の株主が，存続会社の完全親会社となった場合（三角合併のうち存続会社の完全親会社株式が合併対価として交付された場合），合併の効力発生日の6カ月（これを下回る期間を定款で定めた場合にあっては，その期間）前から効力発生日まで，引き続き消滅会社の株主であった者（「旧株主」）は，存続会社（存続会社の完全親会社ではない）に対し，提訴請求をすることができ（会847条の2第1項2号），存続会社が訴えを提起しない場合は，株主自ら株主代表訴訟を提起できる（同条6項）。なお，消滅会社が非公開会社の場合は，上記6カ月間の継続保有要件はなく，効力発生日に株主であればよい（同条2項）。また，この場合の提訴請求・訴えの原因は，合併の効力発生日までに生じた事実にかかるものに限られる（同条1項）。

③ 　訴訟係属中に合併が行われた場合，原則として，株主の原告適格は失われるが，株主が，合併により存続会社または存続会社の完全親会社の株式を取得したときは，引き続き，訴訟を追行することができる（会851条1項

2号)。合併対価が新株予約権,社債,金銭など,「存続会社・存続会社の完全親会社の株式」以外のものである場合は,原則どおり,原告適格を喪失する。なお,株主代表訴訟は,元取締役に対しても追及できる(江頭487頁(注2))から,消滅会社の取締役が,存続会社の取締役にならなかった場合でも,訴訟の帰趨には影響しないと解される。

(9) 決算手続等

消滅会社の事業年度末日の翌日から決算手続(計算書類の作成,監査,取締役会または株主総会の承認等)が行われるまでの間に,合併の効力が発生した場合,消滅会社が当然に解散・消滅する以上,決算手続を行う必要はない(会社の合併181頁)。

なお,消滅会社が上場会社等の有価証券報告書提出会社であり,合併により上場廃止となる場合,上場廃止により金融商品取引法24条1項1号に基づく有価証券報告書提出義務はなくなるが,過去に有価証券届出書を提出していた場合は同項3号の有価証券報告書提出義務が残ることになる。そして,存続会社が,金融商品取引法4条1項・2項・3項の規定による有価証券の募集または売出しに係る届出をしている場合を除き,存続会社は,金融商品取引法24条1項3号に規定する有価証券報告書の発行会社に該当し,有価証券報告書を提出しなければならないとされている(開示ガイドラインB24-5)。この場合は,金融商品取引法24条1項但書前段の免除要件を検討することになろう。

(10) 租税債務

消滅会社が負担する租税債務は,存続会社に承継され(国税通則法6条),存続会社が,存続会社の納税地において,消滅会社の最後の事業年度についての確定申告書を提出する(法人税基本通達1-1-5)。なお,消滅会社は,事業年度中に合併により消滅した場合,事業年度開始日から合併効力発生日の前日までの期間を1事業年度として取り扱われる(法税14条1項2号)。

また,消滅会社の繰越欠損金の承継等については第9章を参照されたい。

⑾ 刑事責任等

消滅会社の刑事責任については，承継されないと解されている（最決昭40・5・25刑集19巻4号353頁，最判昭59・2・24刑集38巻4号1287頁）が，法人ノ役員処罰ニ関スル法律には，法人の役員等が刑事訴追または刑の執行を免れるために合併によって法人を消滅させた場合，当該役員等は5年以下の懲役に処すと定められている。なお，確定した罰金・科料等の債務は存続会社に承継される。

また，課徴金との関係では，消滅会社の課徴金債務が存続会社に承継されるだけでなく，その原因となる消滅会社の行為は存続会社がした行為とみなされる（独禁7条の2第24項，金商176条4項）。

⑿ 業法・許認可

(a) 概　要

合併に関して業法や許認可が問題になる場面としては，合併に関する特別な規制と，消滅会社の許認可の承継の可否がある。前者は権利義務の承継の問題ではないが，便宜上，ここで述べる。

(b) 特別な規制が適用される業種

存続会社または消滅会社が一定の規制業種を営んでいる場合，合併の効力発生の要件として，内閣総理大臣等の認可等を得なければならない場合がある。

たとえば，銀行法上，銀行を全部または一部の当事者とする合併（存続会社または新設会社が銀行であるものに限る）は，内閣総理大臣の認可を受けなければ，その効力を生じないとされ（銀行法30条），一定の基準に適合するかどうかが審査される（銀行法31条）。なお，銀行の合併の場合，預金者等一定の債権者に対する催告は要しないとされている（銀行法33条）。

同様に，保険業を営む株式会社や，信託会社，証券金融会社が合併当事者となる場合は，内閣総理大臣の認可を得なければならず（保険業法153条1項3号，信託業法36条1項，金商156条の36第2号），電気事業法上の一般送配電事業者たる法人の合併は，経済産業大臣の認可を受けなければ，その効力を生じない

（電気事業法10条2項）。

　また，鉄道事業者たる法人の合併（鉄道事業者たる法人と鉄道事業を経営しない法人が合併する場合において鉄道事業者たる法人が存続するときを除く）は，国土交通大臣の認可を受けなければ，その効力を生じない（鉄道事業法26条2項）。

(c)　消滅会社の許認可の承継

　消滅会社が有している許認可については，原則として，存続会社に承継されないと解されている（コンメ(17)163頁）。したがって，許認可の各根拠法令において，承継される旨が定められていない限り，存続会社において，新たに許認可取得の登録等を行わなければならない。

　たとえば，建設業法上，建設業者が合併により消滅した場合は30日以内に届出を行わなければならないとされている（建設業法12条2号）が，許可の承継に関する定めはない。貸金業法，宅地建物取引業法，旅行業法（なお，営業保証金の承継について旅行業法16条），金融商品取引法等も同様である。また，労働者派遣事業の許可に関する「労働者派遣事業の適正な運営の確保及び派遣労働者の保護等に関する法律」など，合併に関する定めが存在しない法令もある。このような場合，合併により当該許認可を承継することはできず，存続会社において新たに申請等を行わなければならない。効力発生日までに存続会社の許認可が得られないと事業を行えなくなるため，監督官庁に照会を行いつつ，余裕をもって手続を行う必要がある。

　これに対し，消滅会社の許認可の承継が定められている場合もある。たとえば，消滅会社が食品衛生法上の許可を有している場合，当該許可営業者の地位は，合併により存続会社に承継され（食品衛生法53条1項），存続会社は，地位承継後遅滞なく，その事実を証する書面を添えて，その旨を都道府県知事に届け出なければならないとされている（同条2項）。同様の規定としては，製造たばこの特定販売業の登録（たばこ事業法14条。ただし，存続会社が同法13条各号のいずれかに該当するときは，この限りでない），電気通信事業の登録または届出（電気通信事業法17条。ただし，当該電気通信事業者が同法9条の登録を受けた

者である場合において，存続会社が同法12条1項1号から3号までのいずれかに該当するときは，この限りでない），小売電気事業の登録（電気事業法2条の7。ただし，存続会社が同法2条の5第1項各号（第4号を除く）のいずれかに該当するときは，この限りでない），倉庫業者（発券倉庫業者を除く）の登録（倉庫業法17条），浴場業の許可（公衆浴場法2条の2），前払式割賦販売業の許可（割賦販売法18条の6。ただし，存続会社が同法15条1項2号または6号から8号のいずれかに該当するときは，この限りでない）などがある。

また，医薬品，医薬部外品等の製造販売の承認（医薬品，医療機器等の品質，有効性及び安全性の確保等に関する法律14条）については，承継前に届出を行うことにより，存続会社に承継することができるとされている（同法14条の8）。

第2章

合併の当事者

第1節　合併自由の原則

　会社法748条前段は,「会社は,他の会社と合併をすることができる」と定めており,かかる規定は合併自由の原則を定めたものと解されている。

　合併自由の原則には,①原則として国等の承認を得ることなく合併できること（その例外として銀行等の合併において内閣総理大臣等の認可等が必要となることにつき,第1章第3節3(12)参照）,②同種類および異種類の他の会社と合併できることの2つの意義があるとされる（コンメ(17)88頁）。

　ここで,「会社」とは,株式会社,合名会社,合資会社または合同会社をいうと定義されているため（会2条1号）,これらの会社間において合併を行うことができる。さらに,たとえば持分会社同士の新設合併によって株式会社を設立すること,株式会社同士の新設合併によって合同会社を設立することなども認められる。

　なお,3社以上の会社を当事会社とする合併も認められる。新設合併は,「二以上の会社がする合併」(会2条28号)であるから,3社以上が消滅会社となることも予定されているといえる。また,A社を存続会社とし,B社・C社を消滅会社とする吸収合併も認められるが,A社とB社の合併と,A社とC社の合併の各手続を同時に行うものとして整理される。

第2節　持分会社を当事者とする場合の特殊性

　本書では「株式会社と株式会社」の合併を中心に述べることから、持分会社を当事者とする場合の特殊性について、ここでまとめて述べておく。

1　持分会社が合併当事会社となる場合の会社法の規定

　会社法は、持分会社が存続会社となる場合の吸収合併契約の内容（会751条）および効力発生等（会752条）、持分会社を設立する新設合併契約の内容（会755条）および効力発生等（会756条）を定めている。

　また、合併手続については、株式会社に関する手続を定めた上で、持分会社の特殊性と株式会社に関する規定の準用を定める（会793条、802条、813条、816条）という形式をとっている。

2　合併契約に関する特殊性

　持分会社の定款には、株式会社と異なり、社員の氏名・住所等を定めなければならないため（会576条）、持分会社が存続会社または新設会社となる合併にかかる合併契約には、合併により消滅会社の株主または社員が存続会社または新設会社となる持分会社の社員となるときは、その社員の氏名・住所等を定めなければならない（会751条1項2号、755条1項4号）。

3　合併手続に関する特殊性

　持分会社が合併当事会社となる場合、持分会社においては、定款に別段の定めがある場合を除き、総社員の同意を得なければならない（会793条1項、802条1項、813条1項）。

　また、株式会社にかかる債権者異議手続の規定等が準用される（会793条2項、802条2項、813条2項）。しかし、それ以外の手続規定の準用は定められておらず、たとえば、事前・事後開示書類の備置は不要である。

第3節　合併当事会社となることの可否

1　特例有限会社

　特例有限会社を消滅会社とする合併は可能であるが、特例有限会社を存続会社または新設会社とすることはできない（整備法37条）。したがって、特例有限会社を存続会社とする必要がある場合には、株式会社または持分会社への移行手続を併せて行う必要がある。

2　清算中の会社

　清算中の会社が消滅会社となる合併は認められるが、吸収合併の存続会社となることはできない（会474条1号、643条1号）。なお、清算中の会社は、清算事務の終了（会507条1項）後の株主総会における決算報告の承認時に法人格が消滅することから、当該株主総会における承認前であれば合併が可能であるとされている（最判昭59・2・24刑集38巻4号1287頁）。

　解散命令（会824条1項）により解散した場合は、合併は認められず、会社解散判決（会833条）の場合は見解が分かれている（コンメ(17)90頁）。

3　倒産手続中の会社

　破産手続中の会社は合併することができない。破産財団の管理・処分権限が破産管財人に専属しており、株主総会に合併契約を承認する権限が認められないためである。

　民事再生手続中の会社は合併することができ（民事再生法41条1項1号）、その手続は通常の会社法上の手続になる。

　会社更生手続中の会社は、更生計画に定めることにより合併することができる（会社更生法45条1項7号、180条、181条）。

4　債務超過会社の合併

簿価債務超過会社または実質債務超過会社を吸収合併の存続会社とする合併は認められる。

また，簿価債務超過会社を消滅会社とする合併も認められる（会795条2項1号参照）。実質債務超過会社を消滅会社とする合併が認められるかどうかについては争いがあるが，現在は肯定説が支配的である（相澤ほか・論点解説672頁，コンメ(18)219頁）。

なお，簿価債務超過会社を消滅会社とするグループ企業内合併（共通支配下取引）の場合，原則として差損が生じ，簡易合併が認められない（第4章第4節5参照）。

5　外国会社との合併

学説上は，外国会社の合併を肯定する見解も有力であるが（江頭852頁），一般的には，外国会社との合併は認められないと解されている。

その理由としては，会社法上，「会社」と「外国会社」が区別して定義されており（会2条1号・2号），会社法748条の「他の会社」には外国会社が含まれないこと，日本の会社法制と外国の会社法制とで規制が異なる場合に，包括承継の効果発生や組織再編の有効性について明確にできないことが挙げられている。

登記実務上，外国会社との合併については登記申請が受け付けられないことからも，少なくとも現時点においては，外国会社との合併は認められないという前提で考えざるを得ない。

第3章
合併ストラクチャーと合併対価

第1節　合併ストラクチャーの検討

　合併ストラクチャーの検討に際しては，そもそも合併という手段をとるかどうか（どのような手段をとるか），また，合併を行う場合にその内容をどうするかについて検討することになる。

　それぞれ独立したA社とB社の統合を考える場合，株式譲渡や新株発行などの手法またはその組合せにより，一方が他方の株式を取得することにより子会社化を目指すか，子会社化後に合併その他の組織再編等を行うことが一般的であり，直接合併等を行うことは多くない。実務上は，合併や会社分割などの組織再編は，グループ企業内（親子会社間，兄弟会社間等）で行われることが圧倒的に多い。

　また，組織再編を行う場合でも，完全子会社化を目的とするのであれば株式交換等を用いることになるし（株式併合や株式売渡請求制度を用いることもできる），一部の権利義務を除いて事業を統合する場合は会社分割や事業譲渡を用いることになる。第1章第3節3でみたとおり，合併においては，一部の権利義務を除くことはできず，消滅会社の権利義務の全部が存続会社に承継されることから，このような効果が発生しても問題がない場合に，合併を選択することとなろう。

　このように，合併を選択することを決めた場合，次に，その内容を検討する

ことになるが，合併自体のストラクチャーに関していえば，①どちらを存続会社・消滅会社とするかの検討と，②合併対価の検討が重要になる。なお，付随して，消滅会社の役員の処遇や，労働条件の統合，企業年金の統廃合などを検討することになる。

第2節　存続会社・消滅会社の決定

　合併を行う場合に，当事会社のどちらを存続会社・消滅会社とするかを検討するための考慮要素は多数あり，また案件によって異なるため，すべての考慮要素を挙げて説明することはできないが，一般的には，①当事会社の規模・性格，②上場の有無，③重要な許認可の保有状況，④権利義務の承継手続の複雑さ等，⑤会計・税務上の処理，⑥種類株式・新株予約権の発行状況，⑦米国株主の有無等を検討することとなろう（ハンドブック17頁以下参照）。

　親子会社の合併であれば，通常，親会社を存続会社とすると思われる。もっとも，MBOなどの場合に，特定目的会社（SPC）を設立して，対象会社の株式を取得し，その後，SPCと対象会社を合併させるときは，子会社である対象会社を存続会社とすることが一般的である。

　また，合併当事会社の一方が上場会社である場合であって，合併後に上場を維持する場合は，上場会社を存続会社とすることが通常であろう（ただし，当該上場会社が実質的な存続会社でないと認められ，かつ，3年以内に新規上場審査の基準に準じた基準に適合しない場合には上場廃止となる。**第5章第3節5**参照）。なお，非上場会社を存続会社とした場合であっても，簡易な上場審査により，上場が認められる（テクニカル上場。**第5章第3節4**参照）。

　許認可や重要な権利義務の承継に問題があり得る場合は，当該許認可や権利義務を保有している会社を存続会社とすることが考えられる。

　さらに，どちらを存続会社とするかによって会計・税務上の処理が異なり得るし（**第8章・第9章**参照），合併当事会社における種類株式，新株予約権，米国株主の有無等によっては，存続会社・消滅会社の決定により，合併手続の複

雑さが異なることになる。

第3節　合併対価の決定

1　合併対価の自由化

　旧商法下においては，合併対価は株式でなければならず，金銭等は，調整目的の合併交付金に限られると解されていた。
　これに対して，会社法は，合併対価を「金銭等」と定めた上（会749条1項2号本文），合併対価が存続会社の株式，社債，新株予約権，新株予約権付社債，株式等以外の財産の場合を定め（同項イ～ホ），合併対価が株式に限られないことを明らかにしている。
　なお，「金銭等」とは，「金銭その他の財産」であり（会151条1項柱書），財産の種類に制限はないと解されている。また，「株式等」は株式，社債および新株予約権を意味する（会107条2項2号ホ）。

2　合併対価の割当ができない株主

　会社法749条1項3号は，対価の割当を受ける消滅会社の株主から，消滅会社と存続会社を除いている。そのため，①消滅会社が保有する自己株式と，②存続会社が保有する消滅会社の株式（いわゆる抱合せ株式）に対し，合併対価を割り当てることはできない（コンメ(17)128頁）。
　後者についていうと，親子会社間の合併において，存続会社である親会社に対して対価を割り当てることはできず，完全親子会社間の合併であれば無対価になる。
　また，株式買取請求にかかる株式買取りの効力は効力発生日に生じることから（会786条6項），行使された株式買取請求権にかかる株式（なお，一部行使も可能であるから，その場合は，残部のみが合併対価の割当対象となることになる）には合併対価は割り当てられない（相澤・新会社法解説201頁）。この場合，

買取請求にかかる株式は，効力発生日において消滅会社に移転した上で消滅することとなり，効力発生後に撤回された場合は，原状回復義務としての消滅会社株式の返還義務が生じるが，消滅会社が解散していることから履行不能となり，結局，買取請求にかかる株式の代金相当額を返還することになるとされる（相澤・新会社法解説201頁。なお，第４章第６節２(3)(e)参照）。

3　合併対価にかかる株主平等原則

(1)　株主平等原則の内容

合併対価は，消滅会社の株主の有する株式の数に応じて金銭等（対価）を交付することを内容とするものでなければならない（会749条３項）。合併対価に関する株主平等原則を定めたものである。

かかる株主平等原則は，合併対価の内容・価値の両面において要請され，価値が等しい異なる対価を交付すること（たとえば，株主Aには存続会社の普通株式を交付し，株主Bには同価値の現金を交付すること），同じような内容の価値の異なる対価（一筆の土地を分筆した土地など）を交付することも許されない（コンメ(17)129頁）。

また，一定数以上の株式を有する株主には対価を交付するが，それ未満の株式を有する株主には対価を交付しないという定めは許されない（組織再編19頁，ハンドブック92頁）。もっとも，対価としての株式（存続会社株式・親会社株式）に端数が生じる場合に，端数に対して金銭を交付するという定めは，株主平等原則に反しない。

(2)　消滅会社が種類株式を発行している場合

株主平等原則の例外として，①ある種類株式の株主に対して対価の割当をしないこと，②株式の種類ごとに異なる取扱いをすることができる（会749条２項）。

なお，種類株主に対する対価の定め方によっては，種類株主総会が必要になり，また，差止請求（略式合併の場合）や株式買取請求のリスクが高まること

には留意が必要である。

4 合併対価の種類

前述のとおり，株主平等原則に反しない限り，合併対価の種類には制限はないが，実務上の重要性の観点から，無対価，株式，現金，親会社株式について述べた上，選択対価等について説明する。

(1) 無対価

会社法749条1項2号柱書は，「金銭等を交付するときは」と規定していることから，消滅会社の株主に金銭等を交付しないこと，すなわち無対価合併も認められる。無対価合併は，グループ企業内の合併のほか，消滅会社が実質債務超過である場合に利用される。

前述のとおり，実務上は，合併等の組織再編は，グループ企業内で行われることが圧倒的に多い。完全親会社を存続会社，完全子会社を消滅会社とする合併の場合，親会社には対価を割り当てることができないことから，無対価合併になる。また，同一の会社を完全親会社とする完全子会社同士の合併の場合，対価を発行しても意味がないため，無対価で行われることが多い。

さらに，消滅会社が実質債務超過の場合に，無対価とすることができるかが問題となる。これを否定する見解（株式交換の場合につき，コンメ(17)418頁）もあるが，立案担当者はこれを肯定する（相澤ほか・論点解説676頁）。また，裁判例においては，全部取得条項付種類株式にかかる価格決定申立ての場合について，「多額の債務超過の状態にあり，また，今後の事業展開によって利益を上げることも困難な状態にあって，近時における清算が予定されているものとうかがわれること」などの事情に鑑み，いわゆるナカリセバ価格を0円とした例がある（大阪地決平27・12・24商事2096号47頁）。消滅会社が実質債務超過の場合については，無対価とすることを許容しつつ，株式買取請求，合併差止め・無効等によって（合併比率の不公正を争う手段については本節5(3)参照），消滅会社株主の保護を図ることが妥当と解される。

(2) 株　式

　株式を合併対価とする場合，実務上は，普通株式が圧倒的に多い。

　また，種類株式を合併対価とすることもでき（会749条1項2号イ），議決権制限や，配当・残余財産分配の優先・劣後，取得請求権，取得条項等を定めた種類株式により多様なストラクチャーを設計することも可能である。たとえば，取得条項付種類株式を利用して，一定の事由が生じた場合に，現金化することを可能とすることもできる。

　なお，株式を対価とする場合に，新株発行および自己株式の処分のいずれも可能である。

(3) 現金（Cash-Out-Merger）

　現金のみを合併対価とする場合，結果として，消滅会社の株主が排除されることになる（いわゆるスクイーズアウト）。このような交付金合併は，税制上，非適格合併になる（平成29年度税制改正後は，消滅会社の3分の2以上の株式を保有する親会社が存続会社となる合併においては，現金を合併対価とする場合でも適格合併となり得る。**第9章第2節2(1)参照**）。

　交付金合併について，目的の正当性を要する（目的の正当性がない場合は合併無効事由となる）と解する見解もあるが，裁判例（東京地判平22・9・6金判1352号43頁）は，全部取得条項付種類株式を利用したスクイーズアウトについて，会社法の規定が「多数決により公正な対価をもって株主資格を失わせることを予定している」として，単に，少数株主を排除する目的があるというだけでは，株主総会の決議取消事由（著しく不当な決議）には該当しないと判示している。学説上は，上場会社等の公開会社においては，（対価の公正性は別として）少数株主を排除すること自体は「著しく不当な決議」には該当しないが，非公開会社（閉鎖会社）の内紛に起因する少数株主排除（締め出し）については，目的の不当性から決議取消事由に該当し得るとする見解が有力である（江頭160頁）。

(4) 親会社株式（三角合併）

　三角合併とは，存続会社の親会社株式を合併対価とする合併であり，消滅会社の株主は，合併により，存続会社の親会社の株主になる。この場合でも，合併当事会社は，存続会社と消滅会社であり，存続会社の親会社は合併当事会社とならない。三角合併は，親会社が日本法人でも外国法人でも利用可能であるが，直接合併等の組織再編を行うことができない外国法人（第2章第3節5参照）を親会社とする場合にも利用できることにメリットがある。

　存続会社の親会社株式を合併対価とする場合，存続会社は，親会社株式を事前に取得しておかなければならない。会社法上，子会社は，原則として親会社株式を取得できず（会135条1項），取得した場合は相当期間内に処分しなければならない（同条3項）が，三角組織再編の場合には，消滅会社の株主に対して交付する親会社株式の総数を超えない範囲において取得することができ（会800条1項），効力発生日まで保有できる（同条2項）。存続会社による親会社株式の取得方法は，譲受け，新株発行等の引受けのいずれも可能であるが，市場からの取得により株価に影響を及ぼす場合は，新株発行等の引受けによることになろう。

　なお，外国の親会社株式を対価とする場合で，当該親会社株式に譲渡制限が付されている場合，「譲渡制限株式」ではなく「持分等」に該当し，その割当てを受ける株主全員の同意または種類株主全員の同意が必要となる（会783条2項・4項）ことに留意が必要である（第4章第4節3(1)参照）。

　三角合併の場合でも，存続会社の100％親会社の株式を交付する場合には，適格合併の対価要件を満たす（第9章第2節2(1)参照）。

(5) 選択対価

　選択対価とは，たとえば，合併対価として，消滅会社の株主の選択に応じて，存続会社株式または金銭を交付するというような定めである。

　これを可能とする見解もあるが（コンメ(17)128頁），会社法の立案担当者は，消滅会社株主による選択の手続にかかる定めがないことを理由に選択対価の定

めは許されないと解している（相澤ほか・論点解説676頁）。もっとも，取得請求権付株式を利用して，選択対価と類似する効果を得ることは可能である（相澤ほか・論点解説676頁）。

5 合併比率の公正性

(1) 会社法の規定

会社法は，合併比率が「公正」でなければならないというような規定を置いておらず，合併比率が不公正であったとしても，原則として，法令違反にはならない（会784条の2参照）。

(2) 合併条件の公正性の意味

合併条件の公正性は，シナジーの分配も含めた問題であり，存続会社の株主がシナジーを独占するような定めは公正とはいえない（江頭855頁）。

合併によるシナジーは，合併後の存続会社の株式価値に反映されるから，消滅会社の株主が合併前に有していた価値と同価値の存続会社株式が交付される場合には，シナジーを含めた公正な分配がなされたといえるが，現金を対価とする場合には，合併後のシナジーを反映した経済的価値が公正な合併比率になる（江頭855頁・856頁）。

(3) 合併比率の不公正を争う手段

(a) 株式買取請求

合併にかかる「反対株主」は，株式買取請求権を行使し，自己の有する株式を「公正な価格」で買い取ることを請求することができる（会785条1項，797条1項）。そして，かかる「公正な価格」は，合併がなかったならば消滅会社の株主が有していたであろう価格（ナカリセバ価格）に，合併によるシナジーが生じる場合は，そのシナジーを取り込んだ価格であると解されている（株式買取請求権については，第4章第6節1参照）。

(b) 差止請求

　合併当事会社の一方が特別支配会社（会468条1項）である場合において，合併対価の定めが消滅会社または存続会社の財産の状況その他の事情に照らして著しく不当であり，かつ，株主が不利益を受けるおそれがあるときは，合併の差止事由になる（会784条の2第2号）。

　なお，特別利害関係人の議決権行使によって著しく不当な合併条件が決定された場合，合併を承認する株主総会決議の取消事由となるから，法令違反として差止め事由になるとする見解が有力である（江頭884頁・885頁）。

　差止請求については，**第4章第10節4(2)**を参照されたい。

(c) 株主総会決議取消・無効の訴え

　合併比率の不公正が合併無効事由となるかどうかについては，原則として，無効事由（法令違反）にならないと解されている（東京高判平2・1・31資料版商事77号193頁）。もっとも，特別利害関係株主の議決権行使によって，著しく不当な合併条件が決定された場合は，株主総会決議取消事由および合併無効事由となるとの見解が有力である（江頭884頁・885頁，田中654頁）。

　合併無効の訴えについては，**第4章第10節4(3)**を参照されたい。

(d) 取締役に対する責任追及

　取締役等の任務懈怠により，不公正な合併比率が定められた場合の取締役等に対する責任追及については，以下のように解されている（江頭857頁，田中654頁）。

① 存続会社の株式または新株予約権を対価とする場合に，消滅会社株主に有利な条件が定められたとしても，会社財産の流出はないから，存続会社に損害が生じているとはいえず，代表訴訟による責任追及はできないが（大阪地判平12・5・31判時1742号141頁），損害を被った存続会社の株主は，存続会社の役員に対して会社法429条1項の責任（取締役等の第三者に対する責任）を追及することができる。

② 合併対価が現金・社債の場合に，不当に高額な条件が定められた場合は，財産の流出があるから存続会社に損害が生じたといえ，代表訴訟による責

任追及が認められる。この場合，間接的に損害を受けた株主が会社法429条1項の「第三者」に該当するとの解釈をとれば，会社法429条1項に基づく責任追及も可能である。

③ 消滅会社の株主に対して交付された合併対価が著しく低額である場合，消滅会社に損害が生じたわけではないことから，代表訴訟による責任追及はできないが，損害を被った消滅会社の株主は，消滅会社の（元）役員に対して会社法429条1項の責任を追及することができる（東京地判平23・9・29判時2138号134頁参照）。

(e) 取締役の違法行為差止請求

取締役の違法行為差止請求は，「法令・定款違反」と「会社に著しい損害が生じるおそれがあること」が要件になる（会360条1項）。

そうすると，上記(b)〜(d)の考え方を敷衍すれば，①合併対価が株式・新株予約権の場合は，存続会社に損害が生じるとはいえない（要件を満たさない），②合併対価が現金・社債で，かつ，特別利害関係人の議決権行使によって，著しく不当な合併条件が決定された場合（親会社を消滅会社，子会社を存続会社とする場合など）は，存続会社において，上記要件を満たし得る，②合併対価が不相当であったとしても消滅会社自体には損害が生じない（要件を満たさない）と解すべきこととなろう。

第4節 消滅会社の新株予約権者に対する対価の決定

消滅会社の新株予約権者に対して対価を交付する場合，その種類は，存続会社の新株予約権と現金に限られる（会749条1項4号）。なお，対価を交付しないことも認められる（会施規191条2号参照）。

新株予約権については，その取扱いの平等原則を定める規定はない（会749条3項参照）。しかし，同内容の新株予約権を保有する者については，その数に応じた取扱いをすることが合理的であろう。

また，新株予約権者は，債権者にすぎないから，シナジーの分配は問題にな

らないとの見解が有力である（江頭856頁。なお，新株予約権買取請求の「公正な価格」については**第4章第6節３**参照）。

　合併契約の定め（会749条1項4号・5号）が，消滅会社の新株予約権の内容として定められた条件（会236条1項8号イ）と異なるときは，新株予約権買取請求権が認められる（会787条1項1号）。もっとも，消滅会社の新株予約権者に対する対価が不公正である場合は，差止事由とならない（会社法784条の2第2号に，会社法749条1項4号・5号が含まれていない）。また，新株予約権者は株主でなく，株主総会決議取消の訴えの提訴権者ではないから，無効事由にもならないと解すべきである。

第4章 合併手続

第1節　合併手続の概要

　合併に必要な手続は，会社法，独占禁止法，金融商品取引法等，多岐にわたり，これらの手続違反がある場合，合併差止や合併無効の原因となり，合併登記ができない事態ともなり得る。したがって，合併手続を正確に理解し，実行することは，極めて重要である。

　各手続の詳細は別途解説するが，本節では，合併手続の全体像を把握できるように，その概要とスケジュール例等について，主な留意点とあわせて解説する。

1　会社法上の手続

　合併に際して会社法上必要となる手続は次頁表のとおりである。なお，株主総会の承認，株主への公告，債権者への公告等の各手続については，原則としてその先後関係はなく，複数の手続を同時に進めることも可能である（相澤ほか・論点解説663頁）。

手続	存続会社	消滅会社	備考
合併契約の締結	○	○	
事前備置書類の備置	○	○	
株主総会決議	○	○	存続会社について簡易・略式合併、消滅会社について略式合併の場合は不要
種類株主総会決議	○	○	種類株式発行会社であり、一定の要件を満たす場合に必要
株式買取請求権にかかる株主宛の通知または公告	○	○	
新株予約権買取請求権にかかる新株予約権者宛の通知または公告	－	○	存続会社は不要。消滅会社は、新株予約権を発行している場合に必要
債権者宛の①官報公告＋個別催告、②官報公告＋日刊新聞公告、または③官報公告＋電子公告	○	○	
株券提出手続にかかる通知および公告（両方必要）	－	○	存続会社は不要。消滅会社が株券発行会社である場合に必要
新株予約権証券提出手続にかかる通知および公告（両方必要）	－	○	存続会社は不要。消滅会社が新株予約権証券を発行している場合に必要
登録株式質権者・登録新株予約権質権者への通知または公告	－	○	存続会社は不要。消滅会社に登録株式質権者・登録新株予約権質権者がいる場合に必要
株主に対する対価の交付（端数が生じる場合はその処理）	○	－	合併対価がある場合

新株予約権者に対する対価の交付	○	−	新株予約権者に対する対価を定めた場合
事後備置書類の備置	○	−	
登記	○	−	存続会社が，存続会社についての変更登記，消滅会社についての解散登記を行う

2 会社法以外の手続

　上記会社法上の手続のほか，一定規模以上の会社が合併を行う場合は独占禁止法上の事前届出が必要になる。また，合併当事会社が上場会社の場合，金融商品取引法，金融商品取引所規則および振替法上の手続が必要になる。さらに，業法上の手続が必要になる場合や，外国法に基づく手続が必要になる場合がある。

3 各手続の概説

　日本法に関する手続について，以下，概説する。

(1) 事前準備

　合併手続を進める前に，デュー・ディリジェンスを行い，合併に支障となる事象の有無等を確認するとともに，合併を行うかどうか，どちらを存続会社・消滅会社とするか，合併対価をどうするか，合併に際して必要となる手続（独占禁止法上の届出の要否，許認可上の手続，契約上必要となる手続等）は何か等について検討し，合併スケジュールを策定する。

　業法上の許可等が必要な場合は，監督官庁への事前相談を行う。また，必要に応じて，金融商品取引所への事前相談や，公正取引委員会への届出前相談を行う。企業年金の統合を検討するに際し，厚生労働省等への確認をすることが必要になる場合もある。

(2) 秘密保持契約・基本合意書の締結

グループ企業内の合併の場合は，秘密保持契約等を締結することなく，合併手続を進めることも多いが，独立企業間での合併の場合，上記(1)のデュー・ディリジェンスの前に秘密保持契約を締結するのが通常である。

また，独立企業間の合併の場合，各社のプロジェクトチームにより，検討がある程度進み，基本的な事項に関する合意がなされた時点で基本合意書が締結されることが多い。基本合意書が締結されたタイミングで適時開示（プレスリリース）および臨時報告書の提出を行う場合も多い。

秘密保持契約・基本合意書については，本節5を参照されたい。

(3) 公正取引委員会への事前届出

合併当事会社のうち，一方の会社に係る国内売上高合計額（その会社の国内売上高と，当該会社が属する企業結合集団に属する当該会社以外の会社等の国内売上高を公正取引委員会規則で定める方法により合計した額）が200億円を超え，かつ，他方の会社に係る国内売上高合計額が50億円を超える場合は，独占禁止法上の事前届出が必要である（独禁15条2項）。ただし，すべての当事会社が同一の企業結合集団に属する場合は，事前届出は不要である（同項但書）。

事前届出の届出受理日の翌日から起算して30日間（暦日ベース），合併が禁止される（独禁15条3項，10条8項）が，期間短縮の申出をすることもできる。

なお，事前届出をしたときは，合併の効力発生後に，完了報告書を公正取引委員会に提出する（独禁届出規則7条5項）。

(4) 取締役会決議・合併契約の締結

取締役会設置会社においては，取締役会決議に基づき合併契約を締結する。合併契約の内容は，慎重に検討する必要がある。

(5) 臨時報告書・プレスリリース

有価証券報告書提出会社が合併を行う場合，①提出会社の資産の額が，当該

提出会社の最近事業年度の末日における純資産額の100分の10以上増加することが見込まれる場合，②提出会社の売上高が，当該提出会社の最近事業年度の売上高の100分の3以上増加することが見込まれる場合，③提出会社が消滅することとなる場合には，有価証券報告書提出会社の業務執行を決定する機関により合併が決定された後，遅滞なく，臨時報告書を提出しなければならない（金商24条の5第4項，開示府令19条2項7号の3）。

また，上場会社の業務執行を決定する機関が，合併を行うことについて決定した場合，直ちに，その内容を適時開示（プレスリリース）しなければならない（上場規程402条1号k）。さらに，金融商品取引所に対し，①合併契約書，②日程表，③合併比率に関する見解を記載した書類，④事前開示書類など，一定の書類を提出しなければならない。

なお，有価証券報告書提出会社・上場会社が合併当事会社となる場合だけでなく，その子会社が合併を行う場合も，臨時報告書，適時開示（プレスリリース）が必要になる場合がある（開示府令19条2項15号の3，上場規程403条1号c）。

また，株主総会を行う場合は，決議後遅滞なく，その決議内容等を記載した臨時報告書を提出しなければならない（開示府令19条2項9号の2）。

(6) 有価証券届出書・有価証券通知書

合併が特定組織再編成発行手続または特定組織再編成交付手続に該当する場合で，かつ，消滅会社について「開示が行われている場合」に該当し，存続会社について「開示が行われている場合」に該当しない場合は，事前備置書類の備置前に，有価証券届出書を提出しなければならない（金商4条1項）。有価証券届出書の効力発生日（事前備置書類の備置が可能となる日）は，原則として，届出書の受理日から15日を経過した日であるが（金商8条1項），申出により受理日の翌日に効力が生じるよう取り扱うことができる（開示ガイドラインB8-2⑤）。

なお，上記に該当する場合でも，発行総額が1億円未満の場合は，有価証券届出書の提出は不要であるが（金商4条1項5号），発行総額が1,000万円を超える場合は有価証券通知書を内閣総理大臣（財務局長）に提出しなければならな

い（金商4条6項，開示府令4条4項）。

(7) 事前開示

合併当事会社は，以下のいずれか早い日（備置開始日）から，効力発生日後6カ月を経過する日まで（消滅会社は効力発生日まで），事前備置書類を本店に備置しなければならない（会782条1項，794条1項）。

① 株主総会（種類株主総会を含む）をする場合は，当該株主総会の日の2週間前の日（書面決議で行う場合は，会社法319条1項の提案があった日）
② 株式買取請求にかかる通知または公告の日
③ 新株予約権買取請求にかかる通知または公告の日（消滅会社のみ）
④ 債権者異議手続にかかる催告または公告の日

なお，事前備置書類は，金融商品取引所への提出書類である。

(8) 関係者への通知・公告

存続会社においては，(a)効力発生日の1カ月前までに債権者異議手続にかかる債権者宛の催告・公告（会799条1項・2項），(b)効力発生日の20日前までに株式買取請求権にかかる株主宛の通知または公告（会797条3項・4項）が必要である。

消滅会社においては，存続会社と同様の(a)債権者異議手続にかかる債権者宛の催告・公告（会789条1項・2項），(b)株式買取請求権にかかる株主宛の通知または公告（会785条3項・4項）のほか，必要に応じて，(c)効力発生日の20日前までに新株予約権買取請求権にかかる新株予約権者宛の通知または公告（会787条3項・4項），(d)効力発生日の1カ月前までに株券提出手続にかかる通知および公告（会219条1項6号），(e)効力発生日の1カ月前までに新株予約権証券提出手続にかかる通知および公告（会293条1項3号），(f)効力発生日の20日前までに登録株式質権者・登録新株予約権質権者への通知または公告（会783条5項・6項）が必要である。

これらの通知・公告方法についての主な留意点は以下のとおりである。

【通知・公告方法の主な留意点】

> ① 合併スケジュールの策定上，官報公告の枠取り等の準備期間を考慮する必要がある。
> ② これらの公告は，個別に行うこともできるが，1つにまとめて行うこともできる。
> ③ 債権者異議手続にかかる催告・通知方法は，官報公告＋知れている債権者への個別催告，官報公告＋日刊新聞公告，官報公告＋電子公告のいずれかである。また，公告に「最終事業年度に係る貸借対照表の要旨」（会施規188条，199条）を掲載する必要があるのは，決算公告等を怠っている場合だけではない。
> ④ 株式買取請求権にかかる通知または公告は，簡易合併の場合でも必要である。また，公告を選択できる場合は，公開会社である場合とすでに株主総会決議を経ている場合に限られる（振替株式を発行している場合については⑦参照）。
> ⑤ 上記④と異なり，新株予約権買取請求権にかかる通知または公告について，公告を選択できる場合には制限はない。
> ⑥ 株券提出手続・新株予約権証券提出手続については，通知・公告の両方が必要となる。
> ⑦ 振替株式を発行している会社（以下「振替株式発行会社」という）の場合，上記(b)および(f)については必ず公告によらなければならない（振替161条2項。なお，(d)はそもそも通知と公告の両方が必要）。この場合，「買取口座」も(b)の公告内容に含まれる（振替155条2項）。振替新株予約権を発行している場合も同様である（振替183条2項・3項，215条2項・3項）。

債権者から異議があった場合や株式買取請求がなされた場合等については，第5節・第6節を参照されたい。

(9) 振替機関への通知等

消滅会社，存続会社のいずれかが振替株式を発行している場合，振替機関等または株主等に対して，一定の通知が必要になる場合がある（手続の詳細は**第5章第5節**参照）。

まず，消滅会社（振替株式発行会社の場合）は，合併に関する取締役会決議後速やかに，証券保管振替機構に対して通知を行う必要がある（業務規程12条1項，業務規程施規6条・別表1-1(9)）。また，存続会社（振替株式発行会社の場合）は，①消滅会社の株式が振替株式でない場合であって消滅会社の株主に対し振替株式を発行する場合，または②存続会社が合併に際して自己株式を移転しようとする場合は，合併に関する取締役会決議後速やかに，証券保管振替機構に対して通知を行う必要がある（業務規程12条1項，業務規程施規6条・別表1-1(9)）。

次に，存続会社と消滅会社の一方または双方が振替株式を発行しているかどうかによって，振替法上の手続が異なる。

(a) 消滅会社の株式が振替株式である場合において，存続会社が合併対価として振替株式を交付するときは，消滅会社は，合併の効力発生日の2週間前までに，振替機関に対し，消滅会社の株主に対して交付される存続会社の振替株式の銘柄，消滅会社の振替株式の銘柄，割当比率等を通知しなければならない（振替138条1項）。

(b) 消滅会社が非振替株式発行会社である場合において，存続会社の振替株式が交付される場合，消滅会社は，新たに存続会社の株主となる者（消滅会社の株主等）に対し，合併の効力発生日の1カ月前までに，振替口座を通知すべき旨など一定の事項を通知しなければならない（振替160条1項，131条1項）。また，存続会社は，効力発生日後遅滞なく（業務規程上は効力発生日の2営業日前までに），消滅会社株主等にかかる新規記録通知をしなければならない（振替130条1項）。

(c) 消滅会社（振替株式発行会社）の株主に対して，存続会社の非振替株式が発行される場合，消滅会社は，振替機関に対し，効力発生日の2週間前までに，全部抹消の通知をしなければならない（振替160条3項，135条1項）。

さらに，振替株式を発行している会社は，買取口座を開設して，株式買取請求権にかかる通知・公告に買取口座を記載しなければならない（振替155条1項・2項）。

⑽ 株主総会・種類株主総会

　合併を行う場合，原則として，効力発生日の前日までに，株主総会の特別決議が必要である。ただし，簡易合併・略式合併の要件を満たす場合は，株主総会は不要である。

　簡易合併の要件は，例外要件も含めて以下のとおりである。

【簡易合併の要件（存続会社のみ）】

> ① 合併対価の合計額が，存続会社の純資産額の5分の1（これを下回る割合を存続会社の定款で定めた場合にあっては，その割合）を超えないこと
> ② 合併差損が生じないこと
> ③ 「存続会社が公開会社でなく，かつ，消滅会社の株主に対して交付する金銭等の全部又は一部が存続会社の譲渡制限株式である場合」に該当しないこと
> ④ 通知・公告日から2週間以内に，一定数の株主の反対がないこと

　また，略式合併の要件は以下のとおりである。

【略式合併－消滅会社の株主総会を省略するための要件】

> ① 存続会社が消滅会社の特別支配会社であること
> ② 「合併対価の全部又は一部が譲渡制限株式等である場合であって，消滅会社が公開会社であり，かつ，種類株式発行会社でないとき」に該当しないこと

【略式合併－存続会社の株主総会を省略するための要件】

> ① 消滅会社が存続会社の特別支配会社であること
> ② 「合併対価の全部又は一部が存続会社の譲渡制限株式である場合であって，存続会社が公開会社でないとき」に該当しないこと

　また，合併当事会社が種類株式発行会社である場合は，通常の株主総会に加

えて，種類株主総会による承認決議が必要となる場合がある。かかる種類株主総会については，簡易合併・略式合併の場合であっても省略できない。

　定時株主総会で行う場合は，事業年度末日を基準日とする定款の定めがあることがほとんどであろう。これに対し，臨時株主総会で行う場合は，別途，株主総会において議決権を行使できる株主を定める基準日設定が必要になる（非公開会社であれば基準日を設定しないこともある）。

(11)　効力発生

　合併契約書に定めた効力発生日に，合併の効力が発生する。その概要は，①消滅会社の当然解散・消滅（会471条4号，475条1号かっこ書），②存続会社による消滅会社の権利義務の包括承継（会750条1項），③消滅会社の株主に対する合併対価の交付（会750条3項），④消滅会社の新株予約権の消滅と，合併契約に従った消滅会社の新株予約権者に対する対価の交付（会750条4項・5項）である。

　合併対価の交付方法は，合併対価の種類や，存続会社が振替株式発行会社であるかどうか等により異なる。

　なお，合併対価について端数が生じる場合は，端数処理の手続（会234条）が必要になる。

(12)　事後開示

　存続会社は，効力発生日後遅滞なく，事後備置書類を作成し，効力発生日から6カ月間，本店に備置しなければならない（会801条1項・3項）。

　なお，事後開示書類は，金融商品取引所への提出書類である。

(13)　登　記

　存続会社は，合併の効力発生日から2週間以内に，消滅会社の解散登記および存続会社の変更登記を，同時にしなければならない（会921条，商登82条1項・3項）。

4 具体的なスケジュール例

(1) 非公開会社同士の合併の場合

　非公開会社同士が合併する場合のスケジュール例は以下のようになる。なお，①臨時株主総会で行い，株主総会の基準日は設けないこと，②定款上の公告方法が官報公告であること，③会社法上の手続以外の手続（独占禁止法上の手続等）は不要であることを前提とする。

　このスケジュール例において，DからIまでの通知・公告を，合併契約の締結日（B）と同日またはそれに近接する日に行えば，手続開始から約1カ月後の日を合併の効力発生日（L）とすることができる。

【非公開会社同士の合併スケジュール例】

	法定期限・期間等	存続会社（甲）	消滅会社（乙）	備考
	－	事前準備（デュー・ディリジェンス，官報公告の枠取り等）		
A	－	取締役会決議	取締役会決議	
B	Aと同日	合併契約の締結	合併契約の締結	
C	Kの2週間前，D・G・Hの日のいずれか早い日までに	事前備置書類の備置	事前備置書類の備置	
D	Lの1カ月前までに	債権者宛催告・公告	債権者宛催告・公告	・各公告をまとめることも可能 ・乙が株券発行会社でない場合，Eは不要（F・H・Iも必
E	Lの1カ月前までに	－	株券提出の通知・公告	
F	Lの1カ月前までに	－	新株予約権証券提出通知・公告	

G	Lの20日前までに	株主買取請求にかかる通知(または公告)	株主買取請求にかかる通知(または公告)	要な場合のみ)
H	Lの20日前までに	−	新株予約権買取請求にかかる通知または公告	
I	Lの20日前までに	−	登録株式質権者・登録新株予約権質権者宛の通知または公告	
J	Kの1週間前までに	株主総会の招集通知発送	株主総会の招集通知発送	省略可(会300条)
K	Lの前日までに	株主総会決議	株主総会決議	書面決議可(会319条)
L	−	効力発生日	効力発生日	
M	Lと同日	合併対価等の交付	−	
N	L後,6カ月間	事後備置書類の備置	−	
O	L後,2週間以内に	登記(変更登記・解散登記)	−	

(2) 上場会社とその完全子会社が合併する場合のスケジュール例

　上場会社(甲)を存続会社,その完全子会社(乙)を消滅会社とする合併のスケジュール例は以下のとおりである。なお,①合併対価は発行しないこと,②甲は簡易合併,乙は略式合併により株主総会を行わないこと,③グループ内合併であるから,独占禁止法上の事前届出は不要であること,④乙は,株券・新株予約権証券を発行していないこと,⑤甲の公告方法は電子公告,乙の公告方法は官報公告であることを前提とする。

第4章　合併手続　43

【上場会社とその完全子会社が合併する場合のスケジュール例】

	法定期限・期間等	存続会社（甲）	消滅会社（乙）	備考
	－	事前準備（デュー・ディリジェンス，監督官庁との協議等）		
A	－	取締役会決議	取締役会決議	
B	Aと同日	合併契約の締結	合併契約の締結	
C	A後，直ちに	適時開示	－	
D	A後，遅滞なく	金融商品取引所への合併契約書等の提出	－	他の書類提出は省略
E	A後，遅滞なく	臨時報告書の提出	－	
F	－	電子公告調査の申込み・官報公告の枠取り	官報公告の枠取り	
G	H・Iの日のいずれか早い日までに	事前備置書類の備置	事前備置書類の備置	
H	Jの1カ月前までに	債権者宛公告（電子＋官報）	債権者宛公告・催告	各公告をまとめることも可能
I	Jの20日前までに	株主買取請求にかかる公告（電子）	株主買取請求にかかる通知（または公告）	
J	－	効力発生日	効力発生日	
L	J後，6カ月間	事後備置書類の備置	－	
M	J後，2週間以内に	登記（変更登記・解散登記）	－	

(3) 上場会社が独立した非公開会社を合併する場合のスケジュール例

上場会社（甲）を存続会社，甲から独立した非公開会社（乙）を消滅会社とする合併のスケジュール例は以下のとおりである。なお，①合併対価は甲の株式とすること，②甲は定時株主総会，乙は臨時株主総会（基準日設定あり）を行うこと，③乙は，株券・新株予約権証券を発行していないこと（登録株式質権者等もいないこと），④甲の公告方法は電子公告，乙の公告方法は官報公告であること，⑤有価証券届出書の提出は不要であることを前提とする。

なお，上場会社同士の合併の場合も，以下のスケジュール例を参考に作成することは可能であるが，振替法上の手続が異なること，消滅会社の上場廃止手続があること等が異なる。また，独占禁止法上の第2次審査が想定される場合や，株主総会のタイミングが異なる場合など，さまざまな考慮によりスケジュールが組まれることになる。

【上場会社が独立した非公開会社を合併する場合のスケジュール例】

	法定期限・期間等	存続会社（甲）	消滅会社（乙）	備考
	－	事前準備（デュー・ディリジェンス，公正取引委員会との届出前相談，金融商品取引所との事前相談，監督官庁との協議等）		
A	－	取締役会決議	取締役会決議	
B	Aと同日	基本合意書締結	基本合意書締結	
C	A後，直ちに	適時開示	－	
D	A後，遅滞なく	臨時報告書（合併）の提出	－	
E	Wの30日前までに	公正取引委員会への事前届出	公正取引委員会への事前届出	・連名で行う。 ・期間短縮可。

F	事業年度末日	株主総会の基準日	―	
G	―	電子公告調査の申込み・官報公告の枠取り	官報公告（基準日公告を含む）の枠取り	
H	―	取締役会決議（合併契約締結，株主総会招集）	取締役会決議（合併契約締結，株主総会招集）	
I	Hと同日	合併契約の締結	合併契約の締結	
J	H後，直ちに	適時開示	―	
K	H後，遅滞なく	金融商品取引所への合併契約書等の提出	―	他の書類提出は原則省略
L	H後，遅滞なく	訂正報告書の提出	―	Dの訂正
M	H後，速やかに	保振機構への通知	―	振替法上の他の手続は原則省略
N	Wの3週間前までに	有価証券上場申請書の提出	―	新株を発行する場合
O	Tの2週間前，P・Qの日のいずれか早い日までに	事前備置書類の備置	事前備置書類の備置	
P	Wの1カ月前までに	債権者宛公告（電子＋官報）	債権者宛公告・催告	各公告をまとめることも可能。
Q	Wの20日前までに	株主買取請求にかかる公告（電子）※買取口座の開設	株主買取請求にかかる通知（または公告）	

R	Fの2週間前までに	―	株主総会の基準日	会124条
S	Tの2週間前（乙は1週間前）までに	株主総会の招集通知発送	株主総会の招集通知発送	乙は省略可（会300条）
T	Wの前日までに	株主総会決議	株主総会決議	乙は書面決議可（会319条）
U	T後、遅滞なく	臨時報告書（株主総会）の提出		
V	Wの2営業日前までに	保振機構への新規記録通知	―	
W	―	効力発生日、新規記録	効力発生日	
X	W後、遅滞なく	公正取引委員会への完了報告書の提出	―	
Y	W後、6カ月間	事後備置書類の備置	―	
Z	W後、2週間以内に	登記（変更登記・解散登記）	―	

5　秘密保持契約・基本合意書

　合併に際して締結される契約の種類は，当該合併がどのような趣旨で行われるかによって異なり，グループ会社同士での合併を行う場合には，合併契約のみが締結される場合も多い。

　他方，独立当事者間で合併をする場合には，当事会社間の検討の成熟度に応じて，秘密保持契約，基本合意書，合併契約が順に締結されることが多い。

　なお，合併契約については**第2節**を参照されたい。

(1) 秘密保持契約

　合併の検討が開始された場合には，まず，各社においてプロジェクトチームが組成される。合併は当事会社双方に多大な影響を与えることから，会社としての意思決定前に関係者以外にプロジェクト自体の存在が明らかになることを避ける必要があるため，プロジェクトチームは社内でも秘密裡に検討を進める必要があるし（特に当事会社の一方が上場企業である場合，合併の検討がインサイダー取引規制上の重要事実に該当する可能性が高い），また，情報漏えいを防止する体制を適切に整える必要がある。

　各社のプロジェクトチームが，具体的に合併の検討（デュー・ディリジェンス等）を開始する場合，相手方企業に関する非公表の情報を収集する必要が生じる。上場会社であっても，公開情報のみから，会社が保有するリスクの検討を行うことは不可能だからである。そこで，各当事会社が相手方に対して非公表の情報を開示するに先んじて，秘密保持契約を締結することが要請される。秘密保持契約の内容は，他の場面で締結されるものと大きな相違はない。

　なお，合併は何らの事業上の関連性がない企業同士で行われることはむしろ稀であり，垂直的または水平的な協業関係にある会社同士で行われることが多い。このような場合，たとえ合併の検討を端緒としても，将来的に合併することが確定していない状況で，独占禁止法上のセンシティブ情報の交換がなされる場合，カルテルの存在が疑われることとなるため（いわゆるガン・ジャンピング），独占禁止法に抵触する可能性がある会社間の合併では，その検討初期段階においても，この点について留意する必要がある。具体的には情報遮断措置等の検討が必要となろう（第6章第5節参照）。

(2) 基本合意書
(a) 概　要

　合併に限らずM&Aや重要なプロジェクトに関しては，各社のプロジェクトチームにより，検討がある程度進み，基本的な事項に関する合意がなされた時点で基本合意書が締結されることが多い。

基本合意書が締結された場合は，そのタイミングで適時開示がなされることが多いが，単なる準備行為にすぎないものや，成立に至らないおそれが高いときまで，適時開示が求められるものではないとされている（適時開示ガイドブック52頁）。

(b)　基本合意書の一般的な内容

　基本合意書はプロジェクトを進行させるためのマイルストーンとして位置付けられることが一般的であり，合意書の内容も比較的シンプルなものが多い。

　基本合意書の特徴の1つとして挙げられるのが，法的拘束力に関する定めである。当事会社からすれば，基本合意書の締結後，更なる検討を経て，合併比率等の詳細な条件を決定していくため，基本合意書締結時点では，そもそも合併契約の締結に至るかどうかさえ不明確であることから，合併条件や合併のスケジュール等に関する規定は法的拘束力を有しないものとして明記されることが一般的である。もっとも，たとえ法的拘束力を有しないとされていても，事実関係次第では，合併契約の締結に至らなかったことにつき，いわゆる契約締結上の過失の理論に基づいた損害賠償請求等がなされる可能性は完全には払拭できないため留意が必要である。

　これに対して，秘密保持義務や合意管轄等の定めは法的拘束力を持つと定められることが多い。

　具体的な基本合意書の例は以下のとおりである。

【記載例4-1-1：基本合意書】

基本合意書

　株式会社A（以下「甲」という。）と株式会社B（以下「乙」という。）は，甲を存続会社，乙を消滅会社とする吸収合併（以下「本合併」という。）に関し，以下のとおり，基本合意書（以下「本合意書」という。）を締結する。

第1条（目的）

1．本合意書は，本合併及びこれに関連する事項に関する基本的な事項について，本合意書締結時点における甲及び乙の意思を相互に確認することを目的とする。
2．甲及び乙は，本合意書に記載する事項を，本合意書に記載するスケジュールに従って行うことを予定していることを確認するとともに，かかるスケジュールに添った合併契約の締結並びにそれらの実行を目指し，相互に協力し，誠実に協議・努力する。

第2条（法的拘束力）
本合意書は，第6条ないし第12条を除き，法的拘束力を有しないものとする。

第3条（合併契約の締結）
1．甲及び乙は，平成○年○月○日を目処として，本合併に係る吸収合併契約（以下「本最終契約」という。）を締結するものとし，当該締結に向けて相互に誠実に協力するものとする。また，本合併の効力発生日（以下「本効力発生日」という。）は，平成○年○月○日を目処とする。
2．前項のほか，本合併に関する条件は，甲及び乙が誠実に協議して決めるものとする。［筆者注：基本条件が合意されている場合は，その内容を明記することもある。］

第4条（デュー・ディリジェンス）
甲及び乙は，本合意書締結後，本最終契約締結までの間に，当事者間で別途協議し合意のうえ定める手続に従い，それぞれ自らの費用をもって，相手方に対するデュー・ディリジェンス（事業，財務・税務，法務等の各分野を対象とし，以下「本デュー・ディリジェンス」という。）を実施するものとし，甲及び乙は，相互に本デュー・ディリジェンスに協力するものとする。

第5条（事業運営）
甲及び乙は，それぞれ，本合意書締結日から本最終契約締結日まで，善良なる管理者の注意をもってその財産の管理及び事業の執行を行うものとし，その財産及び権利義務に重要な影響を及ぼす行為を行う場合には，事前に相手方と協議しなければならないものとする。

第6条（独占交渉義務）
1．甲及び乙は，第7条に基づき本合意書が終了するまで，相手方以外のいかなる第三者とも，組織再編（合併，株式交換，株式移転，会社分割，事業譲渡を含む。）その他本合意と抵触し又は本合併の支障となる取引につき，協議・交渉又は契約の締結を行ってはならない。

2．甲又は乙が前項に違反した場合（以下，違反した当事者を「違反当事者」という。），相手方は，違反当事者に対し，違約金として金○円を請求することができるものとする。

第7条（有効期間）
1．本合意書の有効期間は，本最終契約の締結日又は平成○年○月○日のいずれか早い日までとする。本合意書が終了した場合，本合意書は将来に向かって効力を失うものとする。
2．前項により本合意書が終了した場合においても，第8条ないし第11条の規定は，各条項の定めるところに従い引き続き効力を有するものとする。

第8条（費用負担）
本合意書に関連する費用（弁護士その他のアドバイザーにかかる費用を含む。）については，各自の負担とする。

第9条（秘密保持）
1．甲及び乙は，事前に他の当事者の書面による承諾を得なければ，本合意書締結の事実及び内容，交渉経過等，並びに，本合意書に関連して知った相手方の秘密（以下「秘密情報」という。）を第三者に開示してはならない。但し，本合意書に定める手続きを遂行するうえで，秘密情報を知らせる必要のある者及び弁護士・会計士等のアドバイザーに開示する場合はこの限りでない。
2．次の各号のいずれかに該当する情報は，前項の秘密情報に含まれないものとする。
(1) 自己の責によることなく公知になった情報
(2) 相手方から開示される以前に自ら有していた情報
(3) 相手方から開示された時点で既に公知であった情報
(4) 正当な権利を有する第三者から機密保持義務を負うことなく適法に入手した情報

第10条（公表）
甲及び乙は，本合意書締結の事実又はその内容等について，プレスリリースを行う場合は，その時期，内容等について，相手方の承諾を得るものとする。

第11条（管轄）
甲及び乙は，本合意書に関する一切の紛争について，東京地方裁判所を第一審の専属管轄裁判所とすることに合意する。

第12条（誠実協議）

> 甲及び乙は，本合意書に定めのない事項については，本合意書の趣旨に従い，誠実に協議するものとする。

(c) 取引保護条項

　合併を行う場合には，当事会社の双方が相当の人的リソースを用いて検討を行うことになることや，検討の過程で相手方に対して重要な情報を開示することから，相手方が安易に第三者と合併その他の類似取引を行うことを制限したいというニーズが存在することが多い。そこで，相手方に対して，一定期間は類似取引の検討等を実施しないような内容の条項（取引保護条項）が基本合意書に設けられることが多い。

　取引保護条項の内容は，合併に向けた検討の成熟度や，合併の目的，当事者間の関係等によってさまざまである。なお，取引保護条項による制約があまりに拘束性の強いものである場合には，当事者双方の自由な企業活動が阻害される可能性もあることに留意が必要である（特に合併の文脈では，買手・売手といった区別がつきにくいことから，独占交渉権は双方向の規定とされる場合が多く，相手方に対する拘束性の高い条項は自らの行動を制約する効果を持つという側面もある）。

　取引保護条項の内容を類型化すると以下のようになる。このような類型の他，対抗提案があった時点で他方当事者に対してその旨を通知しなければならない内容も盛り込まれることもある。また，取引保護条項にとって重要な要素として，規定の効力が存続する期間が挙げられるが，これは基本合意書の有効期間と一致させることが多い。

規定の性質	規定の内容
第三者との取引の制約	第三者との間で合併等に関する一切の接触・情報提供を禁止する規定（No Talk条項） 第三者に対して合併等に関する積極的な勧誘等を禁止する規定（No Shop条項）

第三者との取引の許容	第三者からの合理的な競合提案があった場合には取引保護条項の適用がないとする規定（Fiducially Out条項）
取引継続の機会の付与	対抗提案と同等以上の提案をすることにより，自己と取引を行うよう請求できるとする規定（Matching Right条項）
違約金条項	取引保護条項に違反した場合における違約金を定める規定（Breakup Fee条項） なお，当該条項は「一定の金額を支払うことにより取引保護条項による義務から解放される」という観点から理解される場合もある。

第2節　合併契約

1　総論

　合併をする会社は，合併契約を締結しなければならない（会748条）。印紙税は，合併契約書1通につき4万円である（印紙税法2条・別表第一の5号）。

　取締役会設置会社の場合，合併契約の締結は，会社法362条4項柱書における「重要な業務執行の決定」に該当するため，取締役会の決議を経た上で，会社の代表取締役が締結することとなる。取締役会非設置会社についても，会社法348条3項に明示的に列挙されてはいないが，取締役の過半数による決定が必要と解される（江頭854頁）。また，委員会設置会社の場合には，株主総会の決議による承認を要しないものを除き，取締役会の承認を経た上で（会416条4項16号），代表執行役が合併契約を締結することとなる。

　合併契約の締結のタイミングについては，明文の規定はないものの，事前備置書類として開示しなければならない合併契約書は当事会社間において締結済みの契約でなければならないと解されることから（第3節4参照），合併契約は，事前開示書類の備置開始前までに締結されていなければならない。

合併契約の記載事項としては，必要的記載事項（会749条1項）と任意的記載事項に分けられる。そして，必要的記載事項が欠けている場合には，合併無効事由となる。

また，任意的記載事項については，合併の効力発生により，消滅会社が解散・消滅するため，効力発生後の権利義務（たとえば損害賠償等）を記載しても意味がない。合併の効力発生後の解除についても，解除後の権利義務が不明確になるし，このような解除を原因とする登記が認められないおそれがあるから，記載すべきではないであろう。そうすると，任意的記載事項として記載する意味があり得るのは，主に，①合併の効力発生までに当事会社が行うべきまたは行ってはならない事項を記載することと，②合併の効力発生のための条件を記載することである。

なお，以下の条項例においては，存続会社を「甲」，消滅会社を「乙」として記載する。

2　必要的記載事項

合併契約の必要的記載事項は以下のとおりである（会749条1項）。

【合併契約の必要的記載事項】

> ①　存続会社及び消滅会社の商号及び住所（同項1号）
> ②　消滅会社の株主に対して合併対価を交付するときは，合併対価の内容等及びその割当てに関する事項（同項2号・3号）
> ③　合併対価が存続会社の株式であるときは，上記②のほか，存続会社の資本金及び準備金の額に関する事項（同項2号イ）
> ④　消滅会社が新株予約権を発行しているときは，当該新株予約権の新株予約権者に対して交付する存続会社の新株予約権又は金銭の内容等及びその割当てに関する事項（同項4号・5号）
> ⑤　合併の効力発生日（同項6号）

(1) 存続会社および消滅会社の商号および住所

合併契約には，存続会社および消滅会社の商号および住所を記載しなければならない（会749条1項1号）。当該事項は，契約書の前文等において記載することでも足りるが（記載例4-2-1），独立した条項を設けることも多い（記載例4-2-2）。

【記載例4-2-1：当事者－契約前文に記載する例】

> 株式会社A（以下「甲」という。住所：○○）及び株式会社B（以下「乙」という。住所：△△）は，甲を存続会社，乙を消滅会社とする吸収合併につき，次のとおり合併契約（以下「本契約」という。）を締結する。

【記載例4-2-2：当事者－独立した条項とする例】

> 第○条（商号及び住所）
> 甲及び乙の商号及び住所は次のとおりである。
> (1) 吸収合併存続会社（甲）
> 　商号：株式会社A
> 　住所：○○
> (2) 吸収合併消滅会社（乙）
> 　商号：株式会社B
> 　住所：△△

(2) 合併対価の内容・割当てに関する事項

(a) 無対価合併の場合

会社法749条1項2号は「金銭等を交付するときは」と記載していることから，無対価合併の場合，合併契約に合併対価に関する事項を記載する必要はないが，実務上は誤解を避けるために明記することが多い（記載例4-2-3）。

第4章　合併手続　55

【記載例4-2-3：合併対価－無対価合併の場合】

> 第○条（消滅会社の株主に対して交付する金銭等）
>   甲は乙の発行済株式の全部を保有していることから，甲は，本合併に際し，乙の株主に対してその有する乙株式に代わる金銭等を交付しない。
> 注）　上記は完全親子会社間の合併の場合であるが，完全子会社同士の合併の場合は，「甲及び乙はいずれも株式会社Ｃの完全子会社であるから…」などと記載することが考えられる。

(b)　存続会社の株式を合併対価とする場合

　存続会社の株式を合併対価とする場合，合併契約において，合併対価として交付する株式の数（存続会社が種類株式発行会社の場合は，株式の種類および種類ごとの数）またはその数の算定方法（会749条1項2号イ。なお，存続会社の資本金等に関する事項については後述する）と，その割当てに関する事項（同項3号）を記載しなければならない。

　合併対価およびその割当てに関する記載事項における一般的な留意点（他の合併対価とも共通する留意点）としては，以下の点が挙げられる（その他合併対価については**第3章第3節**参照）。

① 　消滅会社の株主のうち存続会社（抱合せ株式）および消滅会社（自己株式）には割当てがなされない（会749条1項3号参照）。これは強行規定であるから合併契約に記載しなくてもよいと解されるが，実務上は明記することも多い。

② 　会社法785条1項の株式買取請求権が行使された株式には合併対価の割当てはなされない（第3章第3節2参照）。なお，株式買取請求権の一部行使も可能であるから，必ずしも「株式買取請求権を行使した株主」が割当ての対象にならないとは言えない。かかる規定も強行規定であるから，上記①と同様，合併契約に記載しなくてもよいが，実務上は明記することも多い。

③ 　消滅会社の自己株式の増減や株式買取請求権の行使によって，割当ての

対象となる株式数が変動し得るから，合併対価の総数または総額（会749条1項2号）を確定数または確定額として記載するのは避け，合併比率（算定方法）を記載すべきである。

④　株主名簿が会社に対する対抗要件であること（会130条1項）は当然であるから，合併契約において消滅会社の株主名簿に言及することは必須ではない。なお，消滅会社が振替株式発行会社である場合は，振替口座簿に基づくことになる（振替138条参照）。

⑤　消滅会社の株主への合併対価の割当てについては株主平等原則が適用されるから，一定数未満を保有する株主に対して対価を交付しないとの定めは許されない（第3章第3節3(1)参照）。したがって，合併対価の総数（総額）についても，端数が生じる場合は切り捨てるというような定めは設けるべきではない（個別の割当てとの不整合が生じる）。なお，端数が生じた場合に会社法234条に基づいて処理するという定めを設けることは問題ない。

⑥　学説上，合併対価の割当てを受ける株主について，株主総会の承認時から効力発生日までの間であれば，いつの時点の株主としてもよいとの見解がある（江頭859頁（注11），コンメ⑰128頁）。このような定めを設けても，非公開会社であれば大きな問題は生じないとも思われるが（上記基準時点から効力発生日までの株式譲渡を承認しなければよい），公開会社の場合は権利関係が複雑になり得るし，特に振替株式発行会社（上場会社）の場合は効力発生日を基準としなければならない（振替138条3項）から，このような定めを設けるべきではない（ハンドブック93頁）。

⑦　株価の変動に応じて合併比率を変動させることも可能であるが，株価変動が大きい場合，想定を超える株式を発行することとなるリスクもあること等に留意が必要である。

また，合併対価を株式とする場合に特有の留意点としては，次の点が挙げられる。

⑧　合併対価は，新株のみ，自己株式のみ，新株と自己株式の混合のいずれでもよく（コンメ(17)114頁），いずれであるかを合併契約に明記する必要はない。むしろ，新株か自己株式かを明記しないほうが柔軟な対応が可能となるから，自己株式を用いる可能性がある場合は「株式を新たに発行し」などの記載は避けるべきである。

上記を考慮に入れた，存続会社の株式を合併対価とする場合の記載例は，以下のようになる。

【記載例4-2-4：合併対価－普通株式を合併対価とする場合】

> 第○条（乙の株主に対して交付する金銭等）
> 1　甲は，本合併に際して，本合併が効力を生じる時点の直前の乙の株主（甲及び乙を除く。以下同じ。）に対し，その所有する乙の株式（会社法785条1項の株式買取請求にかかる株式を除く。以下同じ。）の合計数に○［筆者注：合併比率］を乗じた甲の普通株式を交付する。
> 2　甲は，効力発生日に，前項に定める乙の株主に対し，それぞれ，その所有する乙の株式1株につき，甲の普通株式○株［筆者注：合併比率］の割合をもって割り当てる。

【記載例4-2-5：合併対価－普通株式（比率変動）を合併対価とする場合】

> 第○条（乙の株主に対して交付する金銭等）
> 1　甲は，本合併に際して，本合併が効力を生じる時点の直前の乙の株主（甲及び乙を除く。以下同じ。）に対し，その所有する乙の株式（会社法785条1項の株式買取請求にかかる株式を除く。以下同じ。）の合計数に合併比率を乗じた甲の普通株式を交付する。
> 2　前項の合併比率とは，以下の式によって算出される比率（小数点第3位を四捨五入する）とする。なお，当該式において「甲株式の株価」とは，……をいう［筆者注：ある特定時点の株価や，一定期間の平均株価とすることが考えられる］。
> 　　合併比率＝○円［筆者注：乙株式の株価］÷甲株式の株価

> 3　甲は，効力発生日に，第1項に定める乙の株主に対し，それぞれ，その所有する乙の株式数に合併比率を乗じた数の甲の普通株式を割り当てる。

【記載例4-2-6：合併対価－種類株式を合併対価とする場合】

> 第○条（乙の株主に対して交付する金銭等）
> 1　甲は，本合併に際して，本合併が効力を生じる時点の直前の乙の株主（甲及び乙を除く。以下同じ。）に対し，その所有する乙の株式（会社法785条1項の株式買取請求にかかる株式を除く。以下同じ。）の合計数に○を乗じた甲の○種種類株式を交付する。
> 2　甲は，効力発生日に，前項に定める乙の株主に対し，それぞれ，その所有する乙の株式1株につき，甲の○種種類株式○株の割合をもって割り当てる。

注）　種類株式を合併対価とする場合に，種類株式の内容等を合併契約に記載しなければならないとの見解がある（コンメ(17)115頁）が，条文上は，「当該株式の数（種類株式発行会社にあっては，株式の種類及び種類ごとの数）又はその数の算定方法」（会749条1項2号イ）と記載されているにすぎないから（同号ハにおいて，新株予約権の場合は「内容」も記載することとされていることと異なる），種類株式の内容まで記載する必要はないと解される。実質的にも，消滅会社の事前備置書類において定款の定めを記載しなければならないから（会施規182条4項1号イ），これで足りると解すべきであろう。

【記載例4-2-7：合併対価－消滅会社が種類株式発行会社であり，存続会社の普通株式および種類株式を合併対価とする場合】

> 第○条（乙の株主に対して交付する金銭等）
> 1　甲は，本合併に際して，本合併が効力を生じる時点の直前の乙の株主（甲及び乙を除く。以下同じ。）に対し，その所有する乙の株式の種類ごとに，以下の金銭等を交付するものとする。
>   (1)　乙の株主が所有する乙の普通株式（会社法785条1項の株式買取請求にかかる株式を除く。以下同じ。）の合計数に○を乗じた甲の普通株式を交付する。
>   (2)　乙の株主が所有する乙の□種種類株式（会社法785条1項の株式買取請求にかかる株式を除く。以下同じ。）の合計数に△を乗じた甲の□種種類株式を交付する。

> 2　甲は，効力発生日に，前項に定める乙の株主に対し，それぞれ，以下の金銭等を割り当てる。
> (1)　乙の株主が所有する乙の普通株式１株につき，甲の普通株式○株
> (2)　乙の株主が所有する乙の□種種類株式１株につき，甲の□種種類株式△株

注）消滅会社が種類株式発行会社であって，株式の種類ごとに異なる取扱いを行うこととするときは，その旨および当該異なる取扱いの内容を記載しなければならない（会749条2項2号）。

(c) 親会社株式を合併対価とする場合（三角合併）

親会社株式を合併対価とする場合（三角合併の場合）は，上記(b)で述べた点に加え，親会社株式の端数処理に留意が必要である。すなわち，親会社株式を合併対価とする場合は，会社法234条の適用がないことから，合併契約の中で端数処理を定めておくほうがよい。

【記載例4-2-8：合併対価－親会社株式を合併対価とする場合】

> 第○条（乙の株主に対して交付する金銭等）
> 1　甲は，本合併に際して，本合併が効力を生じる時点の直前の乙の株主（甲及び乙を除く。以下同じ。）に対し，その所有する乙の株式（会社法785条1項の株式買取請求にかかる株式を除く。以下同じ。）の合計数に○［筆者注：合併比率］を乗じた株式会社C［筆者注：甲の親会社］の普通株式（以下「C社株式」という。）を交付する。
> 2　甲は，効力発生日に，前項に定める乙の株主に対し，それぞれ，その所有する乙の株式1株につき，株式会社Cの普通株式○株［筆者注：合併比率］の割合をもって割り当てる。
> 3　前二項にかかわらず，前項により乙の株主に交付するC社株式の数に1株に満たない端数があるときは，当該端数のC社株式に代えて，当該端数に［金○円／C社株式にかかる□□証券取引所における効力発生日の前日の終値／その他］を乗じた額の金銭を交付する。

(d) 金銭を合併対価とする場合（交付金合併）

合併対価を金銭とする場合は，特有の留意点はなく，以下のように記載すればよい（なお，合併対価を変動させることも可能である）。

【記載例4-2-9：合併対価－金銭を合併対価とする場合】

> 第○条（乙の株主に対して交付する金銭等）
> 1　甲は，本合併に際して，本合併が効力を生じる時点の直前の乙の株主（甲及び乙を除く。以下同じ。）に対し，その所有する乙の株式（会社法785条1項の株式買取請求にかかる株式を除く。以下同じ。）の合計数に金○円を乗じた額の金銭を交付する。
> 2　甲は，効力発生日に，前項に定める乙の株主に対し，それぞれ，その所有する乙の株式1株につき，金○円の割合をもって割り当てる。

(e) その他の合併対価の場合

会社法749条1項2号の事項として，(a)合併対価が存続会社の社債の場合は，社債の種類および種類ごとの各社債の金額の合計額またはその算定方法，(b)存続会社の新株予約権の場合は，新株予約権の内容および数またはその算定方法，(c)存続会社の新株予約権付社債の場合は，社債に関する上記(a)と新株予約権に関する上記(b)の事項，(d)その他の財産であるときは，財産の内容および数もしくは額またはこれらの算定方法を記載する必要がある。

たとえば，新株予約権を合併対価とする場合は，以下のような記載になる。

【記載例4-2-10：合併対価－新株予約権を合併対価とする場合】

> 第○条（乙の株主に対して交付する金銭等）
> 1　甲は，本合併に際して，本合併が効力を生じる時点の直前の乙の株主（甲及び乙を除く。以下同じ。）に対し，その所有する乙の株式（会社法785条1項の株式買取請求にかかる株式を除く。以下同じ。）の合計数に○を乗じた別紙記載の内容の甲の新株予約権を交付する。

> 2　甲は，効力発生日に，前項に定める乙の株主に対し，それぞれ，その所有する乙の株式1株につき，前項に定める甲の新株予約権○個の割合をもって割り当てる。

注)　「新株予約権の内容」とは，会社法236条1項に掲げる事項を意味する。

(3) 存続会社の資本金および準備金の額に関する事項

　合併対価が存続会社の株式である場合は，合併契約に，存続会社の資本金および準備金の額に関する事項を記載しなければならない（会749条1項2号イ）。

　株式会社の貸借対照表の「純資産の部」は，基本的には，資本金，資本剰余金（資本準備金，その他資本剰余金），利益剰余金（利益準備金，その他利益剰余金）に区分される（計算規76条2項・4項・5項参照）ところ，準備金とは，資本準備金と利益準備金を意味する（会445条4項）。したがって，合併契約には，①資本金，②資本準備金および③利益準備金に関する事項を記載することとなる。なお，原則として利益準備金は変動しない（計算規35条2項参照）。また，株主資本等変動額がゼロ未満の場合には，資本金，資本準備金および利益準備金の額は変動しない（計算規35条2項但書）。

　かかる条項には，増加する資本金・資本準備金・利益準備金の確定額を記載してもよいが，会社計算規則の該当条項に従って定める旨を規定することでも足りる（計算詳解384頁）。実務的には，合併契約締結時に，株主資本等変動額（計算規35条1項）やその内訳（計算規35条2項，36条）が決まっている場合はそれを記載してもよいが，合併契約を事後的に変更することは困難であるから，確定額を記載する場合でも，当事会社による変更権を留保するような記載にするほうが無難であろう。

【記載例4-2-11:資本金・準備金－会社計算規則に従うとする例】

> 第○条(甲の資本金・準備金に関する事項)
> 本合併により増加する甲の資本金,資本準備金及び利益準備金の額は,会社計算規則第35条及び第36条に従い,甲が適当に定める。

【記載例4-2-12:資本金・準備金－一定の方法を記載する例】

> 第○条(甲の資本金・準備金に関する事項)
> 本合併により増加する甲の資本金,資本準備金及び利益準備金の額は,以下のとおりとする。
> (1) 資　本　金:会社計算規則第35条第1項によって算定される株主資本等変動額の○%相当額とする。
> (2) 資本準備金:株主資本等変動額から前号の額を控除した額とする。
> (3) 利益準備金:増加しない。

【記載例4-2-13:資本金・準備金－確定額を記載する例】

> 第○条(存続会社の資本金・準備金に関する事項)
> 本合併により増加する甲の資本金,資本準備金及び利益準備金の額は,以下のとおりとする。ただし,会社計算規則第35条及び第36条に基づき変更が必要となる場合は,甲が適当に定める。
> (1) 資　本　金:金○円
> (2) 資本準備金:金○円
> (3) 利益準備金:増加しない。

【記載例4-2-14:資本金・準備金－増加しない旨を定める例】

> 第○条(甲の資本金・準備金に関する事項)
> 本合併に際して甲の資本金,資本準備金及び利益準備金は増加しない。

(4) 消滅会社の新株予約権者に対して交付する新株予約権等の内容・割当てに関する事項

　消滅会社が新株予約権を発行している場合，対価の有無にかかわらず，新株予約権者に対する対価に関する事項およびその割当てに関する事項についての記載を行う必要がある（会749条1項4号・5号）。新株予約権者に対して交付できる対価の種類は，存続会社の新株予約権と金銭に限定されている。なお，対価を交付しない旨の記載も許される（計算詳解385頁，会施規191条2号かっこ書参照）。消滅会社が新株予約権を発行していない場合は，記載不要である。

　記載例としては，合併対価と似たような条項になる。

【記載例4-2-15：新株予約権者－新株予約権を交付する場合】

> 第○条（乙の新株予約権者に対して交付する甲の新株予約権）
> 1　甲は，本合併に際して，本合併が効力を生じる時点の直前の乙の新株予約権者に対し，その所有する乙の新株予約権（会社法787条1項の新株予約権買取請求にかかる新株予約権を除く。以下同じ。）の合計数に○を乗じた別紙記載の内容の甲の新株予約権を交付する。
> 2　甲は，効力発生日に，前項に定める乙の新株予約権者に対し，それぞれ，その所有する乙の新株予約権1個につき，前項に定める甲の新株予約権○個の割合をもって割り当てる。

注1）「新株予約権の内容」とは，会社法236条1項に掲げる事項を意味する。
注2）消滅会社が複数の新株予約権を発行している場合，各新株予約権の価値に応じて，交付する対価の内容を変えることもできる。

【記載例4-2-16：新株予約権者－対価を交付しない場合】

> 第○条（乙の新株予約権者に関する事項）
> 　甲は，本合併に際し，乙の新株予約権者に対し，甲の新株予約権又は金銭を交付しない。

(5) 効力発生日

効力発生日の記載は，確定日として記載しなければならない（相澤ほか・論点解説704頁）。したがって，たとえば「合併の効力発生日は，債権者異議手続が完了した日の翌日とする」というような定めは認められない。

効力発生に条件を設ける場合については，後記3(6)を参照されたい。また，効力発生日の変更については，第10節3(1)を参照されたい。

【記載例4-2-17：効力発生日】

> 第○条（効力発生日）
> 　本合併の効力発生日は，平成○年○月○日とする。但し，合併手続の進行状況その他の事由により変更の必要があるときは，会社法790条に従い，甲乙協議の上，効力発生日を変更することができる。

3　任意的記載事項

前記のとおり，任意的記載事項として記載する意味があり得るのは，主に，①合併の効力発生までに当事会社が行うべきまたは行ってはならない事項と，②合併の効力発生のための条件である。

(1) 株主総会に関する事項

実務上，合併契約に，株主総会を開催することまたは開催しないことを記載することが多いが，株主総会の要否は会社法によって判断すべきものであるから，それ自体に法的意味はない。なお，特定の日に株主総会を開催する旨を記載すると，何らかの事情で株主総会の開催日を変更すべきこととなった場合に，合併条件の変更の問題が生じ得るから（第10節3(2)参照），開催日を特定しないほうがよいと思われる。

【記載例4-2-18：株主総会－開催する例】

> 第○条（株主総会の開催）
> 　甲及び乙は，それぞれ，本合併の効力発生日の前日までに，本契約及び本合併に必要な事項につき，株主総会の承認を受けるものとする。

【記載例4-2-19：株主総会－開催しない例】

> 第○条（簡易合併・略式合併）
> 1　甲は，会社法796条2項の規定に基づき，本契約につき株主総会の承認を得ずに本合併を行う。但し，会社法796条3項に規定する場合はこの限りでない。
> 2　乙は，会社法784条1項の規定に基づき，本契約につき株主総会の承認を得ずに本合併を行う。

　簡易合併の場合に，一定数の反対があった場合には，合併を中止する（または合併契約が効力を失う）旨を記載することもある。会社法796条3項によって株主総会を要することとなる場合，特に上場会社においては日程的に無理が生じる場合があり，また，当初の想定を超える費用がかかることが理由である。
　また，株式買取請求により債務超過となる場合は，合併を中止しなければならないと解されていることもあり（江頭874頁），一定数以上の株式買取請求権の行使があった場合に，合併を中止する（または合併契約が効力を失う）旨を記載することもある。
　これらは，合併の効力発生の条件を記載することに相当することから，後記(6)で述べる。

(2) 株主総会に上程すべき事項等

　株主総会において，定款変更や役員選任を議案として掲げる場合，以下のような定めが置かれることがある（株主総会が不要な場合に，別途，株主総会を開催して，上程することを定めることも考えられる）。もっとも，合併契約に記載しても，合併契約の承認自体によって定款変更や役員選任の効力が生じる

ものではなく，別途，定款変更や役員選任の手続が必要であると解されている。

【記載例4-2-20：株主総会－定款変更等について記載する例】

> 第○条（定款変更等）
>   甲は，前条の株主総会において，次の議案を上程するものとする。
>   (1) 本合併の効力発生を条件として，本合併の効力発生日に，甲の定款を別紙のとおり変更する旨の議案
>   (2) 本合併の効力発生を条件として，本合併の効力発生日に，以下の者を甲の取締役として選任する旨の議案
>   ①　○○
>   ②　○○

(3) 財産の承継に関する事項

　実務上，存続会社が消滅会社の財産を承継する旨が記載されることもあるが，法的に当然のことであるから，記載する法的意味はない（一部の財産等を承継しない旨の定めは無効である）。なお，消滅会社の計算書類や財務諸表に触れる例もあるが，会計処理は会計基準や会社計算規則等によって決まるものであるから，このような記載も不要である。

【記載例4-2-21：財産の承継】

> 第○条（合併）
>   1　甲及び乙は，甲を存続会社，乙を消滅会社として，効力発生日に合併する（以下「本合併」という。）。
>   2　甲は，効力発生日に，乙の資産，負債及び権利義務の一切を承継する。

　権利義務の承継に類する条項として，従業員の引継ぎに関する条項が設けられることもある。この場合も，全従業員を承継することは当然であるが，むしろ，従業員に対して合併後の処遇を説明するための1つの根拠として定めるこ

とが一般的であろう。その意味では，たとえば退職金における勤続期間の通算などを定めることが考えられる。なお，労働条件の統合のために，労働条件の変更を要する場合は（**第7章参照**），合併契約に「一定期間は労働条件を変更しない」というような定めは設けるべきではない。

【記載例4-2-22：従業員の承継】

> 第○条（従業員の引継ぎ）
> 1 甲は，効力発生日に，効力発生日における乙の全従業員（以下「乙従業員」という。）を，甲の従業員として引き継ぐものとする。
> 2 甲は，乙従業員の退職金について，乙における勤続期間と甲における勤続期間とを通算して算出するものとする。

(4) 業務執行に関する事項

合併の効力発生日まで，当事会社が適切に業務執行を行う旨の規定が置かれる場合もある。

【記載例4-2-23：業務執行】

> 第○条（善管注意義務）
>   甲及び乙は，それぞれ，本契約締結日から効力発生日まで，善良なる管理者の注意をもってその財産の管理及び事業の執行を行うものとし，その財産及び権利義務に重要な影響を及ぼす行為を行う場合には，あらかじめ協議し，甲乙合意の上，これを行うものとする。

業務執行の具体的内容を規定する場合として，効力発生日までに行う配当額に制限を設ける例もある。配当による財産流出によって，合併当事会社の価値に影響が生じ得るからである。

【記載例4-2-24:配当制限－配当を禁止する例】

> 第○条(効力発生日前の剰余金の配当)
>   甲及び乙は,いずれも,本契約締結日から効力発生日までの間,剰余金の配当を行わないものとする。

【記載例4-2-25:配当制限－配当の上限を定める例】

> 第○条(効力発生日前の剰余金の配当)
> 1 甲は,本契約締結日から効力発生日までの間に,剰余金の配当を行う場合は,総額金○円を上限として,これを行うことができる。
> 2 乙は,本契約締結日から効力発生日までの間に,剰余金の配当を行う場合は,総額金○円を上限として,これを行うことができる。

(5) 役員退職慰労金に関する事項

　消滅会社の役員に対して役員退職慰労金を支払う場合,①消滅会社の株主総会で決議し,効力発生日前に消滅会社が支払う方法,②消滅会社の株主総会で決議し,効力発生日後に存続会社が支払う方法のいずれかで行われることが一般的である。上記②の場合,消滅会社の役員退職慰労金支給義務を,存続会社が承継することになる。

　なお,①の場合は,退職前に支給されることから,法人税法上,退職給付として損金算入できないおそれがあり,また,所得税においても退職所得(退職手当等)ではなく給与所得になるおそれがあることに留意が必要である(なお,最判昭58・9・9民集37巻7号962頁は,所得税法30条1項の「退職手当,一時恩給その他の退職により一時に受ける給与」に該当するためには,(ⅰ)退職すなわち勤務関係の終了という事実によってはじめて給付されること,(ⅱ)従来の継続的な勤務に対する報償ないしその間の労務の対価の一部の後払の性質を有すること,(ⅲ)一時金として支払われること,との要件を備えることが必要であ

り，また，「これらの性質を有する給与」に該当するためには，形式的には右の各要件のすべてを備えていなくても，実質的にみてこれらの要件の要求するところに適合し，「退職により一時に受ける給与」と同一に取り扱うことを相当とするものであることを必要とすると解している）。

②の記載例としては，以下のようなものが考えられる。

【記載例4-2-26：役員退職慰労金－存続会社が支払う例】

> 第○条（役員退職慰労金）
> 1　乙は，効力発生日の前日までに，乙の取締役又は監査役のうち，本合併後に甲の取締役又は監査役に就任しない者（以下「退任役員」という。）に対し，乙の役員退職慰労金規程に従って役員退職慰労金を支給する旨の株主総会（及び取締役会）の承認決議を得ることができる。なお，具体的な支給金額については，甲乙協議の上定めるものとする。
> 2　前項の場合，甲は，効力発生日後に，退任役員に対し，前項に基づいて確定した額の役員退職慰労金を支払う。
> 3　甲は，乙の取締役又は監査役のうち退任役員以外の者の役員退職慰労金について，乙における在任期間と甲における在任期間とを通算して算出するものとする。

　上記①および②の方法のほか，③合併の効力発生後において存続会社の株主総会で決議し，存続会社が支払うことができるかが問題となる。消滅会社の役員が合併の効力発生後に存続会社の役員に就任した場合に，在任期間を通算することは可能と解されるが（**記載例4-2-26**）の第3項参照。なお，存続会社の役員に就任した場合であっても，消滅会社の在任期間にかかる役員退職慰労金のみを，存続会社の役員としての在任中に支給する場合は，退職給付とはならないであろう），存続会社の役員に就任しない場合に問題となる。これを可能とする見解もあるが（弥永真生ほか監修『会社法実務相談』（商事法務・2016年）430頁），かかる見解も前提としているように，本来的には，消滅会社で株主総会決議がなされていない以上，存続会社は当該役員に対する役員退職慰労金支

給義務を承継しておらず，また，存続会社の役員であったことがない者に対して，存続会社の株主総会で決議することができるのか（そもそも会社法361条・387条の「報酬等」に該当するのか）については疑義があるようにも思われる。

(6) 合併の効力発生条件

　第10節2で述べるように，合併当事会社は，効力発生前に合意することにより合併を中止することができる（会750条6項参照）。もっとも，合併当事会社の株主総会で承認された後に合併を中止するためには，中止について株主総会決議が必要になると解されている（相澤ほか・論点解説706頁）。

　かかる会社法上の中止手続のほか，合併契約に中止条件が定められている場合に，その中止条件を満たす事情が生じた場合は，株主総会決議後であっても，中止についての株主総会決議を経ることなく，合併を終了させることができると解されている（相澤ほか・論点解説706頁，ハンドブック120頁）。

　このような合併の終了に関する合併契約の定め方としては，大きく分けて，①合併契約の解除事由（一方または双方が解除権を有する）として定める方法，②合併契約の解除条件（当然解除）として定める方法，③合併の効力発生の停止条件として定める方法がある。このような事由としては，実務上は，(i)天災地変その他の事由によって，合併当事会社の財務状況や事業に重大な影響が生じた場合，(ii)合併手続に瑕疵が生じた場合（効力発生日の前日までに株主総会決議その他会社法上の手続が完了しない場合，独占禁止法や許認可上の手続未了など），(iii)上記以外の事由（3社合併において他の合併が効力を生じることを条件とする場合や，一定数を超える株式買取請求がなされた場合など）を規定する例が多い。

　なお，上記の事由を合併契約の変更事由とする例もあるが，効力発生日以外の合併契約の内容変更の可否等については留意が必要である（第10節3参照）。

　以下の例は，(i)の事由を解除事由とするとともに，(ii)および(iii)の事由を合併契約の解除条件または効力発生の停止条件とする例である（必要に応じて取捨選択し，また追加で定めることが考えられる）。

【記載例4-2-27：合併契約の解除】

第○条（解除）
　本契約締結日後から効力発生日までの間において，天災地変その他の事由により甲又は乙の財産又は経営の状態に重大な影響が生じた場合，本合併の実行に重大な支障となる事態が生じた場合，その他本契約の目的の達成が困難となった場合には，甲乙協議し合意の上，本契約を解除することができる。

【記載例4-2-28：合併契約の解除条件】

第○条（解除条件）
　本契約は，以下の事由が生じた場合には，当然にその効力を失う。
(1)　会社法796条3項の規定に従い，会社法施行規則197条に定める数の株式を有する株主から，甲に対し，本合併に反対する旨の通知がなされた場合
(2)　効力発生日の前日までに，甲に対して行使された会社法797条1項に基づく株式買取請求に係る株式の総数が○株を超えた場合，又は，乙に対して行使された会社法785条1項に基づく株式買取請求に係る株式の総数が○株を超えた場合

注1）　(1)は簡易合併の要件を満たさないような反対通知がなされた場合である。
注2）　(2)は一定数を超える株式買取請求権の行使がなされた場合である。

【記載例4-2-29：合併の効力発生条件】

第○条（効力発生条件）
　本合併は，以下の条件が全て充足することを条件として，効力を生じるものとする。
(1)　本合併にかかる債権者異議手続その他会社法に基づき効力発生前に必要となる手続が全て適法に完了していること
(2)　効力発生日の前日までに，本合併につき，「私的独占の禁止及び公正取引の確保に関する法律第9条から第16条までの規定による認可の申請，報告及び届出等に関する規則」第9条に基づく通知書が交付されていること

> (3) 効力発生日の前日までに，○○法第○条の許可が得られていること
> (4) 甲と株式会社Dの間の平成○年○月○日付け吸収合併契約が効力を生じること

注1) (1)は当然の規定である（会750条6項参照）。「効力発生前に必要となる手続」であるから，登記や事後備置等は含まない。
注2) (2)や(3)については，(1)において「会社法その他関連法令に基づき」などとしてまとめて記載することも考えられる。
注3) (3)は3社合併の場合。

第3節　事前備置書類

1　事前備置の趣旨

　存続会社および消滅会社は，合併に関する事項を記載した書面を，一定期間その本店に備置し，株主および債権者（新株予約権者を含む）からの請求に応じて閲覧等に供しなければならない（会782条，794条）。これは，株主総会での議決権行使，株式買取請求権・新株予約権買取請求権の行使，債権者異議権の行使等に必要な情報を与えるためである。
　なお，上場会社の事前備置書類は，金融商品取引所に対する提出書類の1つであり（第5章第3節3参照），各金融商品取引所のウェブサイト上で閲覧することができる。

2　備置開始日・備置期間

　存続会社および消滅会社における事前備置書類の備置期間は，それぞれ以下のとおりである（会782条1項，794条1項）。

【事前備置書類の備置期間】

> 存続会社：備置開始日から効力発生日後6カ月を経過する日まで

> 消滅会社：備置開始日から効力発生日まで（なお，効力発生後，消滅会社の事前開示事項は，存続会社の事後備置書類に掲載される。会施規200条5号）

　上記の「備置開始日」は，次のうちいずれか早い日である（会782条2項，794条2項）。

【事前備置書類の備置開始日】

> ① 株主総会（種類株主総会を含む）をする場合は，当該株主総会の日の2週間前の日（書面決議で行う場合は，会社法319条1項の提案があった日）
> ② 株式買取請求にかかる通知または公告の日
> ③ 新株予約権買取請求にかかる通知または公告の日（消滅会社のみ）
> ④ 債権者異議手続にかかる催告または公告の日

　なお，①に関して，非公開会社で株主総会の1週間前までに招集すればよい場合（会299条1項）や，株主総会の2週間前より前に招集手続を行う場合でも，株主総会の2週間前の日が備置開始日になるなど，株主総会の招集日とは異なり得ることに留意が必要である。

3　備置方法と閲覧等

(1)　備置方法

　事前備置書類の備置の方法は，書面または電磁的記録を本店に備え置くものとされている（会794条1項，782条1項）。実務上は「書面」を備え置くことが多いものと思われるが，パソコンのディスプレイ上に表示させるような電磁的記録による備置も許容されている。

　また，事前備置書類は「本店」に備え置くものとされているため，支店に備え置く必要はない。

(2) 事前備置書類の閲覧等

　当事会社の株主および債権者（新株予約権者を含む）は，それぞれの当事会社に対して，その営業時間内に，いつでも事前備置書類の閲覧等の請求を行うことができる。具体的な請求の内容は以下のとおりである（会782条3項，794条3項，会施規226条34号・36号）。

---
① 書面の閲覧の請求
② 書面の謄本または抄本の交付の請求
③ 電磁的記録に記録された事項を紙面または映像面に表示する方法（プリントアウトやディスプレイ上の表示等）により表示したものの閲覧の請求
④ 電磁的記録に記録された事項を当事会社が定めた電磁的方法（CD‐ROMやフラッシュメモリ等）によって提供することの請求または当該事項を記載した書面の交付の請求

　なお，上記②および④における書面等の交付を請求する場合には，当事会社が定めた費用を支払わなければならない（会782条3項但書，794条3項但書）。

4　事前備置書類の記載内容

(1) 無対価合併の場合

　存続会社・消滅会社における事前備置書類の記載内容は合併対価によって異なるが，まず，無対価合併の場合（かつ，消滅会社に新株予約権者が存在しない場合）の記載事項（合併対価に関係しない共通事項）について説明し，消滅会社の株主に合併対価が交付される場合や，新株予約権者に対する対価が交付される場合に，追加で記載すべき事項については後述する。

　なお，存続会社と消滅会社における事前備置書類の記載内容は異なるが，実務上，事前備置書類を共通して作成する例もみられる。

(a) 概　要

　無対価合併で，かつ，消滅会社が新株予約権を発行していない場合における事前備置書類の記載内容は，次のとおりである（存続会社について会794条1項・

会施規191条，消滅会社について会782条1項・会施規182条）。

記載事項	存続会社	消滅会社
A　合併契約の内容	○	○
B　合併対価がないことの相当性に関する事項	○	○
C　存続会社の財務状況に関する一定の事項	—	—
最終事業年度に係る計算書類等の内容	×	○
最終事業年度がない場合は，存続会社の成立日における貸借対照表	○	○
最終事業年度の末日（最終事業年度がない場合は，存続会社の成立日）後の日を臨時決算日（複数あるときは最も遅いもの）とする臨時計算書類等があるときは，当該臨時計算書類等の内容	×	○
最終事業年度の末日（最終事業年度がない場合は，存続会社の成立日）後に生じた重要な事象があるときは，その内容（備置開始日後から効力発生日までの間に新たな最終事業年度が存することとなる場合は，新たな最終事業年度の末日後に生じた事象の内容に限る）	○	○
D　消滅会社（清算会社を除く）の財務状況に関する一定の事項 ※　消滅会社が清算株式会社である場合について会施規191条4号参照	—	—
最終事業年度に係る計算書類等の内容	○	×
最終事業年度がない場合は，消滅会社の成立日における貸借対照表	○	○
最終事業年度の末日（最終事業年度がない場合は，消滅会社の成立日）後の日を臨時決算日（複数あるときは最も遅いもの）とする臨時計算書類等があるときは，当該臨時計算書類等の内容	○	×

	最終事業年度の末日(最終事業年度がない場合は,消滅会社の成立日)後に生じた重要な事象があるときは,その内容(備置開始日後から効力発生日までの間に新たな最終事業年度が存することとなる場合は,新たな最終事業年度の末日後に生じた事象の内容に限る)	○	○
E	存続会社の債務の履行の見込みに関する事項	○	○
F	備置開始日後に上記B〜Eの各事項に変更が生じた場合における変更後の事項	○	○

(b) 合併契約の内容

　事前備置書類には,合併契約の内容を記載する必要がある(会782条1項,794条1項)。合併契約の内容は,当事会社間において締結済みのものであることが求められる(組織再編222頁)。

　なお,具体的な開示方法は合併契約の「内容」の開示で足りるが(会782条1項,794条1項),実務上は締結済みの合併契約の写しが備置されるケースが多い。

(c) 合併対価がないことの相当性

　無対価合併の場合は,事前備置書類に,合併対価の定めがないことの相当性に関する事項を記載しなければならない(会施規191条1号,182条3項)。

　無対価合併は,典型的には,完全親子会社間の合併,完全子会社同士の合併のほか,消滅会社が実質債務超過である場合に利用される(第3章第3節4(1)参照)が,完全親子会社間や完全子会社同士の合併の場合には,次のような簡単な記載がなされることが多い(なお,資本金や準備金が増加しないことに触れる例もある)。

【記載例4-3-1：合併対価の相当性－完全親子会社間の合併】

> 存続会社は，消滅会社の発行済株式の全部を保有していることから，本合併に際し，消滅会社の株主に対する金銭等の交付は行いません。

【記載例4-3-2：合併対価の相当性－完全子会社同士の合併】

> 存続会社と消滅会社はいずれも株式会社○の完全子会社であることから，本合併に際し，消滅会社の株主に対する金銭等の交付は行わないこととしました。

　これに対して消滅会社が実質債務超過であることを理由として，無対価合併を行う場合は，資産・負債の時価（実質債務超過であること），債務超過の程度や，今後の収益見通し等を説明することによって，消滅会社の株式価値がゼロであることを記載することになろう。

(d) 存続会社・消滅会社の財務状況に関する事項

　上記のとおり，存続会社・消滅会社の財務状況に関する事項は，存続会社と消滅会社で異なっている。これは，各当事会社の株主・債権者は，当該当事会社に備置された計算書類等を閲覧することができることから（会442条），二重に開示する必要がないことによる（相澤・省令解説136頁）。

　存続会社・消滅会社に最終事業年度がない場合や，臨時決算がなされている場合を除けば，①相手方会社の最終事業年度に係る計算書類等の内容と，②自社および相手方会社における，最終事業年度の末日後に生じた重要な事象の内容（備置開始日後から効力発生日までの間に新たな最終事業年度が存することとなる場合は，新たな最終事業年度の末日後に生じた事象の内容に限る）を記載することとなる（会施規191条3号～5号，182条6項）。

　ここで，「最終事業年度」とは，各事業年度に係る会社法435条2項に規定する計算書類につき定時株主総会の承認（会社法439条前段に規定する場合にあっては，取締役会の承認）を受けた場合における当該各事業年度のうち最も遅いものをいう（会施規2条3項9号イ，会2条24号）。また，「計算書類」とは，

貸借対照表，損益計算書，株主資本等変動計算書および個別注記表をいい（会施規2条3項10号イ，会435条2項，計算規59条1項），「計算書類等」とは，各事業年度に係る計算書類および事業報告（会社法436条1項または2項の規定の適用がある場合にあっては，監査報告または会計監査報告を含む）をいう（会施規2条3項12号イ）。したがって，「最終事業年度に係る計算書類等」という場合，定時株主総会または取締役会の承認を経た計算書類等（会社法442条1項とは異なり，附属明細書を含まない）を意味することになる。

したがって，たとえば，12月末日を事業年度末とし，翌年3月下旬に株主総会で計算書類等の承認がなされる会社が，1月上旬に合併契約を締結し，4月末日を効力発生日として合併する場合を想定すると，3月下旬に株主総会で新たな計算書類が承認されるまでは，前事業年度の計算書類等と前事業年度末以降の重要な後発事象を記載することとなるが，3月下旬の株主総会後は，その株主総会で承認された計算書類等とその後の重要な後発事象が事前備置書類の記載事項になる。また，12月末日を事業年度末とする上場会社が，1月上旬に合併契約を締結し，3月下旬の株主総会の承認を経て4月1日を効力発生日として合併する場合を想定すると，2月頃に計算書類の取締役会承認がなされることから，当該取締役会以降は新たな計算書類とその後の重要な後発事象を事前備置書類に記載することになる。

(e) 存続会社の債務の履行の見込みに関する事項

合併の効力発生日前の各当事会社の債権者（異議を述べることができる債権者）に対する債務の履行の見込みに関する事項の開示が求められる（会施規191条6号，182条1項5号）。

債務の履行の見込みとは，当事会社が実質債務超過にあるか否かという点からのみ判断されるものではなく，キャッシュ・フロー等も判断要素となる（相澤・省令解説137頁）。なお，債務の履行の見込みがない場合には，その旨の開示を行うことも許容されているが（合併無効原因とならない），そのような場合には当事会社およびその取締役に対する責任追及のリスクが生じる（相澤・省令解説137頁。これに対し，合併無効原因となるとする見解もある（会社分割の場

合について，江頭905頁・注3））。

債務の履行の見込みについては，以下のような記載が一般的である。

【記載例4-3-3：債務の履行の見込み】

> 本合併後における存続会社の資産の額は，負債の額を十分に上回ることが見込まれること，また，本合併後の存続会社の収益状況およびキャッシュ・フローの状況について，存続会社の債務の履行に支障を及ぼすような事態は予測されていないことから，本合併後における存続会社の債務の履行の見込みはあると判断しております。

(f) 備置開始日後に上記各事項に変更が生じた場合における変更後の事項（事前備置書類の更新）

事前備置書類の備置を開始した日の後，事前開示事項に変更が生じた場合，当該変更後の事項は，従前の開示事項と併せて，追加的に開示する必要がある（会施規191条7号，182条1項6号）。ただし，合併の効力発生日後に変更が生じても，変更後の事項を記載する必要はない（相澤・省令解説138頁）。

なお，条文上，いずれも変更の対象は「前各号に掲げる事項」とされているから，合併契約の内容の変更については明示されていない。もっとも，合併契約の内容は，合併手続の中で根幹をなす情報であることからすれば，合併契約の内容を変更した場合は，変更後の内容も開示すべきであろう（少なくとも効力発生日の変更は予定されている（会790条）。その他の変更については第10節3(2)参照）。

(2) **合併対価が存続会社の株式の場合**

合併対価を交付する場合，上記(1)で述べた内容（無対価の相当性を除く）に加え，存続会社・消滅会社の双方において，合併対価の相当性に関する事項を記載しなければならない（会施規191条1号，182条1項1号・2項・3項）。

また，消滅会社は，合併対価について参考となるべき事項を記載しなければ

ならない（会施規182条1項2号・4項）。

(a) **合併対価の相当性に関する事項**

　合併対価の相当性に関する事項とは，会社法749条1項2号・3号に掲げる事項（すなわち，合併対価およびその割当てに関する事項）についての定めの相当性である。

　なお，消滅会社についてのみ，一定の例示がなされている（会施規182条3項各号）。これらの例示は，対価の相当性に関する重要な事項を注意的に掲げたものであり，通常，存続会社においても開示が必要であるとされている（柔軟化対応33頁。もっとも，存続会社の株主等にとって重要な事項と，消滅会社の株主等にとって重要な事項は異なり得るから，記載内容の一致が求められているわけではないであろう）。

　そうすると，合併対価が存続会社の株式である場合には，①合併対価の総数または総額の相当性，②割当てに関する定めの相当性，③合併対価として当該種類の財産を選択した理由，④当事会社が共通支配下にある場合に消滅会社の株主の利益を害さないように留意した事項（当該事項がない場合は，その旨），⑤存続会社の資本金および準備金の額に関する事項の相当性等が記載内容になる。

　①合併対価の総数または総額の相当性としては，合併対価の総数等を決定するために当事会社の企業価値を算定するために採用した方法（DCF法等），算定の基礎とされた数値および算定結果，合併対価の総数・総額の決定に際して考慮されたその他の事情等の記載が求められる（柔軟化対応27頁）。②割当てに関する定めの相当性は，割当てに関して消滅会社の株主が保有する株式数に応じている旨を記載することになろう。③合併対価として当該種類の財産を選択した理由としては，当該財産の流動性や，消滅会社株主の利益に配慮した事項等を記載する（なお，存続会社の普通株式の場合は記載不要とする見解として，コンメ(18)34頁）。④当事会社が共通支配下にある場合に消滅会社の株主の利益を害さないように留意した事項としては，合併比率の算定に際して独立した第三者機関へ依頼したことや，利害関係を有する取締役以外の取締役によって決議

されたこと等を記載する（なお，当該事項がない場合は，その旨を記載する。また，類型的に特定の株主等の利益を優先して合併対価が決定されるおそれがある場合においても，これに準じた事項の記載が必要となるという見解もある（柔軟化対応34頁・注11））。⑤存続会社の資本金および準備金の額に関する事項の相当性としては，「機動的な資本政策のため」や「存続会社の財務状況，その他の諸事情を総合的に勘案し」など抽象的な記載が一般的である。

　なお，それぞれを分けて記載するのが一般的であるが，区別して記載する必要はない（柔軟化対応28頁）。

【記載例4-3-4：合併対価の相当性】

1．本合併に際して交付する株式数及びその割当ての相当性
　(1) 本合併にかかる合併対価の内容
　　　存続会社は，消滅会社の株主（存続会社及び消滅会社を除きます。以下同じ。）が保有する消滅会社株式1株につき，存続会社の株式〇株の割合をもって割り当てます。
　　　本合併に際し，消滅会社の株主に対して交付する存続会社の株式の総数は〇株となる予定です。なお，消滅会社の株主から株式買取請求がなされない場合は，当該買取請求にかかる株式には存続会社の株式が割り当てられないことから，上記株式数は変動する可能性があります。
　(2) 合併比率の算定根拠等
　　　存続会社及び消滅会社は，本合併にかかる合併比率の公正性を確保するため，それぞれ独立した第三者算定機関に対し，合併比率の算定を依頼することとし，存続会社はX，消滅会社はYを第三者算定機関として選定いたしました。
　　　Xは，存続会社については，金融商品取引所の市場株価が存在することから市場株価平均法を採用し，加えて，ディスカウンテッド・キャッシュ・フロー法（以下「DCF法」といいます。）を採用しました。また，消滅会社についてはDCF法による算定を行いました。その結果，Xは，合併比率（消滅会社の普通株式1株に対して交付する存続会社の普通株式の割当株数）の評価レンジを，〇〇～〇〇と算定しました。

また，Yは，……
　　存続会社及び消滅会社は，上記の第三者算定機関による算定結果を参考に，それぞれ両社の財務の状況，将来の見通し等の要因を総合的に勘案し，合併比率について慎重に協議を重ねた結果，上記合併比率のとおり合意いたしました。なお，当該合併比率は，算定の根拠となる諸条件について重大な変更が生じた場合，両社間の協議により変更することがあります。
　　以上のとおり，上記合併比率は相当であると判断しております。

２．合併対価として存続会社の普通株式を選択した理由
　　存続会社の普通株式は，東京証券取引所に上場されており，本合併後において市場における取引機会が確保されていることから，本合併の対価として同株式を選択することが適切であると判断いたしました。

３．存続会社の資本金及び準備金の額の相当性
　　本合併により，増加する存続会社の資本金及び準備金等の額は，以下のとおりであり，本合併後の存続会社における機動的な資本政策の実現の観点から決定したものであり，相当であると判断しております。
　　(1)　資　本　金　　○円
　　(2)　資本準備金　　○円
　　(3)　利益準備金　　増加しない。

４．消滅会社の株主の利益を害さないように留意した事項
　　上記のとおり，合併比率の公正性を確保するため，本合併にかかる合併比率の算定に際しては，存続会社及び消滅会社はそれぞれ独立した第三者機関へ依頼しております。
　　また，存続会社と消滅会社の取締役を兼任している○○は，本合併に関する両社の取締役会における審議及び決議に参加しておりません。

(b)　合併対価について参考となるべき事項
　消滅会社においてのみ記載が求められる事項である。存続会社の株式が合併対価である場合は，次の事項を記載しなければならない（会施規182条4項1号）。なお，消滅会社の総株主の同意がある場合は，省略できる（同項）。

> ① 存続会社の定款の定め
> ② 合併対価の換価の方法に関する事項(合併対価を取引する市場,合併対価の取引の媒介・取次ぎまたは代理を行う者,合併対価の譲渡その他の処分に制限があるときはその内容等)
> ③ 合併対価に市場価格があるときは,その価格に関する事項
> ④ 存続会社の過去5年間にその末日が到来した各事業年度(最終事業年度,決算公告をしている事業年度,有価証券報告書を提出している事業年度を除く)に係る貸借対照表の内容

　まず,①存続会社の定款の内容を事前備置書類として開示しなければならない。合併により,消滅会社の株主等が,存続会社の株主等となることから,存続会社における基本的事項の開示を要請するものである。
　②としては,たとえば,東京証券取引所市場第1部・第2部・ジャスダック市場・マザーズ市場等に上場していること,存続会社株式を取り扱う証券会社の情報(国内証券会社のすべてが取り扱っている場合はその旨の記載で足りるが,特定の証券会社のみが取り扱っている場合は,社名・住所・電話番号などのアクセス方法の記載も必要である。柔軟化対応34頁・注13),譲渡制限等がある場合はその内容(なお,特定の株主のみが契約上義務付けられている制限の記載は不要とされている。柔軟化対応29頁)を記載する。
　③としては,一定期間の平均株価等を記載することや,有価証券報告書に記載する株価情報の記載方法を参考にすることが考えられる。
　④については留意が必要である。すなわち,ここでは,存続会社の過去5年間に「その末日が到来した各事業年度」(最終事業年度,決算公告をしている事業年度,有価証券報告書を提出している事業年度を除く)に係る貸借対照表の内容を記載しなければならないところ,前記(1)(d)の「存続会社・消滅会社の財務状況に関する事項」(会施規191条3号～5号,182条6項)と異なり,株主総会または取締役会の「承認」が基準とされていない。したがって,事業年度末後,計算書類の承認前においては,「存続会社・消滅会社の財務状況に関す

る事項」としては前事業年度（最終事業年度）の計算書類等を開示すれば足りるが，④の事項としては決算承認前の事業年度にかかる貸借対照表の記載も必要になる。

(c) 新株予約権の定めの相当性に関する事項

ここで，合併対価が存続会社株式である場合に限られないが，消滅会社の新株予約権者に対する対価の相当性に関する事項について説明する。消滅会社が新株予約権を発行しているときは，消滅会社の新株予約権者に対して交付する対価およびその割当て（会749条1項4号・5号）の相当性に関する事項を記載しなければならない（会施規191条2号，182条1項3号・5項）。

存続会社についてのみ，「全部の新株予約権の新株予約権者に対して交付する吸収合併存続株式会社の新株予約権の数及び金銭の額を零とする旨の定めを除く」（会施規191条2号）とされており，新株予約権者に対する対価の交付がない場合は，事前備置書類への記載は不要とも思われるが，この場合は，必ず新株予約権買取請求権が発生し，当該買取請求にかかる債務が存続会社に承継されるから，開示が必要とされている（相澤・省令解説135頁）。消滅会社においては，新株予約権者に対する対価がゼロの場合も，その相当性を事前備置書類に記載しなければならない。

記載事項としては，合併対価の相当性と基本的に同じであり（相澤・省令解説135頁），①対価の総数または総額の相当性，②割当てに関する定めの相当性，③対価として当該種類の財産を選択した理由，④当事会社が共通支配下にある場合に消滅会社の株主の利益を害さないように留意した事項等を記載することとなる（コンメ(18)41頁）。

(3) 合併対価が存続会社の株式以外の場合

合併対価が存続会社の株式以外の場合も，存続会社・消滅会社の双方において，合併対価の相当性に関する事項を記載しなければならず（会施規191条1号，182条1項1号・2項・3項），また，消滅会社は，合併対価について参考となるべき事項を記載しなければならない（会施規182条1項2号・4項）。なお，合併

対価が金銭の場合は，後者の記載は不要である（会施規182条4項5号参照）。

前者の合併対価の相当性に関する事項については，基本的な考え方は，存続会社の株式を合併対価とする場合と同じであり（存続会社の資本金等に関する相当性は不要），①合併対価の総数または総額の相当性，②割当てに関する定めの相当性，③合併対価として当該種類の財産を選択した理由，④当事会社が共通支配下にある場合に消滅会社の株主の利益を害さないように留意した事項等を記載することになる。

また，後者の合併対価について参考となるべき事項としては，以下の事項を記載する必要がある。

⒜　合併対価の全部または一部が，存続会社以外の法人等の株式，持分その他これらに準ずるものである場合
※　以下の事項が日本語以外の言語で表示されている場合にあっては，当該事項（氏名または名称を除く）を日本語で表示する。

① 当該法人等の定款その他これに相当するものの定め
② 当該法人等が会社でないときは，剰余金の配当・残余財産の分配・議決権等に相当する権利その他の合併対価に係る権利（重要でないものを除く）の内容
③ 当該法人等が，その株主，社員その他これらに相当する者（株主等）に対し，日本語以外の言語を使用して情報の提供をすることとされているときは，当該言語
④ 吸収合併が効力を生ずる日に当該法人等の株主総会その他これに相当するものの開催があるものとした場合における当該法人等の株主等が有すると見込まれる議決権その他これに相当する権利の総数
⑤ 当該法人等について登記（当該法人等が外国の法令に準拠して設立されたものである場合にあっては，会社法933条1項の外国会社の登記または外国法人の登記及び夫婦財産契約の登記に関する法律第2条の外国法人の登記に限る）がされていないときは，当該法人等を代表する者の氏名または名称および住所，当該法人等の役員の氏名または名称
⑥ 当該法人等の最終事業年度（またはこれに相当するもの）に係る計算書類等
⑦ 事業報告の内容等
⑧ 当該法人等の過去5年間にその末日が到来した各事業年度（最終事業年度，決算公告をしている事業年度，有価証券報告書を提出している事業年度を除く）に係る貸借対照表その他これに相当するものの内容

⑨ 合併対価の換価の方法に関する事項（合併対価を取引する市場，合併対価の取引の媒介・取次ぎまたは代理を行う者，合併対価の譲渡その他の処分に制限があるときはその内容等）
⑩ 合併対価に市場価格があるときは，その価格に関する事項
⑪ 合併対価が自己株式の取得，持分の払戻しその他これらに相当する方法により払戻しを受けることができるものであるときは，その手続に関する事項

(b) 合併対価の全部または一部が存続会社の社債，新株予約権または新株予約権付社債である場合

① 存続会社の定款の定め
② 合併対価の換価の方法に関する事項（合併対価を取引する市場，合併対価の取引の媒介・取次ぎまたは代理を行う者，合併対価の譲渡その他の処分に制限があるときはその内容等）
③ 合併対価に市場価格があるときは，その価格に関する事項
④ 存続会社の過去5年間にその末日が到来した各事業年度（最終事業年度，決算公告をしている事業年度，有価証券報告書を提出している事業年度を除く）に係る貸借対照表の内容

(c) 合併対価の全部または一部が，存続会社以外の法人等の社債，新株予約権，新株予約権付社債その他これらに準ずるものである場合
※ 以下の事項が日本語以外の言語で表示されている場合にあっては，当該事項（氏名または名称を除く）を日本語で表示する。

① 当該法人等の定款その他これに相当するものの定め
② 当該法人等について登記（当該法人等が外国の法令に準拠して設立されたものである場合にあっては，会社法933条1項の外国会社の登記または外国法人の登記及び夫婦財産契約の登記に関する法律第2条の外国法人の登記に限る）がされていないときは，当該法人等を代表する者の氏名または名称および住所，当該法人等の役員の氏名または名称
③ 当該法人等の最終事業年度（またはこれに相当するもの）に係る計算書類等
④ 事業報告の内容等
⑤ 当該法人等の過去5年間にその末日が到来した各事業年度（最終事業年度，決算公告をしている事業年度，有価証券報告書を提出している事業年度を除く）に係る貸借対照表その他これに相当するものの内容
⑥ 合併対価の換価の方法に関する事項（合併対価を取引する市場，合併対価の取引の媒介・取次ぎまたは代理を行う者，合併対価の譲渡その他の処分に制限があるときはその内容等）

⑦	合併対価に市場価格があるときは，その価格に関する事項
(d)	合併対価の全部または一部が存続会社その他の法人等の株式，持分，社債，新株予約権，新株予約権付社債その他これらに準ずるものおよび金銭以外の財産である場合
①	合併対価の換価の方法に関する事項（合併対価を取引する市場，合併対価の取引の媒介・取次ぎまたは代理を行う者，合併対価の譲渡その他の処分に制限があるときはその内容等）
②	合併対価に市場価格があるときは，その価格に関する事項

第4節　株主総会

1　概　要

　合併を行う場合，原則として，効力発生日の前日までに，存続会社・消滅会社の双方において，株主総会による承認決議が必要である（会783条1項，795条1項）。この例外として，簡易合併・略式合併がある。

　また，合併当事会社が種類株式発行会社である場合は，通常の株主総会に加えて，種類株主総会による承認決議が必要となる場合がある。かかる種類株主総会については，簡易合併・略式合併の場合であっても省略できない。

2　基準日

　合併承認を定時株主総会で行う場合，定時株主総会での議決権行使にかかる基準日は定款で事業年度末日とされていることがほとんどであるから，基準日設定は不要である。

　これに対して，臨時株主総会で行う場合，株主総会での議決権行使に関して基準日を設定する場合は，基準日の2週間前までに公告することが必要である（会124条3項本文）。基準日を設定しない場合は，株主総会当日の株主が議決権を有することとなる（非公開会社では基準日が設定されないことも多い）。

3 株主総会

(1) 決議要件

ⓐ 原則：特別決議

合併契約を承認するための株主総会における決議要件は，原則として，特別決議である（会309条2項12号）。すなわち，株主総会において議決権を行使することができる株主の議決権の過半数（3分の1以上の割合を定款で定めた場合には当該割合以上）を有する株主が出席し，かつ，出席した株主の議決権の3分の2（これを上回る割合を定款で定めた場合には当該割合）以上による賛成が必要である。

ⓑ 消滅会社における例外

存続会社における決議要件は常に特別決議であるが，消滅会社については，以下のとおり決議要件が加重される場合がある。なお，略式合併において省略される株主総会は「会社法783条1項の株主総会」（会784条1項）であるから，次の①の場合は略式合併による株主総会の省略は可能であるが（会309条3項2号参照），②の場合は略式合併の要件を満たしても総株主の同意を省略できない。

① 合併対価が譲渡制限株式等である場合：特殊決議

消滅会社が公開会社であり，かつ，消滅会社の株主に対して交付する金銭等の全部または一部が譲渡制限株式等である場合は，いわゆる特殊決議が必要であり，議決権を行使することができる株主の半数以上（これを上回る割合を定款で定めた場合には当該割合以上。なお，「半数」とは株主の頭数で判断される）であって，かつ，議決権を行使できる株主の議決権の3分の2（これを上回る割合を定款で定めた場合には当該割合）以上の賛成が必要となる（会309条3項2号）。

なお，「譲渡制限株式等」とは，譲渡制限株式のほか，存続会社の取得条項付株式・取得条項付新株予約権で取得の対価として譲渡制限株式が交付されるものを意味する（会783条3項，会施規186条）。

② 合併対価が持分等である場合：総株主の同意

　消滅会社が種類株式発行会社でない場合において，合併対価の全部または一部が持分等であるときには，総株主の同意が必要である（会783条2項。種類株式発行会社である場合については後記4(3)参照）。

　なお，「持分等」とは，持分会社の持分および権利の移転または行使に債務者その他第三者の承諾を要するもの（譲渡制限株式を除く）を意味する（会783条2項，会施規185条）。外国会社が発行する譲渡制限株式に類似する株式は，会社法施行規則185条における「譲渡制限株式」に該当せず（会施規2条1項），「持分等」に該当することとなることから，三角合併において，外国会社が発行する譲渡制限株式に類似する株式を合併対価として交付する場合，消滅会社の総株主の同意が必要となる点には留意が必要である。

　総株主の同意を得ることになるため，実際に株主総会を開催する必要はなく，個別に同意を取得することで足りるとされている（コンメ(18)68頁）。

(2) 招集方法・参考書類・議事録

　株主総会の招集方法等については，一般的な株主総会と同じであり，招集手続の省略（会300条）や書面決議による決議の省略（会319条）も認められる。

　株主総会参考書類には，次に掲げる事項を記載しなければならない（会施規86条）。

---

① 当該吸収合併を行う理由
② 吸収合併契約の内容の概要
③ 株主総会の招集決定日に事前備置書類があるときは，その内容の概要
　なお，事前備置書類の内容は，消滅会社の場合は会社法施行規則182条1項，存続会社の場合は会社法施行規則191条が定めているが，参考書類の記載事項としては，いずれも，債務の履行の見込みに関する事項および備置開始後の変更事項は除かれている。

　議事録の記載事項についても，一般的な株主総会と同じである。

(3) 存続会社の取締役の説明義務

存続会社の取締役は，株主総会において，①合併差損が生じる場合にはその旨を説明しなければならず（会795条2項），②消滅会社から承継する資産に存続会社の株式が含まれる場合は，当該株式に関する事項を説明しなければならない（同条3項）。

ただし，株主総会が不要な場合は，上記説明は不要である（ハンドブック158頁）。

4 種類株主総会

合併当事会社が種類株式発行会社であって，一定の要件に該当する場合には，種類株主総会が必要になる。

なお，簡易合併および略式合併の要件を満たす場合でも，種類株主総会を省略することはできないと解されている。これは，種類株主総会は，当該種類株式を保有する種類株主を保護するために必要とされているため，手続の簡略化という観点から認められる簡易合併や略式合併の効果を及ぼす必要はなく，また及ぼすべきではないからである。

(1) 存続会社と消滅会社に共通の要件
(a) 種類株主に損害を及ぼすおそれがあるとき

合併により，ある種類の株式の種類株主に損害を及ぼすおそれがあるときは，当該種類の種類株主総会の特別決議が必要である（会322条1項7号，324条2項4号）。もっとも，当該種類株主総会において議決権を行使することができる種類株主が存しない場合（会322条1項但書）や，当該種類株式の内容として種類株主総会の決議を要しない旨を定款で定めている場合（同条2項・3項）は，種類株主総会は不要である。

ここで，どのような場合に，「損害を及ぼすおそれがあるとき」に該当するのかが問題となるが，その基準は明確であるとは言い難く，実務上は，合併手続に瑕疵が生じるリスクを避けるため，定款で種類株主総会を不要とする定め

がない限り，すべての種類株式にかかる種類株主総会を経ることが一般的である（ハンドブック160頁）。なお，種類株式発行会社においては，いわゆる普通株式も種類株式の1つであることに留意が必要である（コンメ(3)83頁）。

(b) **拒否権が定められているとき**

ある種類の株式の内容として，合併を行うに際して，当該種類株式を有する種類株主による種類株主総会の決議を必要としている場合（拒否権が定められている場合）には，(a)のような「損害のおそれ」の有無にかかわらず，当該種類株主総会の決議が必要である（会323条）。なお，決議要件は，定款の定めによる。

(2) **存続会社に固有の要件**

存続会社が種類株式発行会社である場合において，合併対価が譲渡制限株式（定款で当該種類株式の募集について種類株主総会を要しない旨の定款の定めがある場合を除く）である場合，当該株式の種類株主を構成員とする種類株主総会（当該種類株主に係る株式の種類が2以上ある場合にあっては，当該2以上の株式の種類別に区分された種類株主を構成員とする各種類株主総会）の特別決議が必要である（会795条4項1号，324条2項6号）。ただし，当該種類株主総会において議決権を行使することができる株主が存しない場合は，種類株主総会は不要である。

(3) **消滅会社に固有の要件**

消滅会社が種類株式発行会社である場合において，合併対価の全部または一部が，譲渡制限株式等（前記3(1)(b)①参照）である場合は，当該譲渡制限株式等の割当てを受ける種類株主を構成員とする種類株主総会の特殊決議を要する（会783条3項，324条3項2号）。なお，譲渡制限株式等の割当てを受ける消滅会社の種類株主が有する種類株式が，譲渡制限株式である場合は，上記は適用されない（会783条3項）。また，当該種類株主総会において議決権を行使することができる株主が存しない場合は，種類株主総会は不要である。

また，消滅会社が種類株式発行会社である場合において，合併対価が持分等（前記３(1)(b)②参照）である場合，当該持分等の割当てを受ける種類株主全員の同意が必要である（会783条４項）。

5　簡易合併

　会社法は一定の場合に株主総会の決議を不要とする合併の類型を認めており，それが簡易合併と略式合併である。

　簡易合併は，存続会社の株主にとって軽微な影響しか及ぼさないため，存続会社の株主総会の開催を要しないことが認められている合併である。また，略式合併は，合併の当事会社の一方が合併の相手方の会社を支配している場合において，被支配会社における手続の簡略化のために，被支配会社における株主総会の開催を省略することが認められている合併である。

　簡易合併は存続会社のみが利用可能であるが，略式合併は存続会社および消滅会社のいずれにおいても利用可能である。

　本項では，簡易合併を取り扱い，略式合併については後述❻で取り扱う。

(1)　簡易合併の要件と判断基準時

(a)　要件の概要

　簡易合併の要件は，５分の１ルールとして理解されている場合が多いが，これだけで安易に簡易合併の要件を満たすと判断するのは危険である。簡易合併の要件は，例外要件（特に③の要件は忘れやすい）も含めて次の４つとして理解するのがよい。

【簡易合併の要件（会796条２項・３項）】

> ①　合併対価の合計額が，存続会社の純資産額の５分の１（これを下回る割合を存続会社の定款で定めた場合にあっては，その割合）を超えないこと
> ②　合併差損が生じないこと

③ 「存続会社が公開会社でなく，かつ，消滅会社の株主に対して交付する金銭等の全部又は一部が存続会社の譲渡制限株式である場合」に該当しないこと
④ 通知・公告日から2週間以内に，一定数の株主の反対がないこと

(b) 要件充足の判断基準時

　簡易合併の要件充足性をどの時点で判断するかが問題となる。この点，そもそも合併契約に関する株主総会の承認は効力発生日の前日までに得ておかなければならないと規定されていることを踏まえれば（会795条1項），かかる要件の充足性は効力発生日の直前において判断するべきと解される（相澤・実務論点175頁）。したがって，合併契約締結時において簡易合併の要件を充足していたが，効力発生日の直前において簡易合併の要件を充足しないような場合には，簡易合併の手続を利用することはできない。逆に，効力発生日の直前において簡易合併の要件を充足していれば，合併契約締結時等のその前の時点における要件充足性を問わず，簡易合併の手続を利用することができる。
　なお，簡易合併の要件のうち，5分の1ルールについては，別途「算定基準日」の定めがある（下記(2)(a)参照）。

(2) 各要件の内容
(a) 5分の1ルール

　簡易合併の要件の1つ目は，以下の(i)の額（合併対価の額）が，(ii)の額（存続会社の純資産額）の5分の1（これを下回る割合を存続会社の定款で定めた場合にあっては，その割合）を超えないことである（会796条2項）。

【5分の1ルール】

(i) 次に掲げる額の合計額
　① 消滅会社の株主に対して交付する存続会社の株式の数に1株当たり純資産額を乗じて得た額

> ② 消滅会社の株主に対して交付する存続会社の社債，新株予約権または新株予約権付社債の帳簿価額の合計額
> ③ 消滅会社の株主に対して交付する存続会社の株式等以外の財産の帳簿価額の合計額
> (ii) 存続会社の純資産額として法務省令で定める方法により算定される額

　上記(i)①の「1株当たり純資産額」は，会社法141条2項・会社法施行規則25条で定義されている。会社法施行規則25条をみると，1株当たりの純資産額＝基準純資産額÷基準株式数×株式係数であり，このうち「株式係数」は種類株式の価値を考慮するためのものとして定款で定められるものであるが，このような定款の定めはほとんどないであろう。そうすると，株式係数は「1」であるから（会施規25条5項），基準株式数は「（種類株式を含めた）発行済株式（自己株式を除く）の総数」となる（同条4項）。

　したがって，基準純資産額がわかれば，1株当たりの純資産額が決まることになる。基準純資産額は以下のとおりである（同条3項）（剰余金の額については，数字でわかる125頁参照）。

【基準純資産額】

> 　算定基準日における①～⑥の合計額から，⑦の額を減じて得た額（ゼロ未満である場合にあっては，ゼロ）
> ① 資本金の額
> ② 資本準備金の額
> ③ 利益準備金の額
> ④ 会社法446条に規定する剰余金の額
> ⑤ 最終事業年度の末日における評価・換算差額等に係る額
> ⑥ 新株予約権の帳簿価額
> ⑦ 自己株式および自己新株予約権の帳簿価額の合計額

　また，上記(ii)の純資産額も，上記「基準純資産額」と計算式としては同じで

あるが，500万円に満たない場合は500万円とされる（会施規196条）。

次に，(i)①の「基準純資産額」および(ii)の「純資産額」のいずれにおいても，その額を算定する時点として，「算定基準日」が定められており，原則として合併契約の締結日であるが，合併契約において異なる日（契約締結日後から効力発生時の直前まで）を定めた場合はその日が算定基準日になる（会施規25条6項9号，196条）。

以上から，5分の1ルールを判断する場合には，おおむね以下のように考えておけばよい。

> ①　無対価合併の場合は(i)がゼロになり，(ii)は500万円以上であるから，常に5分の1ルールの要件を満たす。
> ②　存続会社の純資産額が500万円以下の場合（債務超過の場合を含む）であっても，(ii)は500万円以上であるから，合併対価の合計額が100万円以下であれば，5分の1ルールの要件を満たす。なお，存続会社が債務超過の場合で，合併対価が株式のみであれば，(i)の額がゼロになるから，合併対価として発行される株式数は問題にならない。
> ③　合併対価が存続会社の株式のみの場合は，算定の基礎となる純資産額が(i)と(ii)で同じであるから，合併対価として交付する存続会社株式の数が，発行済株式総数（自己株式を除く）の5分の1以下であれば，5分の1ルールを満たす。たとえば，発行済株式総数（自己株式を除く）が1万株であれば，合併対価として2,000株を発行してもよいということになる。

(b)　**合併差損が生じる場合**

合併差損が生じる場合は，簡易合併は認められない（会796条2項但書，795条2項）。

合併差損については，第8章第5節で詳しく説明するが，ここで結論を述べると，次の2つの場合に合併差損が生じる。

【会795条1項1号】

> 0＞合併前後の資産変動額（合併直後の資産額－合併直前の資産額）
>   －合併前後の負債変動額（合併直後の負債額－合併直前の負債額）
>   ＋合併対価（株式・新株予約権を除く）の帳簿価額

【会795条1項2号】

> 0＞合併前後の資産変動額（合併直後の資産額－合併直前の資産額）
>   －合併前後の負債変動額（合併直後の負債額－合併直前の負債額）
>   ＋合併対価（社債に限る）の帳簿価額

　そして，合併の計算においてパーチェス法が適用される場合は原則として差損は生じない。実務上，合併差損に注意が必要なのは，グループ企業間で合併を行う場合において，①消滅会社が簿価債務超過であるときと，②抱合せ株式消滅差損が生じる場合（存続会社が保有する消滅会社株式の存続会社における帳簿価額が，消滅会社の簿価純資産額より大きい場合）である。

(c)　非公開会社かつ合併対価が譲渡制限株式の場合

　存続会社が公開会社でなく，かつ，消滅会社の株主に対して交付する金銭等の全部または一部が存続会社の譲渡制限株式である場合は，簡易合併は認められない（会796条2項但書・1項但書）。

　公開会社の定義は「その発行する全部又は一部の株式の内容として譲渡による当該株式の取得について株式会社の承認を要する旨の定款の定めを設けていない株式会社」（会2条5号）であるから，存続会社が公開会社でない場合とは，全株式が譲渡制限株式である場合である。したがって，存続会社が非公開会社であって，合併対価として存続会社株式を交付する場合は，簡易合併は認められないということになる（無対価である場合や，社債や金銭を交付する場合は，簡易合併は認められ得る）。

(d) 一定の株主が反対した場合

　株式買取請求にかかる通知または公告後，2週間以内に，一定数を超える株式（議決権を行使できるものに限る）を有する株主が当該合併に反対した場合は，簡易合併は認められない（会796条3項）。

　この「一定数」は，会社法施行規則197条で定められているところ，基本的には，合併承認総会において議決権を行使することができる株式の総数に6分の1（定款で特別決議の定足数を3分の1以上としている場合（会309条2項）は，9分の1）を乗じた数である。

　なお，かかる株主による反対通知は，振替法上の「少数株主権等」に該当するところ，通知または公告日から2週間以内に個別株主通知を要すると解すべきである（第5章第5節❙(5)参照）。

　一定数の株主の反対があった場合，存続会社としては，従前の合併手続をやり直す必要はないが，当該合併は効力発生日の前日までに株主総会による承認を受けなければならないこととなる。上場会社においては，株主総会の開催のためには多くの労力を要することから，このような場合には合併手続そのものを中止するという判断を行い，その旨が合併契約に規定される事例も散見される。

⑥　略式合併

　略式合併は，合併の当事会社の一方が合併の相手方の会社を支配している場合において，被支配会社における手続の簡略化のために，被支配会社における株主総会の開催を省略することが認められている合併である。略式合併は，存続会社および消滅会社のいずれにおいても利用可能であり，存続会社が消滅会社を支配しているケースでは消滅会社の株主総会が省略され，逆に，消滅会社が存続会社を支配しているケースでは存続会社の株主総会が省略されることとなる。

(1) 略式合併の要件と判断基準時

(a) 要件の概要

略式合併の要件は，一方の会社が他方の会社の90％以上の議決権を保有している場合（特別支配会社である場合）として理解されることが多いが，簡易合併の場合と同じように，例外要件も含めて理解するほうがよい。そうすると，略式合併の要件は以下のとおりである。

【略式合併－消滅会社の株主総会を省略するための要件（会784条1項）】

> ① 存続会社が消滅会社の特別支配会社であること
> ② 「合併対価の全部又は一部が譲渡制限株式等である場合であって，消滅会社が公開会社であり，かつ，種類株式発行会社でないとき」に該当しないこと

【略式合併－存続会社の株主総会を省略するための要件（会796条1項）】

> ① 消滅会社が存続会社の特別支配会社であること
> ② 「合併対価の全部又は一部が存続会社の譲渡制限株式である場合であって，存続会社が公開会社でないとき」に該当しないこと

(b) 要件充足の判断時期

略式合併における要件充足性の判断時期は，簡易合併における議論とパラレルに考えることができる。すなわち，合併契約に関する株主総会の承認は効力発生日の前日までに得ておかなければならないと規定されていることを踏まえれば（会783条1項，795条1項），かかる要件の充足性は効力発生日の直前において判断するべきと解される（相澤・実務論点181頁）。

(2) 各要件の内容

(a) 90％ルール

特別支配会社とは，従属会社となる会社の議決権の90％（これを上回る割合

が定款で定められている場合には当該割合）以上を保有している会社を指す（会468条1項）。また，従属会社の議決権の計算には，支配会社が単独で保有している議決権だけではなく，支配会社となる会社が100％の株式・持分を直接または間接に保有する法人（したがって，100％の資本関係があれば孫会社等も含まれる）が保有する従属会社の議決権も含められることとなる（会施規136条）。

(b) その他の要件

消滅会社については，「合併対価の全部又は一部が譲渡制限株式等である場合であって，消滅会社が公開会社であり，かつ，種類株式発行会社でないとき」は，略式合併は認められない（会784条1項但書）。「消滅会社が公開会社であり，かつ，種類株式発行会社でないとき」とは，消滅会社が1種類の株式のみを発行し，その株式について譲渡制限の定めがないことを意味する。このような場合に，合併対価として譲渡制限株式等が交付されると，消滅会社の株主に対して新たに譲渡制限が付されるのと類似した状況になり，特殊決議を要する場合（前記3(1)(b)①参照）に該当するからである。

また，存続会社については，「合併対価の全部又は一部が存続会社の譲渡制限株式である場合であって，存続会社が公開会社でないとき」（会796条1項但書）は，略式合併は認められない。これは，譲渡制限会社において株式を発行する場合には，株主総会の特別決議を要すること（会199条2項，309条2項5号）との整合性を図る趣旨である。

7 任意の株主総会の可否・効果

株主総会が不要な場合に，任意に株主総会を開催することができるかどうかが議論されている。主に，簡易合併の要件を充足する場合について議論されているが，理論的には，①簡易合併の要件を充足する場合に株主総会を開催することの可否，②略式合併の要件を充足する場合に株主総会を開催することの可否，③種類株主総会が不要な場合に種類株主総会を開催することの可否が問題になる。

(1) 任意の株主総会の可否

　簡易合併においては、差損が生じるか否かの判定が容易ではないなど、簡易合併が可能かどうかの判定が困難な場合に、保守的に、株主総会決議をしておくというニーズがあり、任意の株主総会開催の可否が問題になる。簡易合併に関する会社法796条2項は、簡易合併の要件を満たす場合は、株主総会の承認を要する旨の規定を「適用しない」と定めているため、形式的に解釈すれば、株主総会を開催することはできないとも考えられる。しかしながら、平成17年改正前の商法下においては、簡易合併の要件を充足する場合においても株主総会を開催する手続を選択することができると解されており（上柳克郎ほか編集『新版注釈会社法（4・補巻）（平成9年改正）』（有斐閣・2000年）318頁）、会社法制定時にもかかる取扱いは変更されていない（相澤・実務論点180頁）。したがって、会社法下においても、簡易合併の要件を充足している場合にも、存続会社の判断により、株主総会決議を経ることを選択することも許容されると解される（江頭879頁）。なお、登記実務上も、簡易合併の要件を満たすことを証する書面ではなく、株主総会議事録を提出することも認められる（相澤・実務論点181頁（注6）、商業登記ハンドブック542頁）。

　また、同様に、略式合併の場合にも任意の株主総会をすることは可能であるが（論点体系(5)448頁）、簡易合併のように要件充足判定が困難ではないことから、そのニーズは小さい。

　種類株主総会については、前記のとおり、会社法322条1項の「損害を及ぼすおそれがあるとき」という基準が明確でないから、種類株主総会決議を行うのが一般的である。このような種類株主総会決議も認められると解すべきである。

(2) 任意の株主総会の効果

　任意の株主総会を行ったが、客観的に簡易合併・略式合併等の要件を充足することが明らかになった場合、その効果がどうなるのかが問題となる。

　具体的には、簡易合併についていえば株式買取請求権の範囲であり、簡易合

併の要件を満たす場合は，すべての株主に株式買取請求権は認められない（会797条1項但書）のに対して，株主総会の承認を要する場合は，「反対株主」に株式買取請求権が認められる（会797条1項本文・2項1号）が，任意の株主総会を開催した場合はどちらの取扱いをすべきかという問題である。同様に，略式合併についていえば株式買取請求権の範囲および対価の不公正を理由とする差止請求の可否（会784条の2第2号，796条の2第2号）が問題になる。種類株主総会については，株式買取請求権について適用される条文が異なり得るが（第6節2(1)参照），大きな問題は生じないと思われる。

　この問題については見解が分かれており，実務上の取扱いも定まっていない。簡易合併等の要件充足の判定が困難であることを理由として，株主総会を開催することとした場合は，株主総会の招集のほか，株式買取請求権にかかる株主宛の通知または催告，振替株式発行会社であれば買取口座の開設など，株式買取請求権があることを前提とした手続も並行して行われているはずである。そして，事後的に簡易合併の要件を満たすことが判明した場合（効力発生日の直前だけでなく，効力発生後に判明することもある）に，株式買取請求権を否定する見解をとると，会社は，株主からの株式買取請求を拒否することができ，株式買取請求権を行使した株主は存続会社の株主たる地位を維持すると解することとなるが，理論的な問題は別として，実務上このような取扱いをすることは困難ではなかろうか。もっとも，株式買取請求に応じる場合でも，財源規制の問題（株式買取請求権に応じる場合は財源規制がかからないが，株式買取請求権が認められないとすると通常の自己株式取得になると解すべきであろうか）など（ハンドブック272頁），困難な問題に直面する。

　実務的には，できる限り事前に簡易合併等の要件充足判断を行い，任意の株主総会開催は最後の手段と考えるべきであろう。

第5節 株主・債権者等への通知・公告

1 概　要

　合併手続において，合併により影響が及ぶ関係者（株主・債権者等）に対し，通知・公告を行う必要がある。これらの通知・公告は，各別の条文で定められているが，1つの通知または公告でまとめて行うこともできると解されており，実務上も統合した通知・公告で行うことが通常である。

　そこで，通知・公告を要する手続について，本節でまとめて記述することとする（株式買取請求・新株予約権買取請求については第6節参照）。

　存続会社・消滅会社のそれぞれにおいて，合併に際して必要となる通知または公告は以下のとおりである。

存続会社	消滅会社
債権者に対する催告・公告（会799条2項・3項）	債権者に対する催告・公告（会789条2項・3項）
株式買取請求にかかる通知または公告（会797条3項・4項）	株式買取請求にかかる通知または公告（会785条3項・4項）
－	新株予約権買取請求にかかる通知または公告（会787条3項・4項）
－	登録株式質権者・登録新株予約権質権者に対する通知または公告（会783条5項・6項）
－	株券提出手続にかかる通知および公告（会219条）
－	新株予約権提出手続にかかる通知および公告（会293条）

2 通知・公告に関する一般的留意点

(1) 通知・催告にかかる到達主義

本節で述べる通知・催告については、いずれも、株主総会の招集通知のように発送主義を定める定め（会299条1項参照）がないことから、到達主義が適用されると解される。したがって、通知・催告の発送から到達までの期間も考慮して、スケジュールを作成しなければならない。

なお、株主に対する通知について、株主名簿上の住所に宛てて発すれば足り、通常到達すべきであった時に到達したものとみなされる（会126条1項・2項）。また、登録株式質権者、新株予約権者、登録新株予約権質権者に対する通知についても同様の規定がある（会150条、253条1項・2項、271条）。これに対し、債権者に対する通知については、このような到達擬制は定められていない。

(2) 公告方法

会社における公告方法は①官報公告、②時事に関する事項を掲載する日刊新聞紙への公告、③電子公告のいずれかであり、このうち②・③は定款の定めがなければならず（会939条1項）、定款に定めがない場合は官報公告になる（同条4項）。また、公告方法は登記事項である（会911条3項27号～29号）。

公告にかかる各根拠規定において単に「公告」とされている場合は、定款で定められた公告方法（定款に定めがない場合は官報公告）によることになるが、「官報公告」と定められている場合は、定款の定めにかかわらず、官報公告をしなければならないことになる。

なお、電子公告は、法定期間中、継続して掲載されなければならず（会940条）、電子公告調査機関による調査を受ける必要がある（会941条）。

(3) 公告の枠取りに要する期間等

どのような公告方法をとる場合でも、その掲載前に一定の期間を要する。つまり、官報公告や日刊新聞紙への公告の場合、公告枠を確保するために、一定

期間前に申込みをしなければならない（いずれも，通常，掲載日の1週間から2週間程度前に行う）。また，電子公告の場合は，公告開始日の4営業日前までに申込みが必要とされている場合が多い。

したがって，スケジュール上，このような期間を見込んでおく必要がある。

(4) 初日不算入等

法定期間の計算については，民法の規定が適用される。したがって，公告にせよ，通知にせよ，日，週，月または年によって期間を定めたときは，当該期間の計算に際し，公告開始日または通知到達日は算入されない（初日不算入，民法140条本文）。ただし，その期間が午前零時から始まるとき（電子公告を午前零時から行った場合等がこれに当たる）は，初日が算入される（民法140条但書）。

そして，期間は，その末日の終了をもって満了する（民法141条）。もっとも，期間の末日が日曜日，「国民の祝日に関する法律」に規定する休日その他の休日に当たるときは，その日に取引をしない慣習がある場合に限り，期間は，その翌日に満了する（民法142条）。

なお，週，月または年によって期間を定めたときは，その期間は，暦に従って計算し（民法143条1項），週，月または年の初めから期間を起算しないときは，その期間は，最後の週，月または年においてその起算日に応当する日の前日に満了する（ただし，月または年によって期間を定めた場合において，最後の月に応当する日がないときは，その月の末日に満了する）（民法143条2項）。

たとえば，閏年でない年の2月28日に，異議申述期間を1カ月とする債権者宛公告を行った場合，初日不算入のため3月1日を起算日として法定期間が開始し，その翌月応当日の前日である3月31日に期間が満了する。また，2月27日に上記債権者宛公告を行った場合は，2月28日が起算日，3月27日が期間満了日となる。さらに，1月30日に公告を掲載した場合は，1月31日が起算日，2月28日が期間満了日となる（民法143条2項但書参照）。なお，期間の末日が休日の場合には，法定期間が延びることに留意が必要である。

3 債権者異議手続

(1) 債権者の範囲

　債権者異議手続にかかる債権者の範囲としては，異議を述べることができる債権者（会789条1項・2項，799条1項・2項）の範囲と，「知れている債権者」（会789条2項，799条2項）の範囲が問題になる。前者は存続会社または消滅会社に対して弁済等を請求することができる債権者の範囲であり，後者は原則として個別催告を行うべき債権者の範囲であるが，必ずしも区別して論じられていない（後者の範囲として論じられている場合がほとんどである）。

　会社法789条1項1号・799条1項1号は，吸収合併の場合に異議を述べることができる債権者の範囲について，吸収分割の場合（会789条1項2号）のような制限を設けていないため，すべての債権者が「異議を述べることができる債権者」に該当し得る。そして，そのうち，債権者が誰であり，その債権がいかなる原因に基づくいかなる内容のものかの大体を会社が知っている債権者が「知れている債権者」である（江頭696頁）。

　もっとも，債権者の性質に応じて検討を要する場合があり，一般的には以下のように解されている。

① 金銭債権者は「異議を述べることができる債権者」に含まれ，弁済期未到来や停止条件付債権の停止条件が成就していない場合も同様である（ハンドブック194頁）。したがって，銀行等の金融債権者は，通常，異議を述べることができ，かつ，知れている債権者になる。

② 非金銭債権者については必ずしも明確ではなく，電力の継続的供給債権者も「知れている債権者」に含まれるとした大審院判決（大判昭10・2・1民集14巻75頁）があるが，債権者異議手続において，異議を述べた債権者に対して取られる措置は，債務の弁済，担保提供等であることから，かかる措置を取ることにより救済を受けることができる債権者のみが債権者異議手続の対象となる債権者であるとする見解が有力である（江頭697頁）。この見解によっても，非金銭債権が損害賠償請求権として算定可能である

場合には、「債権者」の範囲に含められることになる。
③　上記②と同様の理由で、労働契約上の債権者（従業員）、継続的契約上の債権者については、既発生の未払債権がない限り、「異議を述べることができる債権者」には含まれない。
④　債権の存在を訴訟等で争っている場合であっても、「知れている債権者」に該当しないとはいえない（大判昭7・4・30民集11巻706頁）。

(2) 催告・公告の方法

存続会社および消滅会社は、それぞれ、債権者が異議を述べることができる場合には、一定の事項を、官報に公告し、かつ、知れている債権者に対して各別の催告（個別催告）をしなければならない（会789条2項、799条2項）。ただし、官報公告に加えて、定款の定めに従って日刊新聞公告または電子公告を行うときは、個別催告を要しない（会789条3項、799条3項）。したがって、債権者に対する催告・公告としては、以下のいずれかの方法で行うことになる。

【債権者異議手続にかかる催告・公告方法】

①　官報公告＋知れている債権者への個別催告
②　官報公告＋日刊新聞公告
③　官報公告＋電子公告

(3) 催告・公告の開始時期

債権者の異議申述期間は「1カ月を下ることができない」とされていることから（会789条2項、799条2項）、債権者に対する催告・公告は、遅くとも効力発生日の1カ月以上前に開始する必要がある。

(4) 催告・公告の内容

公告または催告すべき事項は、以下のとおりである（会789条2項、799条2項、

会施規188条, 199条)。
　(a)　吸収合併をする旨
　(b)　相手方当事会社の商号・住所
　(c)　公告日又は個別催告日のいずれか早い日における存続会社及び消滅会社の計算書類に関する事項（次のように区分して定められている）

決算公告の状況等		催告・公告事項
① 最終事業年度に係る貸借対照表またはその要旨につき，決算公告をしている場合	官報公告の場合	・官報の日付 ・公告掲載頁
	日刊新聞紙公告の場合	・日刊新聞紙の名称 ・公告日付 ・公告掲載頁
	電子公告の場合	登記されたウェブサイトのURLアドレス
② 最終事業年度に係る貸借対照表につき電磁的方法による開示（会440条3項）を行っている場合		登記されたウェブサイトのURLアドレス
③ 有価証券報告書提出会社である場合において，最終事業年度に係る有価証券報告書を提出している場合		その旨
④ 特例有限会社であることにより会社法440条の規定が適用されない場合		その旨
⑤ 最終事業年度がない場合		その旨
⑥ 清算株式会社である場合		その旨
⑦ 上記以外の場合		最終事業年度に係る貸借対照表の要旨の内容

　(d)　債権者が一定の期間（1カ月以上）内に異議を述べることができる旨

(5)　計算書類に関する事項の留意点

上記(4)に記載した通知・公告事項のうち (c)「公告日又は個別催告日のいず

れか早い日における存続会社及び消滅会社の計算書類に関する事項」については，⑦「上記以外の場合」がどのような場合かが問題となる。典型的には，決算公告を怠っている場合であるが，それ以外にもある。

まず「最終事業年度」を理解する必要があるところ，「最終事業年度」とは，各事業年度に係る会社法435条2項に規定する計算書類につき会社法438条2項の株主総会の承認（会社法439条前段に基づき株主総会の承認を要しない場合は，会社法436条3項の取締役会承認）を受けた場合における当該各事業年度のうち最も遅いものをいうと定義されている（会施規2条3項9号イ，会2条24号）。また，最終事業年度がどの年度になるかは，「公告日又は個別催告日のいずれか早い日」において判断される。

ここで，(i)会社A（非上場会社，会計監査人非設置，12月決算，3月下旬に定時株主総会で計算書類の承認）と，(ii)会社B（上場会社，会計監査人設置，12月決算，2月中旬に取締役会で計算書類の承認，3月下旬の定時株主総会で計算書類の報告，3月末に有価証券報告書提出）を想定してみる。

会社Aの場合，たとえば2017年度の計算書類の承認は，同年3月下旬の定時株主総会でなされるから，当該承認によって2017年度が「最終事業年度」になるのであって，当該承認がなされるまでは2016年度が「最終事業年度」と考えられる。したがって，2017年3月下旬の定時株主総会で合併の承認を得るため，2017年2月に債権者宛催告・公告を行う場合，「最終事業年度」は2016年度になるから，2016年度の計算書類について決算公告がなされていれば①に該当するのに対し，2016年度の計算書類の決算公告を怠っていれば⑦に該当して，2016年度に係る貸借対照表の要旨の内容を記載しなければならない。定時株主総会で計算書類の承認と組織再編行為にかかる承認とを同時に行う場合は，⑦に該当するとの見解（相澤ほか・論点解説688頁）もあるが，不正確ではないかと思われる。

また，会社Bの場合，2017年度の計算書類の承認は，同年2月中旬の取締役会でなされる。したがって，当該取締役会決議後は，2017年度が「最終事業年度」になるものの，「最終事業年度に係る有価証券報告書」が提出されるのは

同年3月末である。そのため，取締役会による計算書類の承認決議前に債権者宛通知・公告を行う場合は，2016年度を最終事業年度として③に該当するが，取締役会による計算書類の承認決議後，2017年度の有価証券報告書提出前に債権者宛通知・公告を行う場合は，「最終事業年度に係る有価証券報告書」がないことから，⑦に該当し，2017年度に係る貸借対照表の要旨の内容を記載しなければならないと考えられる。

(6) 異議を述べなかった債権者

債権者が異議申述期間内に異議を述べなかったときは，当該債権者は，合併について承認をしたものとみなされ（会789条4項，799条4項），合併無効の訴えを提起できない（会828条2項7号）。

もっとも，個別催告を受けるべき債権者が，個別催告を受けていなかったときは，合併を承認したものとみなされない。

(7) 債権者が異議を述べた場合

これに対し，債権者が異議を述べたときは，合併をしても当該債権者を害するおそれがないときを除き，消滅会社または存続会社は，当該債権者に対し，弁済，相当の担保の提供，信託会社等への相当の財産の信託のいずれかをしなければならない（会789条5項，799条5項）。

問題は「債権者を害するおそれがないとき」がどのような場合かであるが，十分な担保が提供されている場合，合併当事会社の資産状況等に照らして債権の弁済が確実である場合，合併の後に債権回収の可能性が低下しない場合（既に回収可能性が低い場合に，それよりも低くならない場合）などがこれに含まれると解されている。

「債権者を害するおそれがないとき」に該当するか否かの判断は，合併当事会社が行うため，合併当事会社が弁済等を行わないことを決めた場合，異議を述べた債権者としては，その措置に不満があれば，合併無効等により争うほかない（江頭698頁）。

4　株式買取請求にかかる通知・公告

(1)　通知・公告の方法および開始時期

　存続会社および消滅会社は，それぞれ，効力発生日の20日前までに，その株主に対し，一定の事項を通知しなければならない（会785条3項，797条3項）。ただし，通知を送るべき会社が，①公開会社である場合または②すでに株主総会において合併契約の承認を受けている場合は，公告によることができる（会785条4項，797条4項）。非公開会社の場合は，原則として公告によることができないことに留意が必要である。

　もっとも，振替株式を発行している場合は，通知によることはできず，必ず公告によらなければならない（振替161条2項）。

　なお，略式合併の場合の特別支配会社に対する通知は不要である（会785条3項，797条3項）が，簡易合併の場合も通知・公告は必要であることに留意が必要である。

(2)　通知・公告の内容

　通知・公告すべき事項は，以下のとおりである（会785条3項，797条3項）。

消滅会社	①　吸収合併をする旨 ②　存続会社の商号および住所
存続会社	①　吸収合併をする旨 ②　消滅会社の商号および住所 ③　消滅会社から承継する資産に存続会社の株式が含まれる場合（会社法795条3項に規定する場合）にあっては，当該株式に関する事項

　また，振替株式を発行している場合は，上記に加えて「買取口座」も公告しなければならない（振替155条2項）。

5　新株予約権買取請求にかかる通知・公告

(1)　通知・公告の方法および開始時期

　消滅会社は，効力発生日の20日前までに，新株予約権者に対し，一定の事項を通知または公告しなければならない（会787条3項・4項）。株式買取請求にかかる場合と異なり，公告によることができる場合の制限はない。

(2)　通知・公告の内容

　通知・公告すべき事項は，以下のとおりである（会787条3項）。

> ①　吸収合併をする旨
> ②　存続会社の商号および住所

　また，振替新株予約権・振替新株予約権付社債を発行している場合は，上記に加えて「買取口座」も通知または公告しなければならない（振替183条2項・3項，215条2項・3項）。

6　登録株式質権者・登録新株予約権質権者に対する通知・公告

　消滅会社は，効力発生日の20日前までに，登録株式質権者（消滅会社について簡易合併がなされる場合を除く）および会社法787条3項に定める新株予約権の登録新株予約権者に対し，「吸収合併をする旨」を通知または公告しなければならない（会783条5項・6項）。なお，消滅会社が振替株式を発行している場合は，通知によることはできず，必ず公告しなければならない（振替161条2項）。

　かかる通知・公告制度は，登録株式質権者等に対して，質権の目的物である株式や新株予約権が消滅・移転するなど，権利内容が変動することを周知することを目的としている。登録株式質権等には，物上代位権が認められるが（会151条1項11号，272条1項3号），登録株式質権者等が直接受領できる財産は「金

銭」に限られており（会154条1項，272条2項），金銭以外の財産が交付される場合は別途差押え等の手続をとる必要があるとされている。

7 株券提出手続・新株予約権証券提出手続にかかる通知・公告

(1) 通知・公告事項等

　消滅会社が株券発行会社（その株式（種類株式発行会社にあっては，全部の種類の株式）に係る株券を発行する旨の定款の定めがある株式会社をいう。会117条7項）である場合，合併の効力発生日までに株券を提出しなければならない旨を，効力発生日の1カ月前までに公告し，かつ，株主およびその登録株式質権者に対し各別の通知をしなければならない（会219条1項）。すなわち，かかる通知・公告は，必ず両方必要になる。

　また，消滅会社が新株予約権証券・新株予約権付社債券を発行しているときは，合併の効力発生日までに当該新株予約権証券・新株予約権付社債券を提出しなければならない旨を，効力発生日の1カ月前までに公告し，かつ，新株予約権者およびその登録新株予約権質権者に対し各別の通知をしなければならない（会293条1項）。

　なお，これらの通知・公告は，合併対価等が交付されない場合にも必要である（組織再編284頁）。

(2) 通知・公告が不要な場合

　株式の全部について株券を発行していない場合は，上記通知・公告は不要である（会219条1項但書）。全部の株式につき株券不所持の申出がなされている場合（会217条）や，現実に発行されていない場合（会215条4項）である。不適法に株券が発行されていない場合も含まれるとの見解もあるが（相澤ほか・論点解説222頁，コンメ(5)238頁），登記実務上はそのような取扱いはされていないとのことであり（商業登記ハンドブック554頁），株券提出にかかる通知・公告を行っておくべきである。

　また，新株予約権について証券が発行されていない場合も同様である（会

293条1項参照)。

(3) 株券等の無効

通知・公告がなされた場合、効力発生日に、株券・新株予約権証券等は無効になる(会219条3項、293条3項)。

(4) 対価等の交付の拒絶

存続会社(会社法219条2項は「株券発行会社」と記載しているが、合併の場合は存続会社と解すべきである)は、効力発生日までに株券等を提出しなかった者に対しては、株券等の提出があるまでの間、対価等の交付を拒むことができる(会219条2項、293条2項)。

なお、消滅会社が株券発行会社(非振替株式発行会社)で、存続会社が上場会社(振替株式発行会社)である場合において、存続会社が合併対価として自社の振替株式を交付する場合、上記会社法上の規定と振替法の規定の抵触関係が生じる。すなわち、振替法上の新規記録や特別口座への記録に関しては、振替法上、消滅会社株主からの株券の提出の有無を問わず行われることが想定されており、存続会社が、株券の提出がないことを理由に振替株式の交付を拒絶することは想定されていないように考えられる(組織再編296頁)。この点については、振替法上の取扱いが優先され、会社法219条2項の適用はない(逆にいえば、存続会社は、株券の提出がない株主に対して合併対価を交付することにつき、拒絶をしなかった責任を問われることはない)と解したい。

(5) 異議催告手続

株券等の提出がないため、対価等の交付を拒絶できる場合でも、株主等の権利がなくなるものではなく、株券を提出できない者の請求により、存続会社が異議催告手続(会220条、293条5項)を行い、異議催告期間(3ヵ月以上)内に利害関係人が異議を述べなかったときは、対価等を交付することができる(会220条、293条5項)。一般的な株券喪失登録手続(会221条以下)に比べて簡易な

手続が認められているのである。

8 通知・公告のまとめと具体例

(1) 存続会社による通知・公告

存続会社の通知・公告についてまとめると，以下のとおりである。

根拠法令等	相手方	時期	方法	通知内容
債権者に対する通知または公告（会799条2項・3項）	債権者	効力発生日の1カ月前までに	以下のいずれか ①官報公告＋知れている債権者への個別催告 ②官報公告＋日刊新聞公告 ③官報公告＋電子公告	①吸収合併をする旨 ②消滅会社の商号・住所 ③存続会社および消滅会社の計算書類に関する事項 ④債権者が一定の期間（1カ月以上）内に異議を述べることができる旨
株式買取請求にかかる通知または公告（会797条3項・4項）	株主	効力発生日の20日前までに	通知 ただし，公開会社の場合，株主総会の承認を得ている場合は，公告可。また，振替株式発行会社の場合は必ず公告。	①吸収合併をする旨 ②消滅会社の商号・住所 ③消滅会社から承継する資産に存続会社の株式が含まれる場合は，当該株式に関する事項 ④買取口座（振替株式発行会社である場合）

(2) 消滅会社による通知・公告

消滅会社の通知・公告についてまとめると，以下のとおりである。

根拠法令等	相手方	時期	方法	通知内容
債権者に対する通知または公告（会789条2項・3項）	債権者	効力発生日の1カ月前までに	以下のいずれか ①官報公告＋知れている債権者への個別催告 ②官報公告＋日刊新聞公告 ③官報公告＋電子公告	①吸収合併をする旨 ②存続会社の商号・住所 ③存続会社および消滅会社の計算書類に関する事項 ④債権者が一定の期間（1カ月以上）内に異議を述べることができる旨
株式買取請求にかかる通知または公告（会785条3項・4項）	株主	効力発生日の20日前までに	通知 ただし，公開会社の場合，株主総会の承認を得ている場合は，公告可。また，振替株式発行会社の場合は必ず公告	①吸収合併をする旨 ②存続会社の商号・住所 ③買取口座（振替株式発行会社である場合）
新株予約権買取請求にかかる新株予約権者に対する通知または公告（会787条3項・4項）	新株予約権者	効力発生日の20日前までに	通知または公告	①吸収合併をする旨 ②存続会社の商号・住所
登録株式質権者・登録新株予	登録株式質権者お	効力発生日の20日前ま	通知または公告 ただし，振替株	吸収合併をする旨

約権質権者に対する通知または公告（会783条5項・6項）	よび登録新株予約権質権者	でに	式発行会社の場合は必ず公告	
株券提出手続にかかる通知および公告（会219条）	株主およびその登録株式質権者	効力発生日の1カ月前までに	通知および公告（両方必要）	効力発生日までに株券を提出しなければならない旨
新株予約権提出手続にかかる通知および公告（会293条）	新株予約権者およびその登録新株予約権質権者	効力発生日の1カ月前までに	通知および公告（両方必要）	効力発生日までに新株予約権証券を提出しなければならない旨

(3) 通知・公告の具体例

　以下では，電子公告で行う場合の文例を掲載する（なお，官報公告については，たとえば東京官書普及株式会社（東京都官報販売所）や株式会社兵庫県官報販売所のウェブサイトを参照されたい）。また，通知については，公告の記載事項を参考に作成すればよい。

　なお，公告には，法定記載事項以外の事項（たとえば，株主総会の日程または株主総会を開催しないこと，合併に反対する株主による会社法796条3項の通知は公告掲載日から2週間以内に行うことなど）を記載する場合も多い。

(a) 単独で株式買取請求権にかかる公告と債権者宛公告を併せて行う場合

　存続会社が，株式買取請求権にかかる公告と債権者宛公告を併せて行う場合の記載例であるが，消滅会社の場合も同じである。

【文例4-5-1:単独で株主宛公告と債権者宛公告を併せて行う場合】

合併公告

平成○年○月○日

株主および債権者　各位

東京都○○
株式会社A
代表取締役　○○

　当社（以下「甲」といいます。）は，平成○年○月○日開催の取締役会において，平成○年○月○日を効力発生日として，甲を吸収合併存続会社，株式会社B（本店所在地：東京都○○，以下「乙」といいます。）を吸収合併消滅会社とする吸収合併を行うことを決議いたしましたので，公告いたします。
　これにより効力発生日をもって，甲は乙の権利義務全部を承継し，乙は解散することとなります。
　なお，[甲は会社法第796条第2項に基づき，株主総会の承認決議を経ずにこの合併を行います。／この合併にかかる甲の株主総会は，平成○年○月○日に開催する予定です。]

記

1. この合併に異議ある債権者は，本公告掲載の翌日から1カ月以内にお申し出ください。
2. 甲および乙の最終貸借対照表の開示状況は次のとおりです。
(甲) 金融商品取引法による有価証券報告書を提出しております。
(乙) 掲載紙　官報
　　　掲載日　平成○年○月○日
　　　掲載頁　○頁（号外第○号）

(b) **連名で株式買取請求権にかかる公告と債権者宛公告を併せて行う場合**

　存続会社と消滅会社が，連名で，株式買取請求権にかかる公告と債権者宛公告を併せて行う場合の記載例である。

【文例4-5-2：連名で株主宛公告と債権者宛公告を併せて行う場合】

合併公告

平成○年○月○日

株主および債権者　各位

甲：東京都○○
株式会社A
代表取締役　　○○

乙：東京都○○
株式会社B
代表取締役　　○○

　株式会社A（以下「甲」といいます。）と株式会社B（以下「乙」といいます。）は，それぞれ平成○年○月○日開催の取締役会において，平成○年○月○日を効力発生日として，甲を吸収合併存続会社，乙を吸収合併消滅会社とする吸収合併を行うことを決議いたしましたので，公告いたします。
　これにより効力発生日をもって，甲は乙の権利義務全部を承継し，乙は解散することとなります。
　なお，［甲は会社法第796条第2項に基づき，乙は会社法第784条第1項に基づき，いずれも株主総会の承認決議を経ずにこの合併を行います。／この合併にかかる甲および乙の株主総会は，それぞれ平成○年○月○日に開催する予定です。］

記

1．この合併に異議ある債権者は，本公告掲載の翌日から1カ月以内にお申し出ください。
2．甲および乙の最終貸借対照表の開示状況は次のとおりです。
（甲）http://www.○○
（乙）最終貸借対照表の要旨は以下のとおりです。（省略）

(c)　**株券提出公告**

　消滅会社が株券提出公告を行う場合の記載例である。なお，新株予約権証券

の提出公告を併せて行うこともできる。

【文例4-5-3：株券提出公告】

合併につき株券提出公告

平成○年○月○日

株主　各位

東京都○○
株式会社B
代表取締役　　○○

　当社は，株式会社Aと合併して解散することにいたしましたので，当社の株券を所有する方は，効力発生日である平成○年○月○日までに当社にご提出下さい。

(d)　消滅会社が合併公告と株券提出公告を併せて行う場合

　消滅会社が，株主・債権者宛の合併公告と，株券提出公告を併せて行う場合の記載例である。

【文例4-5-4：合併公告と株券提出公告を併せて行う例】

合併公告並びに合併につき株券提出公告

平成○年○月○日

株主および債権者　各位

東京都○○
株式会社B
代表取締役　　○○

　当社（以下「甲」といいます。）は，平成○年○月○日開催の取締役会において，平成○年○月○日を効力発生日として，株式会社A（本店所在地：東京都○○，以下「乙」といいます。）を吸収合併存続会社，甲を吸収合併消滅会社とす

> る吸収合併を行うことを決議いたしましたので，公告いたします。
> 　これにより効力発生日をもって，乙は甲の権利義務全部を承継し，甲は解散することとなります。
> 　なお，この合併については，甲は会社法第784条第1項に基づき，株主総会の承認決議を経ずに行うものであります。
> 　　　　　　　　　　　　　　記
> 1．当社の株券を所有する方は，株券提出日である平成○年○月○日までに当社にご提出下さい。
> 2．この合併に異議ある債権者は，本公告掲載の翌日から1カ月以内にお申し出ください。
> 3．甲および乙の最終貸借対照表の開示状況は次のとおりです。
> (甲) 金融商品取引法による有価証券報告書を提出しております。
> (乙) 掲載紙　　○○新聞
> 　　　掲載日　　平成○年○月○日
> 　　　掲載頁　　○頁

(e) 買取口座を通知する場合

　振替株式発行会社が買取口座を通知する場合は，上記各公告に，以下のような記載をすることが一般的である。

【文例4-5-5：買取口座】

> 　会社法第797条第1項の規定に基づき，この合併に反対で，株式買取請求をされる株主は，効力発生日の20日前の日から効力発生日の前日までの間に，当社に対し，その旨および株式買取請求者（株主）の氏名または名称，住所，株式買取請求に係る株式の数，株式買取請求者の加入者口座コードを書面によりご通知ください。かかるご通知に際しては，株式を預託されている口座管理機関に対して個別株主通知の発行を申請いただくとともに，株式買取請求に係る株式の以下に記載の買取口座への振替申請を行っていただきますようお願い申し上げます。
> 　・振替先口座（買取口座）管理機関　株式会社○○

・口座名義人	○○
・当社の加入者口座コード	○○

第6節　株式買取請求・新株予約権買取請求

1　概　説

　株式買取請求権は，反対株主に対して「公正な価格」での投下資本の回収を認めるものである。また，新株予約権買取請求権は，新株予約権の内容として定められた条件が確保されない場合に，「公正な価格」での投下資本回収を認めるものである。

　なお，株式買取請求権は存続会社・消滅会社の双方の株主に認められるが，新株予約権買取請求権は消滅会社の新株予約権者にのみ認められる。

2　株式買取請求

(1)　株主総会の要否と株式買取請求との関係

　最初に，株主総会・種類株主総会の要否と，株式買取請求との関係を整理しておく。簡易合併の場合については，平成26年会社法改正前は株式買取請求権が認められていたが，同改正によって認められないこととなった。

(a)　存続会社の場合

株主総会の要否	株式買取請求
①　通常の株主総会のみが行われる場合	以下の株主が「反対株主」として，株式買取請求を行うことができる（会797条1項本文・2項1号）。 (i)　株主総会に先立って合併に反対する旨を存続会社に対し通知し，かつ，

		株主総会において合併に反対した株主（株主総会において議決権を行使することができるものに限る） (ii) 株主総会において議決権を行使することができない株主
②	簡易合併の場合	すべての株主について，株式買取請求権は認められない（会797条1項但書）
③	略式合併の場合	特別支配会社を除く存続会社の「すべての株主」が株式買取請求を行うことができる（会797条1項本文・2項2号）。
④	通常の株主総会と種類株主総会が行われる場合	上記①と同じ（なお，株主総会と種類株主総会の双方で議決権を行使できる株主は，双方で反対しなければならない）
⑤	簡易合併であるが，種類株主総会が行われる場合	上記②と同じ
⑥	略式合併であるが，種類株主総会が行われる場合	上記①と同じ（注）

(注) ⑥の場合，略式合併の要件を満たすものの，種類株主総会が行われることから，会社法797条2項1号に該当する。この場合，種類株主総会で議決権を行使できる株主は①(i)に該当し，議決権を行使できない株主は(ii)に該当することになろう。なお，同項2号と異なり，特別支配株主が除外されていないが，特別支配株主に株式買取請求を認める必要がないことは同じであるから，この場合も認めるべきではないであろう。

(b) 消滅会社の場合

株主総会の要否	株式買取請求
① 通常の株主総会のみが行われる場合	以下の株主が「反対株主」として，株式買取請求を行うことができる（会785条1項・2項1号）。 (i) 株主総会に先立って合併に反対する旨を消滅会社に対し通知し，かつ，株主総会において合併に反対した株主（株主総会において議決権を行使することができるものに限る）

		(ii) 株主総会において議決権を行使することができない株主
②	略式合併の場合	特別支配会社を除く消滅会社の「すべての株主」が株式買取請求を行うことができる（会785条1項・2項2号）。
③	通常の株主総会と種類株主総会が行われる場合	上記①と同じ（なお、株主総会と種類株主総会の双方で議決権を行使できる株主は、双方で反対しなければならない）
④	略式合併であるが、種類株主総会が行われる場合	①と同じ（存続会社の（注）参照）
⑤	総株主の同意を要する場合	すべての株主について、株式買取請求権は認められない（会785条1項かっこ書、783条2項）
⑥	ある種類株主全員の同意を要する場合	当該種類株主については、株式買取請求権は認められない（会785条2項かっこ書、783条4項）。これ以外の株主については、その状況に応じて、①～④のいずれか。

(2) 反対株主の範囲

(a) 反対株主の意義

株式買取請求を行うことができる株主は「反対株主」であり（会785条2項、797条2項）、その範囲は以下のとおりである。

【反対株主の意義】

(i) 合併について株主総会（種類株主総会を含む）の決議を要する場合
　① 株主総会に先立って合併に反対する旨を存続会社または消滅会社に対し通知し、かつ、株主総会において合併に反対した株主（株主総会において議決権を行使することができるものに限る）
　② 株主総会において議決権を行使することができない株主

(ii) 上記(i)以外の場合（略式合併の場合）は，すべての株主（特別支配会社を除く）

(b) **株主総会が開催される場合に議決権を行使できる株主**

合併契約の承認を目的とする株主総会が開催される場合に，当該株主総会にかかる基準日（会124条）において株主名簿に記載された株主である。定時株主総会の場合は，事業年度の末日を基準日とする定款の定めがある場合がほとんどであろう。臨時株主総会の場合は，別途基準日を定めることになる。

また，会社は，基準日株主の権利を害さない限り，基準日後に株式を取得した者の全部または一部について議決権を認めることができ（会124条4項），この場合は，当該基準日後の株主も「議決権を行使することができる」株主に該当する。

基準日がない場合は，株主総会当日の株主名簿に記載された株主が「議決権を行使することができる」株主になる。

なお，簡易合併等の要件を満たす場合に，任意の株主総会が行われた場合の株式買取請求権の取扱いについては第4節7(2)を参照されたい。また，株主総会が必要であるにもかかわらず，株主総会が開催されなかった場合には，株主総会での議決権を有する株主も「議決権を行使できない株主」として，株式買取請求権を認めるべきであるとされる（論点体系(5)471頁）。

(c) **株主総会が開催される場合に議決権を行使できない株主**

株主総会において議決権を行使できない株主の典型例は，議決権制限株式，単元未満株式の株主，種類株主総会が行われない場合において通常の株主総会の議決権を有しない種類株主などである。

「株主総会において議決権を行使することができない株主」の範囲に含まれるか否かが問題になるものとして，①合併計画公表後に株式を取得した株主，②基準日後に株式を取得した株主（会124条4項の場合を除く），③株主総会後に株式を取得した株主がある（類似する問題として，株式買取請求権を行使できる株主が，①合併計画公表後，②基準日後，③株主総会後に株式を買い増し

た場合に，買い増した株式についても株式買取請求を行うことができるかという問題がある）。

　なお，①合併計画の公表，②基準日，③株主総会のうち，株主総会が最も遅い時期になることは明らかであるが，合併計画の公表と基準日は，いずれが先になることもあり得る。たとえば，定時株主総会の場合，事業年度末日が基準日となることがほとんどであるところ，その後の取締役会で合併が決議され，公表されることもあるのに対し（定時株主総会でも基本合意書締結時点で公表する場合は公表が先になることもある），臨時株主総会の場合は，公表後に基準日が設定される場合がほとんどであろう。

　まず，①合併計画公表後の株主（株式）については，公表後に合併計画が中止される可能性が否定できないとして，株式買取請求権が認められると解されている（東京高決平21・7・17金判1341号31頁，東京高判平23・3・1民集66巻3号1943頁）。実質的に考えても，合併計画の公表は，合併のかなり前になされることも多く，公表の前後で区別するのは適当でないと思われる（なお，公表後の株主にかかる「公正な価格」の上限を取得価格とする考えは妥当ではないとされる。田中637頁，大阪地決平成21・9・1判タ1316号219頁）。

　②基準日後の株主（株式）については，会社法の立案担当者は旧商法と同様に基準日後の株主に株式買取請求権を認めない見解を採っていたと思われるが，学説上は基準日後の株主にも株式買取請求権が認められるとの見解が有力である（江頭836頁，田中627頁）。裁判例においても，全部取得条項付種類株式にかかる価格決定申立てに関するものであるが，会社法172条1項2号の「当該株主総会において議決権を行使することができない株主」について，基準日後株主に価格決定申立てを認めない旨の明文の規定はないこと，基準日後の株主が株主総会の議案を認識しているとは限らないこと等を理由として，基準日後の株主も「議決権を行使することができない株主」に該当するとされている（東京地決平25・9・17金判1427号54頁）。

　③総会後の株主（株式）については，株式買取請求の対象とならないとの見解が有力である（江頭836頁，東京地決平21・10・19金判1329号30頁）。

(d) 略式合併の場合

略式合併の場合は，特別支配会社以外の全株主に株式買取請求権が認められる（会785条2項2号，797条2項2号）。

(3) 株式買取請求権の行使手続
(a) 当事会社による通知・公告

存続会社・消滅会社による通知または公告については，第5節4を参照されたい。なお，振替株式発行会社の場合は買取口座を開設し，通知または公告に記載しなければならない。

(b) 株主による権利行使

株主総会において議決権を行使できる株主は，①株主総会に先立って合併に反対する旨を消滅会社または存続会社に通知し，かつ，株主総会において反対の議決権行使をし（権利確保要件。会785条2項1号イ，797条2項1号イ），②効力発生日の20日前の日から効力発生日の前日までに，その株式買取請求に係る株式の数（種類株式発行会社にあっては，株式の種類および種類ごとの数）を明らかにして，株式買取請求をしなければならない（会785条5項，797条5項）。

株主総会において議決権を行使できない株主，株主総会が開催されない場合の株主（特別支配株主を除く）は，上記①は不要であり，②を行えば足りる。

なお，株式買取請求にかかる株式は，株式買取請求時から買取りの効力発生日（合併の効力発生日）まで継続して保有されている必要がある（継続保有要件，コンメ(18)102頁）。

また，一部請求も認められる（コンメ(12)122頁，論点体系(5)474頁）。

(c) 行使期間

株式買取請求権の行使期間は，「効力発生日の20日前の日から効力発生日の前日まで」である（会785条5項，797条5項）。

株主総会は効力発生日の前日までに行うこととされている（会783条1項，795条1項）ことから，効力発生日の直前に株主総会が開催されることもあるが，株主総会前であっても，株主総会前の反対通知および株主総会での反対の議決

権行使を条件として，株式買取請求権を行使する旨を通知することができる（相澤・新会社法解説201頁）。

(d) **通知方法等**

　権利確保要件としての総会前の反対通知は，株主総会における議長の開会宣言前に行えばよい（コンメ(18)98頁）。また，その内容は明示的かつ確定的な異議の表明である必要があることから，書面投票・電子投票を通じた異議の表明は要件を満たすが，反対に条件を付けたり，委任状に「否」と記載して送付しても反対通知にはならない（コンメ(18)98頁）。なお，かかる反対通知には個別株主通知（振替154条3項・4項）は不要とされている。

　株主総会では，合併契約の承認について反対の議決権行使をしなければならない。なお，通常の株主総会と種類株主総会が開催され，双方で議決権行使できる場合は，双方で反対の議決権行使をしなければならない（相澤・新会社法解説200頁）。

　株式買取請求としての通知方法は，法定されていないが，上記行使期間内に行われたことを証するため，内容証明郵便による通知を行うほうがよいと思われる。通知内容は，株式買取請求に係る株式の数（種類株式発行会社にあっては，株式の種類および種類ごとの数）と，株式買取請求を行う旨である。なお，振替株式について株式買取請求を行うためには，個別株主通知（振替154条3項・4項）が必要である（坂本・一問一答316頁。なお，個別株主通知を具備すべき時期について**第5章第5節**◨(5)参照）。

　また，撤回制限の実効化のため，株式買取請求を行う際には，①株券が発行されている株式については，株券喪失登録の請求（会223条）をした者を除き，株券の提出（会785条6項，797条6項），②振替株式については，買取口座を振替先口座とする振替申請（振替155条3項）をしなければならない。かかる振替申請がなされずに行使された株式買取請求は，原則として無効であるが，会社が買取口座を開設しなかった場合や，買取口座を公告しなかった場合など，振替申請をしなかったことがやむを得ないと考えられる特別な事情がある場合は，振替申請をせずになされた株式買取請求は有効である（坂本・一問一答315頁）。

これと同様に考えれば，株券提出がなされずに買取請求がなされた場合，株券提出ができないやむを得ない事情がある場合を除き，買取請求は無効となると解することとなろう。

(e) **株式買取請求の撤回制限・撤回後の処理**

株主が株式買取請求をした場合，以下の場合を除き，かかる買取請求を撤回できない。このような撤回制限は，株主の投機的な買取請求権の行使を防止するために設けられている。

---

① 会社の承諾を得た場合（会785条7項，797条7項）
② 効力発生日から30日以内に価格協議が調わず，かつ，効力発生日から60日以内に裁判所に対する価格決定申立てがなされない場合（会786条3項，798条3項）

株式買取請求をした消滅会社の株主が，会社の承諾を得て撤回する場合について，会社法は「消滅会社の承諾」が必要としており（会785条7項），会社法786条1項のように「消滅会社（吸収合併をする場合における効力発生日後にあっては，存続会社）」とは記載していない。そうすると，効力発生後は消滅会社が解散・消滅することから，形式的に読めば，効力発生後は撤回できないということになるが，効力発生後に存続会社の承諾を得て撤回することを制限する理由はないように思える。

もっとも，上記に限らず，効力発生日後に株式買取請求が撤回された場合，存続会社は，株式買取請求をした存続会社・消滅会社の元株主に対して，原状回復義務を負う（平成26年会社法改正前は，存続会社における買取請求の効力は「代金支払時」に生じるとされていたことから，原状回復義務が生じる余地はなかったが，同改正により「効力発生日」に変更された）。この場合，以下のようになると考えられる。

① 消滅会社の元株主に対しては，原状回復義務として消滅会社株式を返還することは不可能であるから（後記(4)(a)参照），当該義務は履行不能となり，結局，株式買取請求にかかる株式の代金相当額を返還することになる（相

澤・新会社法解説202頁)。

② 存続会社の元株主に対しては，原状回復義務として，存続会社の株式（存続会社が取得した自己株式に限るのであろうか）を交付することとなる。もっとも，この場合，自己株式処分等の手続（会199条等参照）を要するのか否かは明らかでない。株式交換等の場合において，完全親会社に完全子会社株式が移転したことにより，（完全親会社から買い戻した上で返還することや，新株発行によることができるにもかかわらず）完全子会社の株式交付義務が履行不能になると解されていることからすれば（相澤・新会社法解説202頁），この場合も履行不能と考えて株式の代金相当額を返還すべきと解すべきかもしれない。

このような「株式の代金相当額」の返還義務が生じるとすると，かかる「株式の代金相当額」の協議がまとまらない場合，株主としては，代金相当額の返還請求訴訟を提起することとなると思われるが，この「株式の代金相当額」が後述の「公正な価格」と同じ考え方によって決まるのであれば（ハンドブック187頁），効力発生日後の撤回にはほとんど意味がないことになる。むしろ，存続会社としては，仮払制度（会786条5項，798条5項）が利用できなくなる分，不利益を被るおそれがあると思われる。

また，撤回制限の実効化のため，上記のとおり，株式買取請求を行う際には，株券の提出（会785条6項，797条6項）または買取口座を振替先口座とする振替申請（振替155条3項）をしなければならない。これと同じ趣旨で，株式買取請求にかかる株式について，名義書換請求（会133条）はできない（会785条9項，797条9項）。

(f) **合併中止の場合**

合併を中止（第10節2参照）したときは，株式買取請求は効力を失う（会785条8項，797条8項）。

なお，株式買取請求による多額の現金流出を防止するため，一定数・一定額以上の株式買取請求がなされた場合に合併を解除することについて，**第2節**3(6)を参照されたい（後記(4)(d)も参照）。

(4) 買取手続

(a) 買取りの効力発生

　株式買取請求にかかる株式買取りの効力は，効力発生日に生じる（会786条6項，798条6項）。平成26年会社法改正前は，消滅会社については効力発生日，存続会社については代金支払時とされていたが，いずれも効力発生日に統一された。存続会社について改正された趣旨は，配当と利息（会798条4項）の二重取りができることは不相当であるからとされている（坂本・一問一答329頁）。

　したがって，株式買取請求にかかる株式は，効力発生日に，消滅会社株式については消滅会社の自己株式となった上で消滅し（相澤・新会社法解説201頁），存続会社株式については存続会社の自己株式となる。

　なお，株式買取請求にかかる株式買取りの効力は効力発生日に生じることから，消滅会社の株主のうち，株式買取請求を行使した者には合併対価は割り当てられない（相澤・新会社法解説201頁）。

(b) 買取価格の決定プロセス

　買取価格の決定プロセスは，まず，存続会社と元株主との協議による（会786条1項，798条1項）。合意によって価格を決定するのであるから，買取請求をした株主が複数いる場合には，買取価格が異なってもよいと解すべきであろう（論点体系(5)479頁。ただし，不当に高額な価格で合意した場合は，取締役等の善管注意義務違反が問題になり得る）。

　効力発生日から30日以内に協議が調わないときは，株主または存続会社は，その後30日以内（効力発生日の30日後の日から30日以内）に，裁判所に対し，価格の決定の申立てをすることができる（会786条2項，798条2項）。

　裁判所に対する株式買取価格決定申立については，東京地方裁判所商事研究会編『類型別会社非訟』（判例タイムズ社・2009年）105頁以下を参照されたい。

(c) 買取価格の支払

　当事者間の協議が調った場合は，効力発生日から60日以内に買取価格を支払わなければならない（会786条1項，798条1項）。

　裁判所に対する価格決定申立てがなされた場合は，裁判所の決定に従うこと

になるが，裁判所の決定した価格に対し，効力発生日から60日を経過した日以降の利息（年6％）をあわせて支払わなければならない（会786条4項，798条4項）。なお，かかる利息の支払義務は，当事者間の合意による場合には適用されないと解されている（コンメ⑱132頁，論点体系⑸483頁）。

このような利息支払義務の負担を軽減するため，平成26年会社法改正によって仮払制度が明文化された。すなわち，存続会社は，株式の価格の決定があるまでは，株主に対し，存続会社が公正な価格と認める額を支払うことができる（会786条5項，798条5項）。また，株主が仮払を拒否した場合は，供託することができる（民法494条，坂本・一問一答331頁）。

なお，株券発行会社においては，株券と引換えに代金の支払がなされることとされている（会786条7項，798条7項）が，すでに株券を提出している場合は不要である（会785条6項，797条6項参照）。

(d) 財源規制

株式買取請求権にかかる株式の買取りについては，財源規制はかからず，その取得に関する職務を行った業務責任者の責任も生じない（江頭874頁）。

もっとも，株式買取請求の結果，債務超過に陥ることは認められず，このような場合は合併を中止しなければならないとされている（江頭874頁）。

(5) **公正な価格**

(a) ナカリセバ価格と公正分配価格

旧商法においては「承認ノ決議ナカリセバ其ノ有スベカリシ公正ナル価格」と定められていたが，会社法では単に「公正な価格」とされている。

この趣旨は，反対株主に会社からの退出の機会を与えるとともに，退出を選択した株主には，組織再編がされなかったとした場合と経済的に同等の状態を確保し，さらに，組織再編による相乗効果（シナジー効果）その他の企業価値の増加が生ずる場合には，これを適切に分配し得るものとすることにより，反対株主の利益を一定の範囲で保障することにある（楽天対TBS事件・最決平23・4・19民集65巻3号1311頁）。

したがって,「公正な価格」は,シナジー効果の有無によって,以下のとおり区別される。①を「ナカリセバ価格」,②を「公正分配価格」という。完全親子会社間の合併の場合には,通常,シナジー効果は生じないから,ナカリセバ価格によることとなろう。

【公正な価格】

> ① シナジー効果その他の企業価値の増加が生じない場合(企業価値が毀損する場合を含む)は,算定基準日((b)参照。以下同じ)における組織再編がなければその株式が有したであろう価格(楽天対TBS事件最高裁決定,インテリジェンス事件・最決平23・4・26判時2120号126頁)
> ② シナジー効果が生じる場合は,組織再編比率が公正なものであったならば算定基準日においてその株式が有していると認められる価格(テクモ事件・最決平24・2・29民集66巻3号1784頁)

そして,裁判所による買取価格の決定は,裁判所の合理的な裁量に委ねられている(最決昭48・3・1民集27巻2号161頁,および楽天対TBS事件最高裁決定)。

(b) **買取価格の算定基準日**

どの時点における「公正な価格」を算定すべきかという問題が,算定基準日の問題であり,学説上いくつかの見解が主張されていたが,最高裁は,株式買取請求をした場合,法律上当然に反対株主と会社との間に売買契約が成立したのと同様の法律関係が生じること,株価変動リスクの適切な分配の観点等から,「株式買取請求がされた日」が算定基準日となると解している(楽天対TBS事件最高裁決定,インテリジェンス事件最高裁決定,テクモ事件最高裁決定)。

なお,このような算定基準日の問題と,算定基準日における価格をどのような資料・株価を参照して算定するかの問題(たとえば,上場株式についていえば,算定基準日など特定の日の株価を参照するのか,一定期間の平均株価を用いるのかなど)は異なる。この点については,(c)以下において適宜触れる。

(c) ナカリセバ価格の算定

　上記のとおり，「公正な価格」にはナカリセバ価格と公正分配価格があるが，まず，ナカリセバ価格の算定について検討する（以下の(c)～(e)については，全体的に，数字でわかる209頁以下，田中629頁以下を参考にした）。

　上場株式の場合，その市場株価が企業の客観的価値を反映していないことをうかがわせる事情がある場合を除き，その算定における基礎資料として市場株価を用いることには合理性がある（楽天対TBS事件最高裁決定）。

　では，どの時点または期間の市場株価を参照すべきか。ナカリセバ価格は，合併等がなかったならば株主が有していた価格であるから，原則として，合併等がなされることを反映した株価は参照すべきではない。特に，企業価値が毀損する合併等が行われることが公表されたために，株価が下落した場合には，公表後の株価を参照するのは不当である（数字でわかる214頁）。この点については，①企業価値が増加も毀損もしない場合と，②企業価値が毀損する場合に分けて考えられている。

　①企業価値が増加も毀損もしない場合は，合併等が市場株価に影響を及ぼさないと考えられることから，株式買取請求権の行使日（算定基準日）の株価やこれに近接する一定期間の市場株価の平均値を用いることできるとされる（楽天対TBS事件最高裁決定）。

　これに対して，②企業価値が毀損する場合には，公表後の株価を基礎としてナカリセバ価格を算定することはできない。したがって，合併等の公表前の株価を参照すべきであるが，公表前日の株価を参照するか，公表前一定期間の株価の平均値を参照するかについては，裁判所の合理的な裁量に委ねられる（楽天対TBS事件最高裁決定）。しかし，公表前の株価は，公表時から株式買取請求権行使日（算定基準日）までの合併等以外の事由（マクロ的な要因による株価変動や，当該会社固有の事情であって合併等以外の事由による株価変動）を織り込んでおらず，補正が必要であるとされており（数字でわかる216頁，田中634頁），楽天対TBS事件最高裁決定においても，公表後，株式買取請求日までに「当該吸収合併等以外の市場の一般的な価格変動要因により，当該株式の市場

株価が変動している場合に，これを踏まえて参照株価に補正を加えるなどして同日のナカリセバ価格を算定する」こともできると判示している（なお，実際に補正を行った事例として，東京高決平22・10・19判タ1341号186頁（インテリジェンス事件最高裁決定の原審）がある）。

なお，市場株価を参照できない特別の事情がある場合は，裁判所は，その裁量の範囲内で，独自に算定したナカリセバ価格を算定することができる（田中631頁）。

(d) 公正分配価格の算定

公正分配価格は，シナジー効果が生じる場合に，組織再編比率が公正なものであったならば算定基準日においてその株式が有していると認められる価格であるから，「組織再編比率の公正性」が前提になる。

組織再編比率の公正性を判断する枠組みとして，①独立当事者間の組織再編の場合と，②利害関係ある当事者間の組織再編の場合に分けて考えられている。

すなわち，①独立当事者間の組織再編の場合は，「それぞれの会社において忠実義務を負う取締役が当該会社及びその株主の利益にかなう計画を作成することが期待できる」ことや，株主は組織再編比率が公正であると判断する場合に株主総会で賛成することから，原則として株主・取締役の判断を尊重すべきであり，「相互に特別の資本関係がない会社間において，株主の判断の基礎となる情報が適切に開示された上で適法に株主総会で承認されるなど一般に公正と認められる手続により」組織再編の効力が発生した場合には，当該株主総会における株主の合理的な判断が妨げられたと認めるに足りる特段の事情がない限り，当該組織再編における組織再編比率は公正なものとみることができる（テクモ事件最高裁決定）。

これに対して，②利害関係ある当事者間の組織再編の場合（親子会社間の組織再編等がこれに当たる）は，利益相反関係があるために，一方当事会社に不利な条件での組織再編が行われるリスクが高い。そこで，公正性を担保するための措置（第三者による価格評価や，手続の公正を担保するための第三者委員会の組成など）がとられる。このような場合について，MBOの事例であるが，

ジュピターテレコム事件・最決平28・7・1民集70巻1445頁は，独立した第三者委員会や専門家の意見を聴くなど意思決定過程が恣意的になることを排除するための措置が講じられるなど「一般に公正と認められる手続」が行われた場合には，「取引の基礎となった事情に予期しない変動が生じたと認めるに足りる特段の事情」がない限り，公開買付価格が全部取得条項付種類株式にかかる価格となると判示した。これは，利益相反関係があるとしても，公正な手続を経た場合には，当事者間で決められた条件が合理性を有することを認めたものと解される。したがって，このような場合には，当事者間で決められた組織再編比率を合理的なものとみるべきである。

以上のような検討の結果，組織再編比率が公正であるとされた場合は，公表後の市場株価は，特段の事情がない限り，公正な組織再編比率により組織再編がされることを織り込んだ上で形成されている（つまりシナジーを織り込んだ価格）とみられるから，基準日である株式買取請求がされた日における市場株価や，偶発的要素による株価の変動の影響を排除するためこれに近接する一定期間の市場株価の平均値を用いることができる（テクモ事件最高裁決定）。

手続の公正性等が確保されておらず，組織再編比率が公正と認められない場合は，裁判所がその裁量の範囲内で，独自に「公正分配価格」を算定することになる（田中634頁）。

(e) 二段階買収の場合

二段階買収（公開買付けを先行させた上で，合併を行う場合。平成29年度税制改正後は，このような事例も増える可能性がある）の場合は，強圧性を排除するため，二段階目の合併における株式買取請求にかかる「公正な価格」は，原則として，公開買付価格を下回らないと解すべきである（日興コーディアルグループ事件・東京地決平21・3・31判タ1296号118頁）。

もっとも，合併対価が現金の場合は上記でよいと解されるが，合併対価が存続会社の株式である場合（田中635頁は株式交換の場合とするが，合併の場合も同様と解される）で，かつ，合併比率が固定比率として決定された場合は，合併比率がその決定時（公表時）の存続会社と消滅会社の企業価値（株式価

値）の対比において定められた公正な比率であるならば，特段の事情のない限り，その後の市場価格の変動を経た「算定基準日」における市場価格を「公正な価格」としてよい（三洋電機事件・大阪地決平24・2・27判時2172号122頁，田中635頁。なお，江頭855頁参照）。

(f) **非上場株式の評価**

　非上場株式の場合，その株式価格の算定については，DCF法（将来のフリーキャッシュフローを一定の割引率で割り引いて，企業価値を算出する方法）をはじめとして，さまざまな評価手法が存在するが，どのような場合にどの評価手法を用いるかについては，裁判所の合理的な裁量に委ねられていると解されている（最決平27・3・26民集69巻2号365頁）。また，かかる判例は，当該事案において，非流動性ディスカウント（非上場会社の株式には市場性がなく，上場株式に比べて流動性が低いことを理由として減価をするもの）を認めなかった。

　また，カネボウ事件・東京高決平22・5・24金判1345号12頁は，非上場株式の評価方法はDCF法が妥当であるとした上で，株式買取請求権は，少数派の反対株主としては株式を手放したくないにもかかわらず，それ以上不利益を被らないため株式を手放さざるを得ない事態に追い込まれることに対する補償措置として位置付けられるものであるから，マイノリティ・ディスカウント（非支配株式であることを理由とした減価）や非流動性ディスカウント（市場価格のないことを理由とした減価）を行うことは相当でないと判示した。

　なお，少数派株式だけでなく多数派株式も非流動性のゆえに価値が低い場合には，流動性ディスカウントを行うことは否定されないとする見解がある（田中636頁）。

3　新株予約権買取請求

　消滅会社の新株予約権者に対して認められる新株予約権買取請求権の手続等は，株式買取請求権とほぼ同じであるから（会787条，788条。なお，通知または公告については第5節5参照），本項では，新株予約権買取請求権を有する者の

範囲と,「公正な価格」について説明する。

(1) 新株予約権買取請求権を有する者の範囲

　会社法787条1項1号は,合併契約に定められる消滅会社の新株予約権者に交付される対価(存続会社の新株予約権または金銭)の内容および割当てに関する事項(会749条1項4号・5号)が,消滅会社の新株予約権の内容のうち会社法236条1項8号イの条件に合致する新株予約権以外の新株予約権の新株予約権者が,新株予約権買取請求を行うことができると定めている。

　すなわち,消滅会社の新株予約権の内容として合併の際の取扱いが定められている場合に,その取扱い条件と,合併契約に定められた新株予約権者に交付される対価の条件が合致している場合は,新株予約権買取請求が認められないが,「それ以外の場合」は新株予約権買取請求が認められるということになる。なお,合併契約に定められた条件が,新株予約権に定められた条件よりも新株予約権者に有利な場合は,実質的に新株予約権に定められた条件を包含することから,新株予約権買取請求を認める必要はないとされている(コンメ(18)151頁)。また,会社法236条1項8号イの条件は,「存続会社の新株予約権を交付するとき」の条件に限られている。

　したがって,新株予約権買取請求権を有する者の範囲は,以下のとおりである。

【新株予約権買取請求権を有する者の範囲】

> ①　新株予約権の内容として,合併時に存続会社の新株予約権を交付する旨の定めがない場合(会社法236条1項8号の定めがない場合や,金銭を交付する場合などを含む)
> ②　新株予約権の内容として,合併時に存続会社の新株予約権を交付する旨の定めがあるが,その条件よりも,合併契約に定められた条件のほうが新株予約権者に不利な場合

上記①の判断は容易であるが，②の判断は容易ではない。この点については，経済的価値の同一性で判断すべきとする見解等があるが（コンメ⑱152頁，論点体系(5)496頁），判例はない。

なお，新株予約権の内容として，合併時に会社が新株予約権を取得できる条項（取得条項）が定められている場合や，合併時に新株予約権が消滅する場合は，新株予約権買取請求権は認められない。

(2) 公正な価格

新株予約権買取請求にかかる「公正な価格」について述べた判例はないが，学説上の対立がある。

すなわち，新株予約権は，会社に対する債権にすぎないから，シナジーの分配を受けるべき理由がない（ナカリセバ価格になる）とする見解（江頭856頁）と，新株予約権の内容として，具体的な引継条件が定められていた場合は，当該条件に従って引継ぎがなされた場合に新株予約権者が有していた価格をいい，それ以外の場合はナカリセバ価格になるとする見解（藤田友敬「新会社法における株式買取請求権制度」黒沼悦郎＝藤田友敬『企業法の理論〔上巻〕―江頭憲治郎先生還暦記念』（商事法務・2007年）307頁）がある（このような見解の対立のほか，オプションとしての新株予約権の評価方法等については，コンメ⑱158頁以下参照）。

第7節　効力発生と対価の割当て

第1章第3節で述べたとおり，合併の効力発生に伴い，以下の効果が生じる。このうち，本節では，主に③④について解説する（①②については第1章第3節参照）。

> ①　消滅会社は当然に解散する（会471条4号）。この場合，清算手続は開始されない（会475条1号かっこ書）。
> ②　存続会社は，効力発生日に，消滅会社の権利義務を包括承継する（会750条1項）。

> ③ 合併対価を定めた場合は，消滅会社の株主に対する対価が交付される（会750条3項参照）。
> ④ 消滅会社の新株予約権は消滅する（会750条4項）。消滅会社の新株予約権者に対する対価を定めた場合は，当該新株予約権者に対して対価が交付される（同条5項参照）。

1 概 説

　会社法750条3項は，合併契約に合併対価の定めがある場合，消滅会社の株主は，効力発生日に，合併契約の定めに従い存続会社の株主，社債権者，新株予約権者，新株予約権付社債にかかる社債権者・新株予約権者になると定めている。

　会社法750条3項には，金銭や親会社株式など「存続会社の株式等以外の財産」が交付される場合についての定めがないものの，これらの場合も効力発生日に交付されなければならない（コンメ⑰168頁）。

2 存続会社の株式の場合

(1) 株主名簿・株券発行等

　消滅会社の株主に対して，存続会社の株式が交付される場合，合併の効力発生により，当然に，消滅会社の株主であった者が存続会社の株主になると解されている（コンメ⑰169頁）。

　存続会社としては，消滅会社の株主であった者を株主名簿に記載しなければならない（会121条）。また，存続会社が株券発行会社である場合は遅滞なく株券を発行することとなるが（会215条1項），公開会社でない場合は，株主から請求がある時まで，株券を発行しないことができる（同条4項）。株券不所持の申出がある場合（会217条）や，単元未満株式に係る株券を発行しない旨の定款の定めがある場合（会189条3項）も，株券発行は不要である。

　なお，存続会社または消滅会社が振替株式発行会社である場合については，

第5章第5節4を参照されたい。

また，消滅会社が株券発行会社である場合に，株券の提出がない消滅会社株主に対して対価の交付を拒否できること等については，本章第5節7(4)を参照されたい。

(2) 対価の交付を受けた株主の大量保有報告書提出等

存続会社が上場会社である場合であって，消滅会社株主が合併対価として存続会社の上場株式の交付を受け，株券等保有割合（金商27条の23第4項）が5％を超えた場合は，効力発生日から5営業日以内に，大量保有報告書の提出が必要である（同条1項）。また，消滅会社株主が，存続会社の上場株式も保有しており，すでに大量保有報告書を提出していた場合において，合併対価の交付により，株券等保有割合が1％以上増加した場合は，効力発生日から5営業日以内に変更報告書の提出が必要である（金商27条の25第1項）。

消滅会社株主が「外国投資家」（外為26条1項）に該当する場合，①国内の非上場会社の株式または持分を取得することおよび②国内の上場会社等の株式の取得で，特別の関係にある外国投資家の所有株式を含む出資比率が10％以上となるものに該当する場合，対内直接投資等に該当する（外為26条2項1号・3号，対内直接投資等に関する政令2条3項〜5項）。したがって，合併により存続会社株式を取得した場合，事前届出または事後報告が必要となる場合がある（外為27条1項，55条の5第1項）。

(3) 端数処理
(a) 端数処理手続の概要

合併比率によっては，消滅会社の株主に交付する合併対価について，1株に満たない端数株式が生じることがある。このような場合，存続会社は端数株式の合計数（その合計数のうち，1に満たない数は切り捨てられる）に相当する数を処分し，その代金を端数株式の保有者に交付しなければならない（会234条）。たとえば，合併により，A株主について0.8株，B株主について0.7株，C株

主について0.6株が発生した場合，1に満たない数を切り捨てた数は2（0.8＋0.7＋0.6＝2.1となり，0.1株が切り捨てられる）となる（振替株式の場合における振替機関等の手続について，振替138条5項，振替令32条参照）。

なお，会社法234条の適用があるのは存続会社の株式を合併対価とする場合であり，存続会社の親会社の株式を合併対価とする三角合併では同条の適用はないと解される。この場合に備えて存続会社が消滅会社の株主に対して存続会社の親会社株式に加え，端数相当額の現金を交付することもできる（合併契約の記載方法について本章第2節2(2)(c)（記載例4-2-8），税制適格について第9章第2節2(1)参照）。

端数株式の処分方法は，①競売（会234条1項），②任意売却（同条2項・3項），③自社での買取り（同条4項・5項）のいずれかであり，②③の場合は，株式に市場価格がある場合か裁判所の許可を得た場合に限られる。実務上は，②または③の方法が利用されることが通例である。

(b) **市場価格がある株式を任意売却する場合**

上場会社である存続会社が自社の株式を合併対価とするような場合がこれに該当する。この場合の売却方法・金額は以下のとおりである（会施規50条）。

売却方法	金　額
市場において売却する場合	当該取引によって売却する価格（市場価格）
上記以外の場合	次に掲げる額のうちいずれか高い額 ①　売却日における市場の終値（売却日に売買取引がない場合または当該売却日が当該市場の休業日に当たる場合には，その後最初になされた売買取引の成立価格） ②　売却日において当該株式が公開買付け等の対象であるときは，売却日における当該公開買付け等に係る買付価格

なお，任意売却には金融商品取引法におけるインサイダー取引規制が及ぶ可能性もあるものと考えられるので，この点については留意が必要である。

(c) 市場価格がない株式を任意売却する場合

　市場価格がない株式を任意売却する場合には裁判所の許可が必要となる（会234条2項前段）。当該許可の申立てを行うには，存続会社の取締役全員の同意が必要となる点には留意が必要である（会234条2項後段）。端数相当株式任意売却許可申立てについては，東京地方裁判所商事研究会編『類型別会社非訟』（判例タイムズ社・2009年）129頁参照。

(d) 自社で買取りを行う場合

　存続会社が自社での買取りを行う場合には，取締役会において以下の事項を決議する必要がある（会234条4項・5項）。

①　買い取る株式の数（種類株式発行会社にあっては，株式の種類および種類ごとの数）
②　①の株式の買取りをするのと引換えに交付する金銭の総額

　また，市場での買取価格，市場価格がない場合の裁判所の許可については，(b)(c)と同じである。なお，この場合，財源規制（会461条1項7号）がかかることに留意が必要である。

3　存続会社株式以外の場合

　合併対価が新株予約権や社債の場合，新株予約権原簿・社債原簿へ記載し，新株予約権証券・社債券を発行する場合は当該証券の発行等が必要である（会249条，288条，681条，687条）。

　合併対価が金銭の場合，金銭の交付が必要になるが，持参債務（債務者が債権者に持参して履行すべき債務。民法484条）となり，配当財産の交付に関する会社法457条が準用されると解されている（コンメ(17)169頁）。

　合併対価が親会社株式の場合，その交付方法等については，当該親会社の従属法によって規律されるものと思われる。

4 消滅会社の新株予約権者に対する対価の交付

消滅会社の新株予約権は，効力発生日に消滅し（会750条4項），合併契約の定めに従い，効力発生日に，新株予約権（同条5項）または金銭が交付される。なお，新株予約権者に対して対価を交付しない旨の定めがある場合は，対価は交付されない。

新株予約権や金銭が交付される場合については，合併対価と同様の処理が必要と解される（前記3参照）。

第8節　事後備置書類

1 事後備置の趣旨

株主や債権者等が合併無効の訴えを提起するかどうかを判断するための情報提供を目的として，存続会社は，合併の効力発生後，一定の事項を記載した書面の備置が求められる（会801条）。

なお，上場会社の事後備置書類は，金融商品取引所に対する提出書類の1つであり（第5章第3節3参照），各金融商品取引所のウェブサイト上で閲覧することができる。

2 備置期間

効力発生日から6カ月間である（会801条）。

3 備置方法と閲覧等

備置方法については，事前備置書類に関する本章第3節3(1)を参照されたい。

事後備置書類の閲覧等の請求権を有する者は，「存続会社の株主及び債権者」である（会801条4項）。「存続会社の債権者」には，存続会社の新株予約権者を含む（江頭877頁）。また，消滅会社の債権者であった者は，合併により，存続

会社の債権者になるから，存続会社の債権者として閲覧できる。

問題は，消滅会社の株主・新株予約権者であった者（存続会社の株式，新株予約権，社債の割当てを受けなかった場合）である。会社法の文言上は含まれないことが明らかであるが（江頭878頁），消滅会社の株主・新株予約権者であった者も合併無効の訴えを提起できること等を理由に，閲覧権を肯定する見解も有力である（コンメ⑱289頁）。

具体的な請求の内容は以下のとおりである（会801条4項，会施規226条37号）。

---
① 書面の閲覧の請求
② 書面の謄本または抄本の交付の請求
③ 電磁的記録に記録された事項を紙面または映像面に表示する方法（プリントアウトやディスプレイ上の表示等）により表示したものの閲覧の請求
④ 電磁的記録に記録された事項を当事会社が定めた電磁的方法（CD‐ROMやフラッシュメモリ等）によって提供することの請求または当該事項を記載した書面の交付の請求

なお，上記②および④における書面等の交付を請求する場合には，当事会社が定めた費用を支払わなければならない（会801条4項但書）。

4　事後備置書類の記載内容

事後備置書類において記載するべき事項は以下のとおりである（会801条，会施規200条）。

【事後備置書類の記載事項】

---
① 合併の効力発生日（会施規200条1号）
② 合併差止請求にかかる手続の経過（同条2号イ・3号イ）
③ 消滅会社における反対株主の株式買取請求手続，新株予約権買取請求手続および債権者保護手続の経過（同条2号ロ）
④ 存続会社における反対株主の株式買取請求手続および債権者保護手続の経

過（同条3号ロ）
⑤　合併により存続会社が消滅会社から承継した重要な権利義務に関する事項（同条4号）
⑥　消滅会社が事前備置書類において記載していた事項（同条5号）
⑦　合併に関する変更の登記をした日（同条6号）
⑧　その他合併に関する重要な事項（同条7号）

第9節　登　記

　吸収合併をした場合，存続会社は，合併の効力発生日から2週間以内に，消滅会社の解散登記および存続会社の変更登記を，同時にしなければならない（会921条，商登82条1項・3項）。なお，消滅会社の解散登記と存続会社の変更登記のいずれかに申請却下事由があるときは，その双方が却下される（商登83条1項）。

1　消滅会社の解散登記

　消滅会社の解散登記において登記すべき事項は，解散の旨ならびにその事由および年月日である（商登71条1項）。
　添付書類は不要で（商登82条4項），登録免許税は申請1件につき3万円である（登録免許税法別表第一第24号（一）レ）。

2　存続会社の変更登記

(1)　登記事項

　存続会社の変更登記において登記すべき事項は，次のとおりである（商業登記ハンドブック551頁）。なお，合併を承認する株主総会において，定款変更，役員選任等を決議したときは，それぞれの登記事項も記載する（商業登記ハンドブック551頁）。

> ① 合併年月日，合併をした旨，消滅会社の商号および本店（商登79条）
> ② 合併対価として株式を発行したときは，変更後の資本金の額，発行済株式総数（種類株式発行会社にあっては，発行済みの株式の種類および数を含む）および変更年月日
> ③ 消滅会社の新株予約権者に対して，存続会社の新株予約権を発行したときは，当該新株予約権に関する登記事項および変更年月日

(2) 添付書類

登記の添付書類は以下のとおりである（詳細については，商業登記ハンドブック551頁以下参照）。なお，添付書類のうち「株主リスト」は，平成28年10月1日施行の商業登記規則の改正により必要となった。

添付書類		根拠法令
合併契約書（効力発生日の変更があった場合は，変更にかかる取締役会議事録および契約書）		商登80条1号
存続会社の手続に関する書面	・株主総会議事録（種類株主総会議事録）　または ・簡易・略式合併の場合は要件充足を証する書面・取締役会議事録	商登46条 商登80条2号
	債権者異議手続にかかる催告・公告をしたこと，異議を述べた債権者があるときは当該債権者に対し弁済もしくは相当の担保を提供しもしくは当該債権者に弁済を受けさせることを目的として相当の財産を信託したことまたは当該吸収合併をしても当該債権者を害するおそれがないことを証する書面	商登80条3号
	資本金の額が会社法445条5項の規定に従って計上されたことを証する書面	商登80条4号
	消滅会社の登記事項証明書	商登80条5号
	・株主総会議事録（種類株主総会議事録）　または	商登80条6号

消滅会社の手続に関する書面	・略式合併の場合は要件充足を証する書面・取締役会議事録	
	債権者異議手続にかかる催告・公告をしたこと，異議を述べた債権者があるときは当該債権者に対し弁済しもしくは相当の担保を提供しもしくは当該債権者に弁済を受けさせることを目的として相当の財産を信託したことまたは当該吸収合併をしても当該債権者を害するおそれがないことを証する書面	商登80条8号
	消滅会社が株券発行会社であるときは， ・株券提供公告をしたことを証する書面　または ・株券が発行されていない場合はこれを証する書面（株主名簿）	商登80条9号
	消滅会社が新株予約権を発行しているときは， ・新株予約権提供公告をしたことを証する書面　または ・新株予約権証券を発行していない場合はこれを証する書面（新株予約権原簿）	商登80条10号
存続会社・消滅会社の株主リスト	・株主全員の同意を要する場合には，株主全員の氏名または名称および住所ならびに各株主が有する株式の数（種類株式発行会社にあっては，株式の種類および種類ごとの数を含む）および議決権の数を証する書面 ・種類株主全員の同意を要する場合には，当該種類株主全員の氏名または名称および住所ならびに当該種類株主のそれぞれが有する当該種類の株式の数および当該種類の株式に係る議決権の数 ・株主総会または種類株主総会の決議を要する場合には，議決権数上位10名または議決権割合が3分の2に達するまでの株主のいずれか少ないほうの株主について，株主全員の氏名または名称および住所ならびに各株主が有する株式の数（種類株式発行会社にあっては，株式の種類および種類ごとの数を含む）および議決権の数ならびに議決権割合を証する書面	商登規61条2項・3項
合併につき主務官庁の認可が効力要件となるときは，主務官庁の認可書または認証がある謄本		商登19条

登録免許税法施行規則12条5項に関する証明書	登録免許税法施行規則12条5項

　申請書および添付書類の具体例については，法務省の以下のウェブサイトを参照されたい。

```
法務省ウェブサイト
http://houmukyoku.moj.go.jp/homu/COMMERCE_11-1.html
株主リストの書式等
http://www.moj.go.jp/MINJI/minji06_00095.html
```

(3) 登録免許税

　吸収合併登記にかかる登録免許税は，増加した資本金の額の1000分の1.5（吸収合併により消滅した会社の当該吸収合併の直前における資本金の額として財務省令で定めるものを超える資本金の額に対応する部分については，1000分の7）（これによって計算した税額が3万円に満たないときは，申請件数一件につき3万円）である（登録免許税法別表第一第24号（一）ヘ）。

第10節　合併の手続未了・変更・中止・差止め・無効等

　本節では，合併関連手続が未了の場合，合併契約締結後に条件変更を行う場合，合併を中止する場合，合併について差止請求，無効の訴え等が提起される場合など，イレギュラーな事態が生じた場合を取り扱う。

1　合併関連手続の未了と合併の効力

　会社法750条6項は，効力発生日に債権者異議手続（催告・公告のみならず，異議が出た場合の弁済等の手続を含む）が終了していないときは，同条1項な

いし5項の効果が生じない（すなわち，合併の効力は未発生となる）ものと定めている。このような場合，債権者異議手続が完了したことを証する書面は合併登記の添付書類であるから（商登80条3号・8号），合併登記は却下される。

また，事前に効力発生日が変更され（会790条），変更後の効力発生日までに債権者異議手続が終了していれば，変更後の効力発生日に合併の効力が生じるが，そうでない場合には，当初の効力発生日後に債権者異議手続を終了したとしても，合併の効力は生じない（したがって，手続を最初からやり直さなければならない）と解されている（相澤・新会社法解説193頁，コンメ(17)175頁。なお，コンメ(17)175頁は，当初の効力発生日後に，効力発生日の変更手続がなされた場合，会社法790条の類推適用の余地があり得るとする）。

会社法750条6項に関しては，①事実上，合併の登記がなされた場合はどうなるのか，②債権者保護手続以外の合併関連手続が未了の場合はどうかが問題となる。

①については，債権者から異議が出たが，合併当事会社が「当該債権者を害するおそれがない」（会789条5項，799条5項）と判断して弁済等を行わなかったものの，合併登記後に弁済等の必要があったと判断された場合や，誤った合併登記がなされた場合に問題が生じる。この点については，事実上合併の効力が生じたとする処理がなされ，合併登記も具備されたような場合には，合併無効事由（瑕疵が甚だしい場合は不存在事由）になるとの見解が一般的である（コンメ(17)178頁，会828条2項7号参照）。なお，合併無効の訴えは，形成訴訟であり，合併無効判決が確定するまでは合併が有効なものとして取り扱われるとされていることから，上記見解によれば，合併の効力が発生したことになるようにも思われる（困難な解釈問題とされている。コンメ(17)178頁）。

②については，合併の効力発生日後（登記後）に合併無効事由となるとする見解（無効確定判決の前は有効と取り扱う）を前提とすれば，債権者異議手続の未了と，他の合併関連手続の未了は同様に取り扱ってよいと思われるが（組織再編26頁），債権者異議手続の未了の場合は合併の効力は「未発生」であり合併の効力が生じないと解するのであれば，債権者異議手続の未了と他の合併

関連手続の未了は別異に解すべき（後者は合併無効事由または不存在事由になると整理すべき）ではなかろうか。

2　合併の中止

　合併当事会社が合併を中止した場合，合併の効力は生じない（会750条6項）。中止の手続については，「組織再編行為の中止は，通常の契約と同様に，組織再編行為の当事会社が単独で，または他の当事会社との合意により決定することになる」とされている（相澤ほか・論点解説706頁）。「通常の契約」の場合，契約締結後に一方当事者の決定で中止することはできない（相手方当事者による履行請求が認められる）から，単独で中止を決定できるのは，新設分割など相手方当事者がいない場合に限られ，吸収合併など2社以上の会社の合意によって締結される場合は，その中止にも「合意」（合併当事会社の各取締役会決議による合意）が必要と解すべきであろう（もっとも，事実上，一方当事者が中止を決定し，株主総会など合併関連手続を行わない場合は，合併の効力は生じない。この場合は，損害賠償等により解決されることとなる）。

　また，合併当事会社の株主総会で承認された後に合併を中止するためには，中止について株主総会決議が必要になると解されている（相澤ほか・論点解説706頁）。

　なお，合併契約に解除条件が定められている場合に，その解除条件を満たす事情が生じた場合は，株主総会決議後であっても，解除についての株主総会決議を経ることなく，合併を終了させることができると解されている（相澤ほか・論点解説706頁，ハンドブック120頁）。当該解除条件も含めて株主総会決議がなされているからである。もっとも，解除条件に該当することが明らかである場合は問題ないが（たとえば，業法上の許可が得られないことや，独占禁止法上の手続が完了しないことが確定した場合などが考えられる），解除条件該当性が明らかでない場合は，株主総会決議を得る方向で検討することとなろう（ハンドブック122頁）。

　上場会社が合併を中止した場合，適時開示（上場規程402条1号k）および訂

正報告書の提出が必要である。

3 合併条件の変更

(1) 効力発生日の変更

(a) 会社法790条の趣旨

　会社法790条は，合併当事会社の合意および効力発生日前の公告によって，効力発生日を変更することを認めている。これは，合併条件の変更に関する原則的な取扱い（後記(2)参照）に比して，簡易な手続による変更を認めたものとされている（コンメ⑱177頁）。

(b) 効力発生日の変更手続

　効力発生日の変更の手続は，合併当事会社の合意（会790条1項。各社の取締役会決議を経ることになろう。コンメ⑱179頁）と，公告（同条2項）である。

　公告は，消滅会社についてのみ定められているが，存続会社においても自発的に公告を行うべきである（コンメ⑱182頁）。公告方法は，各当事会社の定款に定められた公告方法による（会939条）。

　公告の時期は，①効力発生日を遅らせる場合は，当初の効力発生日の前日まで，②効力発生日を早める場合は，変更後の効力発生日の前日までである（会790条2項）。なお，効力発生日を早めることにより，合併関連手続が未了となるような効力発生日の変更（たとえば，債権者異議手続にかかる催告・公告日から1カ月未満の日を効力発生日とする変更）はできない（コンメ⑱181頁）。公告を行うに際しては，枠取り等の期間が必要になることに留意が必要である（本章第5節2(3)参照）。

【文例4-10-1：効力発生日変更公告の例】

効力発生日変更公告

平成○年○月○日

各位

東京都○○
株式会社X
代表取締役　○○

　当社は，平成○年○月○日予定の吸収合併の効力発生日を平成○年○月○日に変更いたしましたので公告します。

(c)　効力発生日変更の影響

　合併の効力発生日が変更された場合，変更後の効力発生日を効力発生日とみなして，会社法782条から802条，750条および752条が適用される（会790条3項）。

　株式買取請求・新株予約権買取請求の行使期間は，「効力発生日の20日前の日から効力発生日の前日まで」である（会785条5項，787条5項，797条5項）から，効力発生日が変更された場合の行使期間は，「変更後の効力発生日の20日前の日から変更後の効力発生日の前日まで」になる。この場合，変更前の効力発生日を基準とすると「効力発生日の20日前」までになされていたが，変更後の効力発生日を基準とすると「効力発生日の21日以上前」となる場合の株式買取請求等の取扱いが問題となるが，かかる株式買取請求権等の行使も有効と解されている（相澤ほか・論点解説706頁）。

　また，あまり議論されていないが，効力発生日を早めた場合（会790条2項参照），事実上，株式買取請求等にかかる行使期間が20日間に満たないことになる（極端な例では，株式買取請求等にかかる通知または公告を当初の効力発生日のかなり前に行っておき，他の手続の完了後に，効力発生日を20日以上早める公告を変更後の効力発生日の前日に行った場合，株式買取請求権等の行使期

間は，効力発生日の変更公告がなされた日だけになってしまう）という問題があるように思われる。

(2) 効力発生日以外の合併条件の変更の可否・方法

　効力発生日以外の合併条件の変更には，会社法790条は適用されない（コンメ⒅181頁）。効力発生日以外の合併条件の変更については明文の定めがないから，解釈によるほかなく，一般的には，各合併当事会社の取締役会決議を経て，変更契約を締結し，株主総会の承認決議後は，あらためて変更を承認する株主総会決議が必要になると解されている（コンメ⒅177頁）。なお，株主総会後であっても，軽微な修正であれば当事会社同士の合意によって変更できるかという問題もあるが，許容される変更の範囲は明らかではなく，実務上は慎重な対応をせざるを得ないものと思われる（理論と実務292頁）。

　しかし，そもそも，取締役会決議および株主総会決議で足りるのかどうかは，明らかでない。たとえば，①株式買取請求や債権者異議手続にかかる通知・公告事項に変更がない場合は，あらためて通知・公告を行う必要はないと解することができるか（たとえば，債権者異議申述期間経過後の変更はどうか），②合併契約を変更した場合，事前備置書類の記載事項に変更が生じるが（会782条1項，794条1項参照），変更後の事情（会施規182条1項6号，191条7号）として記載することで足りるのか否か（なお，いずれも文言上は「前各号に掲げる事項」とされていることから，合併契約は含まれていない），変更後の事情として記載することでは足らず，新たな事前備置書類を作成しなければならないとすると，備置期間の違反が生じ得るが，かかる違反も合併無効事由となるのか，などである。さらに，合併契約の必要的記載事項と任意的記載事項で違いはあるか，合併契約に変更事由を記載した場合はどうか，なども問題になる。明確な判断基準がない以上，実務的に，このような疑義を完全に解消しようとすると，保守的に考えて合併手続のすべてをやり直すことにならざるを得ない可能性がある（組織再編33頁）。

　少なくとも，実務上は，合併契約の変更は容易にできないと理解しておくべ

きであろう。

4 差止請求・無効の訴え等

(1) 合併の効力を争う方法とその相互関係

　合併当事会社の株主，役員，債権者等の関係者が，合併の効力を争う方法としては，合併差止請求（会784条の2，796条の2），合併無効の訴え（会828条1項7号）が認められることは明らかである。

　また，株主総会決議の無効確認・不存在確認・取消しの訴え（会830条，831条），取締役の違法行為差止請求（会360条。なお，**第3章第3節5(3)(e)参照**）によって争うこともできると解されている（相澤ほか・論点解説699頁，商事関係訴訟339頁，江頭369頁，田中637頁参照）。

　これらのうち，合併差止請求，取締役の違法行為差止請求は，合併の効力発生前に行うことを要し（効力発生後は訴えの利益がなくなる），合併の効力発生後は，合併無効の訴えを提起することとなる。

　また，合併無効の訴えと，株主総会決議の無効確認・不存在確認・取消しの訴えとの関係については見解が分かれているが，裁判所の実務としては，次のように解されていると思われる（商事関係訴訟339頁）。すなわち，①合併の効力発生前においては，合併無効の訴えは提起できず，株主総会決議の無効確認・不存在確認・取消しの訴えを提起することができる，②株主総会決議の無効確認・不存在確認・取消しの訴えの係属中に，合併の効力が発生した場合，これらの訴えにかかる訴えの利益が消滅し，合併無効の訴えに変更しなければならない，③合併の効力発生後は，合併無効の訴えのみ提起することができる（この場合，株主総会決議の取消原因を無効原因として主張する場合でも，その提訴期間は，合併の効力発生後6カ月以内である）（いわゆる「吸収説」）。したがって，合併の効力発生前には，合併差止請求，取締役の違法行為差止請求，株主総会決議の無効確認・不存在確認・取消しの訴えを行うことができるが（もっとも，実際には，効力発生日まで時間が限られていることから，差止請求に基づく仮処分，株主総会決議取消訴訟等を本案とする仮処分を行うこと

になろう),効力発生後は,合併無効の訴えを提起すべきことになる。

これに対して,合併承認決議は株主総会の前日までに行えばよく,総会決議取消の訴えを本案とする執行停止の仮処分が不可能となる事態があるところ,効力発生後は遡及効のない合併無効確認の訴えのみしか認められないのは不都合であるとして,総会決議取消しの訴えと無効確認の訴えは併存すると解する見解も有力である(「併存説」。江頭369頁,論点体系(6)128頁。併存説と評価できる裁判例として,東京高判平22・7・7判時2095号128頁)。

さらに,合併手続の一切を欠いているような極端な場合に,明文規定のない合併不存在確認の訴え(出訴期間の制限なし)が認められるか否かについて,江頭117頁,論点体系(6)132頁(なお,これらの文献は設立不存在の訴えに関するものである)を参照されたい(合併の効力を争うものではないが,取締役の責任追及について,第3章第3節5(3)(d)を参照されたい)。

本項においては,合併差止請求(会784条の2,796条の2)と合併無効の訴え(会828条1項7号)について解説する。

(2) 差止請求

(a) 平成26年会社法改正

平成26年会社法改正前においては,略式合併についてのみ差止請求の規定が設けられていたが(なお,厳密には後記(b)参照),同改正によって,略式合併以外の合併についても差止請求が認められることとなった(会784条の2,796条の2)。

もっとも,簡易合併の要件を満たす場合は,株主に及ぼす影響が軽微であるとして株主総会の決議が不要とされていることに鑑み,差止請求は認められていない(会796条の2但書)。

(b) 差止事由

合併の差止事由は,次のとおりである。

> ① 合併が法令または定款に違反し，かつ，株主が不利益を受けるおそれがあるとき（会784条の2第1号，796条の2第1号）
> ② 会社法784条1項本文に規定する場合において，合併対価およびその割当ての定めが，消滅会社または存続会社の財産の状況その他の事情に照らして著しく不当であり，かつ，株主が不利益を受けるおそれがあるとき（会784条の2第2号，796条の2第2号）

②については，平成26年会社法改正前と同様，会社法784条1項但書の規定により略式合併が認められない場合を含むと解すべきであろう（相澤・新会社法解説199頁参照。なお，江頭884頁，コンメ(18)83頁参照）。したがって，株主総会決議の要否等と，差止事由との関係は以下のとおりである。

株主総会決議の要否		差止事由
通常の株主総会が開催される場合	会社法784条1項但書の場合	①および②
	上記以外の場合	①のみ
簡易合併の場合		差止請求は認められない。
略式合併の場合		①および②

①の法令または定款違反には，取締役の善管注意義務違反・忠実義務違反や，合併対価が不相当な場合を含まない（坂本・一問一答339頁）。合併が法令に違反する場合としては，(i)合併契約の内容が違法である場合，(ii)事前備置書類等に不備がある場合，(iii)合併の承認決議に瑕疵が存在する場合，(iv)簡易・略式合併の要件を満たさないのに株主総会の開催を省略している場合，(v)株式・新株予約権買取請求の手続が履践されていない場合，(vi)債権者異議手続が履践されていない場合，(vii)対価の割当てが違法になされる場合，(viii)独占禁止法等他の法令に違反している場合，(ix)合併の許可を要する場合にそれがない場合などが挙げられる（江頭883頁。その詳細については無効原因に関する商事関係訴訟333頁以下参照）。また，定款違反の具体例としては，存続会社の定款所定の目的の範

囲外の事業を営むこととなる合併や，特別支配会社の要件を定款で変更した場合（会468条1項参照）において当該要件を満たさない略式合併が行われた場合などが挙げられる（江頭884頁）。

合併契約承認にかかる株主総会において，特別利害関係人の議決権行使により著しく不当な合併条件が決定された場合（親子会社間の合併において，親会社が子会社の株主総会で議決権を行使し，子会社株主にとって著しく不当な合併条件を決議した場合など）は，株主総会決議の取消事由になり（会831条1項3号），差止事由にもなるとの見解が有力である（江頭884頁）。なお，このような場合は，株主総会決議取消の訴えと差止訴訟の双方を本案として，仮処分の申立てを行うことができるとの見解もある（田中637頁）。

また，②の要件については，消滅会社，存続会社の財産状況等を総合的に判断することとなる（コンメ⑱82頁）。特別支配関係の判断時期については，略式組織再編の要件との関係では効力発生日の直前において判断されるが（第4節❻(1)(b)参照），差止請求との関係では差止請求時に特別支配関係があれば足りるとされている（相澤・実務論点182頁）。

(c) **差止請求の当事者・方法**

差止請求は，株主が，自己が株主である会社に対して請求することとなる（会社法784条の2，796条の2）。債権者は差止請求をすることはできない。

また，差止請求は，裁判外で行使することや，訴え提起によることもできるが，合併当事会社が裁判外での請求に応じることは考え難く，また，訴え提起による場合は効力発生日までに判決が出ることは期待できない。そこで，差止請求をする株主としては，仮処分の申立てを行うこととなろう。そして，合併差止の仮処分命令に違反して合併が行われた場合，合併の無効原因となる（江頭885頁）。

(3) **合併無効の訴え**

合併がその効力を生じた場合，合併後の会社と取引関係に立つさまざまな利害関係人が生じることから，たとえ，合併に違法と評価し得る要素が見出せた

としても，安易に当該合併を無効とすることは法的安定性を害することとなる。そこで，会社法は，合併の無効を主張する場合，出訴期間が定められた合併の無効の訴え（会828条1項7号）という形成判決によらなければならないものとし，また，合併の無効の効力は将来効のみを有するものとされている。

(a) 無効原因

合併の無効原因は法定されておらず，解釈に委ねられているが，一般的には合併手続の瑕疵がこれに該当する。ただし，軽微な違反は無効原因とならないと解されている（商事関係訴訟343頁）。

具体的には，差止請求における差止原因としての法令・定款違反に該当する事由や，差止仮処分命令に違反してなされた合併が含まれる（江頭885頁）。なお，独占禁止法上の待機期間の満了前に合併を行う場合には，公正取引委員会が合併の無効の訴えを提起することができる（独禁18条1項）。

このほか，錯誤等，合併契約上の意思表示に係る瑕疵が合併無効原因となるか否かについては，これを認める裁判例がある（名古屋地判平19・11・21金判1294号60頁）一方，会社法51条2項の類推適用により，合併の効力発生後は，錯誤等を理由とする合併無効の主張は許されないとの見解も有力である（商事関係訴訟334頁）。

また，合併比率に異議のある株主は，反対株主の株式買取請求による救済が認められているから，合併比率の不公正は原則として無効原因とならないと解されている（東京高判平2・1・31資料版商事77号193頁，最判平5・10・5資料版商事116号197頁）が，合併契約承認にかかる株主総会において，特別利害関係人の議決権行使により著しく不当な合併条件が決定された場合は，株主総会決議の取消事由になり（会831条1項3号），無効原因にもなるとの見解が有力である（江頭884頁，田中653頁）。

(b) 当事者適格

原告適格を有するのは，(i)合併の効力発生日において，合併当事会社の株主，取締役，監査役，執行役，清算人であった者，(ii)存続会社の株主，取締役，監査役，執行役，清算人，破産管財人，(iii)合併について承認をしなかった債権者

である（会828条2項7号・1号）。また，被告適格を有するのは存続会社である（会834条7号）。

原告適格を有する株主については，以下のように解されている（商事関係訴訟329頁）。

> ① 持株数に制限はなく，議決権の有無も問わない。
> ② 合併効力発生日に消滅会社または存続会社の株主であった者は，その後に株主たる地位を喪失しても，原告適格を失わない（もっとも，自らの意思で売却した者は原告適格を喪失すると解する余地がある）。株主総会において合併に反対しなかった者や，株式買取請求権を行使した者（買取請求の効力は効力発生日に生じる）も同様である。
> ③ 合併効力発生日に株主ではなかったが，その後に存続会社の株式を取得した者も原告適格を有する。この場合，株主たる地位を喪失すると，原告適格を失う。
> ④ 合併効力発生日に名義書換未了であった株主は，特段の事情のない限り，原告適格を有しない（会130条）。
> ⑤ 株式が共有されている場合には，原則として，合併無効の訴え提起前に，権利行使者の指定（会106条）を行わなければならない。

また，原告適格を有する債権者は，異議申述期間（会789条2項4号，799条2項4号）に異議を述べた債権者である（会789条4項，799条4項参照）。なお，そもそも異議を述べることができない債権者は含まれない（東京高判平23・1・26金判1363号30頁）。また，「知れている債権者」であるにもかかわらず，個別催告を受けていない場合（会789条3項，799条3項の場合を除く）は，異議を述べていなくても，原告適格を有する。もっとも，原告適格を有する債権者が会社から弁済を受けると，訴えの利益がなくなると解されている。

なお，「債権者」には違法な取扱いを受けた新株予約権者を含むとする見解がある（江頭886頁）。

(c) 提訴権者と主張できる無効原因

取締役，監査役，執行役等は，法令遵守のために提訴権を認められているか

ら，あらゆる無効原因を主張できる。また，債権者は，債権者異議手続の瑕疵のみを主張できる。

　株主がいかなる無効原因を主張できるかについては，見解が分かれており，①原則としてあらゆる無効原因を主張できるが，消滅会社の株主であった者は消滅会社に関する事由のみを主張でき，議決権を有しない株主は株主総会の取消事由を主張できないとする見解（江頭887頁・335頁），②自ら株主であった会社または現に株主である会社の手続上の瑕疵を主張できるにとどまり，また，議決権を有しない株主は株主総会の取消事由を主張できないとする見解（商事関係訴訟342頁）などがある。

(d)　提訴期間

　合併無効の訴えの提訴期間は，合併の効力発生日から6カ月以内である（会828条1項7号）。

　この期間は，訴え提起の場面だけでなく，無効原因の主張を追加する場面でも適用され，上記期間の経過後は新たな無効原因の追加はできない（最判平6・7・18集民172号967頁）。

　もっとも，独占禁止法18条1項に基づく公正取引委員会による合併無効の訴えは，上記提訴期間の制限を受けない。

(e)　合併無効訴訟の審理等

　合併無効訴訟は類似必要的共同訴訟であり（商事関係訴訟339頁），複数提起された場合は併合される（会837条）。

　合併無効訴訟においては，処分権主義・弁論主義が制限され，会社は，請求の認諾や合併を無効とする和解ができず（原告からの訴えの取下げ，請求の放棄はできる），裁判上の自白の拘束力もない（商事関係訴訟340頁）。

(f)　判決の効力

　合併無効の認容判決が確定した場合は，対世効を有し，第三者にも効力を及ぼす（会838条）。もっとも，遡及効はない（会839条）。

　したがって，将来に向かって存続会社が分割され，消滅会社が復活する。必要な登記は職権でなされる（会937条3項2号）。

合併対価として交付された株式等は（将来に向かって）無効になり，消滅会社の株主であった者は株主として復活するが，端数株式として処分された株式にかかる株主は復活しない（商事関係訴訟343頁）。効力発生後に行われた配当等は影響を受けない。

合併効力発生前に消滅会社の権利義務であったものは，現存する限り消滅会社の権利義務に戻る。効力発生後の債務は，存続会社と消滅会社の連帯債務となり（会843条1項1号・3項），効力発生後に取得した財産は，存続会社と消滅会社の共有になる（同条2項・3項）。

これに対し，棄却判決には対世効はない。棄却判決となった場合，原告に悪意または重大な過失があったときは，原告は，被告である存続会社に対し，連帯して損害を賠償する責任を負う（会846条）。かかる損害賠償請求を担保するため，担保提供命令の制度がある（会836条）。

第5章 金融商品取引法・金融商品取引所規則・振替法

第1節 概　要

　本章では，主に上場会社（およびその子会社）が合併当事者となる場合に適用される法令について解説する。

　合併当事会社の一方または双方が上場会社等である場合，金融商品取引法および金融商品取引所の規則が適用される。金融商品取引法上の規制としては，組織再編成に関する開示制度，臨時報告書およびインサイダー取引規制がある。また，金融商品取引所規則上の規制としては，適時開示のほか，テクニカル上場および不適当合併に関する上場廃止基準がある。上記のうち，臨時報告書，インサイダー取引規制および適時開示については，上場会社が当事者となる合併だけでなく，その子会社が当事者となる合併にも適用されることに留意が必要である。

　また，上場会社の株式は電子化（ペーパーレス化）されているため，合併に伴う株式の交付等については，振替法が適用される。

第2節　金融商品取引法

1　組織再編成開示制度

(1)　趣　旨

　金融商品取引法は，合併，会社分割，株式交換および株式移転を「組織再編成」と定義し（金商2条の2第1項，金商令2条），一定の場合に有価証券届出書の届出義務を課している。組織再編成に関する開示制度は，平成19年の証券取引法改正によって新たに定められた規制であり，合併等にかかる対価の柔軟化に対応して，消滅会社等の株主に対する情報開示の充実を図る趣旨で設けられたものである。

(2)　特定組織再編成発行手続・特定組織再編成交付手続
(a)　特定組織再編成発行手続

　組織再編成により新たに有価証券が発行される場合における当該組織再編成に係る事前開示書類の備置（会782条1項，803条1項）を「組織再編成発行手続」といい（金商2条の2第2項。なお，同項には，「これに類する場合として内閣府令で定める場合」および「その他政令で定める場合」という文言があるが，いずれも現時点において定めはない），組織再編成発行手続のうち，以下のものが「特定組織再編成発行手続」である（同条4項）。

> ①　発行される有価証券が株式等の第一項有価証券（金商2条3項）である場合において，組織再編成対象会社（消滅会社）の組織再編成対象会社株主等（消滅会社の株券，新株予約権証券，新株予約権付社債券等の所有者）が50名以上である場合（適格機関投資家のみである場合を除く）（金商2条の2第4項1号，金商令2条の4）
> ②　発行される有価証券が株式等の第一項有価証券である場合において，①に掲げる場合のほか，プロ私募および少人数私募のいずれにも該当しない場合

> （金商2条の2第4項2号，金商令1条の4・2条の4の2）
> ③ 発行される有価証券が合同会社の持分等の第二項有価証券（金商2条3項）である場合において，組織再編成対象会社株主等が500名以上である場合（金商2条の2第4項3号，金商令2条の5）

(b) 特定組織再編成交付手続

組織再編成によりすでに発行された有価証券が交付される場合における当該組織再編成に係る事前開示書類の備置（会782条1項，803条1項）を「組織再編成交付手続」といい（金商2条の2第3項），組織再編成交付手続のうち，以下のものが「特定組織再編成交付手続」である（同条5項）。

> ① 交付される有価証券が株式等の第一項有価証券である場合において，組織再編成対象会社株主等が50名以上である場合（適格機関投資家のみである場合を除く）（金商2条の2第5項1号，金商令2条の6）
> ② 交付される有価証券が株式等の第一項有価証券である場合において，①に掲げる場合のほか，プロ向け売付け勧誘等および少人数向け売付け勧誘等のいずれにも該当しない場合（金商2条の2第5項2号，金商令1条の7の4・2条の6の2）
> ③ 交付される有価証券が合同会社の持分等の第二項有価証券である場合において，組織再編成対象会社株主等が500名以上である場合（金商2条の2第5項3号，金商令2条の7）

(3) 届出義務

合併が特定組織再編成発行手続または特定組織再編成交付手続に該当する場合，原則として，事前開示書類の備置前に，有価証券届出書を提出しなければならない（金商4条1項）。

もっとも，以下のいずれかの要件に該当する場合は，届出義務が免除される。また，無対価合併の場合は，対価の発行がないため，そもそも届出義務はない。

> ① 組織再編成対象会社が発行者である株券（新株予約権証券その他の政令で定める有価証券を含む）に関して開示が行われている場合に該当しない場合（金商4条1項2号イ）
> ② 組織再編成発行手続に係る新たに発行される有価証券または組織再編成交付手続に係るすでに発行された有価証券に関して開示が行われている場合（金商4条1項2号ロ）
> ③ 発行価額または売出価額の総額が1億円未満の場合（金商4条1項5号，開示府令2条4項）。なお，組織再編成発行手続または組織再編成交付手続における発行価額または売出価額の総額については，原則として，会社計算規則に定めるところによる株主資本等変動額，引き継ぐ株主資本等，または株主資本等の総額とし，当該株主資本の額が確定しないときは，適切な方法により算定された見込額をもって発行価額または売出価額の総額とする（開示ガイドラインB4-22）。なお，発行価額または売出価額が1,000万円超の場合は有価証券通知書を内閣総理大臣（財務局長）に提出しなければならない（金商4条6項，開示府令4条4項・5項）。

　上記①②の「開示が行われている場合」としては，当該有価証券についてすでに行われた募集・売出しに関する届出が効力を生じている場合のほか，当該有価証券が上場されている場合などが該当する（金商4条7項，開示府令6条）。「開示が行われている場合」を「開示」，「開示が行われている場合に該当しない場合」を「非開示」として免除要件を整理すると，次頁表のとおりであり，消滅会社において開示が行われていたにもかかわらず，存続会社の非開示であるため，合併後に開示が行われなくなる場合に，有価証券届出書の提出を義務付けるものといえる。たとえば，上場会社を消滅会社，非上場会社を存続会社とする合併で，かつ，発行・売出価額が1億円以上の場合に届出義務が課されることになる。

消滅会社	存続会社	届出義務	発行・売出価額
開示	開示	なし（②）	左記で開示義務ありの場合でも，発行・売出価額が1億円未満であれば，開示義務なし（③）
開示	非開示	あり	
非開示	開示	なし（①・②）	
非開示	非開示	なし（①）	

※ 無対価合併の場合は届出義務なし。
※ 発行・売出価額が1,000万円超1億円未満であれば，有価証券通知書の提出が必要（金商4条6項，開示府令4条4項・5項）。

(4) 有価証券届出書の記載事項

　有価証券届出書の記載事項は法定されており（金商5条1項，開示府令8条），開示府令第2号の6様式，第2号の7様式および第7号の4様式のいずれかが適用される。

(5) 有価証券届出書の効力発生

　有価証券届出書の効力は，原則として，届出書の受理日から15日を経過した日に効力が生じる（金商8条1項）が，有価証券届出書提出日の翌日にその効力が発生するよう取り扱うことができる（開示ガイドラインB8-2⑤）。もっとも，届出者から当該取扱いについて申出がない場合または当該取扱いが適当でないと認められる場合は，提出日の翌日に効力が発生しないことがあり得る（開示ガイドラインB8-2⑤但書）。

(6) 継続開示義務との関係

　特定組織再編成発行手続または特定組織再編成交付手続に該当し，有価証券届出書を提出した場合，有価証券報告書の提出義務（金商24条1項1号・3号）その他の継続開示義務を負う。
　また，特定組織再編成発行手続は特定組織再編成交付手続に該当しない場合

でも，金融商品取引法24条1項3号の規定により有価証券報告書を提出していた会社が新設合併しまたは有価証券報告書を提出していない会社に吸収合併されたときは，当該新設会社または存続会社は，同号に規定する有価証券報告書の発行会社に該当し，有価証券報告書を提出しなければならない（開示ガイドラインB24-5）。

2　臨時報告書

(1)　臨時報告書提出事由

　上場会社等の継続開示義務を負う会社は，一定の事由が生じた場合には，臨時報告書を提出しなければならない（金商24条の5第4項，開示府令19条）。合併に関する臨時報告書提出事由は次のとおりである。

合併当事会社	提出事由
提出会社	次のいずれかの吸収合併が行われることが，提出会社の業務執行を決定する機関により決定された場合（開示府令19条7号の3） ①　提出会社の資産の額が，当該提出会社の最近事業年度の末日における純資産額の100分の10以上増加することが見込まれる吸収合併 ②　提出会社の売上高が，当該提出会社の最近事業年度の売上高の100分の3以上増加することが見込まれる吸収合併 ③　提出会社が消滅することとなる吸収合併
	新設合併が行われることが，提出会社の業務執行を決定する機関により決定された場合（開示府令19条7号の4）
連結子会社	次のいずれかの吸収合併が行われることが，提出会社または連結子会社の業務執行を決定する機関により決定された場合（開示府令19条15号の3） ①　連結会社の資産の額が，当該連結会社の最近連結会計年度の末日における連結純資産額の100分の30以上減少し，もしくは増加することが見込まれる連結子会社の吸収合併 ②　連結会社の売上高が，当該連結会社の最近連結会計年度の売上高の100分の10以上減少し，もしくは増加することが見込まれる連結子会社の吸収合併

	次のいずれかの新設合併が行われることが，提出会社または当該連結子会社の業務執行を決定する機関により決定された場合（開示府令19条15号の4） ① 連結会社の資産の額が，当該連結会社の最近連結会計年度の末日における連結純資産額の100分の30以上減少し，もしくは増加することが見込まれる連結子会社の新設合併 ② 連結会社の売上高が，当該連結会社の最近連結会計年度の売上高の100分の10以上減少し，もしくは増加することが見込まれる連結子会社の新設合併

※ 「連結子会社」とは，連結の範囲に含められる子会社をいう（開示府令1条21号の3，連結財規2条4号）。

※ 「連結会社」とは，連結財務諸表提出会社および連結子会社をいう（開示府令1条21号の4，連結財規2条5号）。

また，合併にかかる株主総会において決議がなされた場合は，決議後遅滞なく，①株主総会が開催された年月日，②決議事項の内容，③決議事項に対する賛成，反対および棄権の意思の表示に係る議決権の数，当該決議事項が可決されるための要件ならびに当該決議の結果等を記載した臨時報告書を提出しなければならない（開示府令19条9号の2）。

(2) 提出時期等

臨時報告書の提出時期は，提出会社等による決定後「遅滞なく」である（金商24条の5第4項）。この点について，金融庁による平成18年12月13日付けパブリックコメントの回答（35頁№114）では，組織再編に係る契約締結前の覚書等の締結に関する決定がなされた時も含むと理解されている。もっとも，インサイダー取引規制にかかる重要事実の発生時期とは異なり，合併条件等の具体性に欠ける法的拘束力のない覚書等が締結されたにすぎず，会社の業務執行決定機関が合併を実行するかどうかをいまだ決定していない場合は，臨時報告書の提出には適しないと解すべきである（中村聡ほか『金融商品取引法　資本市場と開示編〔第3版〕』（商事法務・2015年）384頁）。

なお，臨時報告書提出後に合併が中止された場合は，訂正報告書の提出が必

要である。

3　インサイダー取引規制

　金融商品取引法166条1項は，会社関係者が一定の重要事実を知った場合において，当該重要事実の公表前の株券等の売買等を禁止している。いわゆるインサイダー取引規制である。また，会社関係者から重要事実の伝達を受けた者（情報受領者）等もインサイダー取引規制の対象となる（金商166条3項）。

　後述のとおり，インサイダー取引規制の適用時期は極めて早く，遅くとも合併等の準備行為が行われる時点以降は，情報管理や株式売買の制限等の徹底が必要である。

(1)　会社関係者等

　インサイダー取引規制の対象となる会社関係者等の概要は，上場会社に即して言えば，以下のとおりである（金商166条1項・3項）。

---

① 会社等（会社，その親会社および子会社）の役職員
② 会社等に対する帳簿閲覧権者（会433条1項）
③ 会社等に対する法令に基づく権限を有する者
④ 会社等と契約を締結している者または締結の交渉をしている者
⑤ ②および④が法人の場合におけるその役職員
⑥ 重要事実を知った上記①〜⑤の者（会社関係者）であって，会社関係者でなくなった後1年以内の者（元会社関係者）
⑦ 会社関係者（元会社関係者を含む）から重要事実の伝達を受けた者（情報受領者。なお，情報受領者から情報の伝達を受けた二次情報受領者は含まない），または，情報受領者が所属する法人の他の役員等であって，その者の職務に関し重要事実を知った者

---

(2)　重要事実とその軽微基準

　合併に関するインサイダー取引規制の重要事実およびその軽微基準は，次の

とおりである（金商166条2項）。

重要事実	軽微基準
上場会社の合併 （金商166条2項1号ヌ）	次のいずれかに該当すること（取引規制府令49条1項6号） ① 合併による会社（特定上場会社等である場合にあっては、会社の属する企業集団とする。以下①において同じ）の資産の増加額が当該会社の最近事業年度の末日における純資産額の100分の30に相当する額未満であると見込まれ，かつ，当該合併の予定日の属する事業年度および翌事業年度の各事業年度においていずれも当該合併による当該会社の売上高の増加額が当該会社の最近事業年度の売上高の100分の10に相当する額未満であると見込まれること。 ② 発行済株式または持分の全部を所有する子会社との合併（合併により解散する場合を除く）
子会社の合併 （金商166条2項5号ハ）	次のいずれかに該当すること（取引規制府令52条1項3号） ① 合併による当該上場会社等の属する企業集団の資産の増加額が当該企業集団の最近事業年度の末日における純資産額の100分の30に相当する額未満であると見込まれ，かつ，当該合併の予定日の属する当該企業集団の事業年度および翌事業年度の各事業年度においていずれも当該合併による当該企業集団の売上高の増加額が当該企業集団の最近事業年度の売上高の100分の10に相当する額未満であると見込まれること。 ② 合併による当該上場会社等の属する企業集団の資産の減少額が当該企業集団の最近事業年度の末日における純資産額の100分の30に相当する額未満であると見込まれ，かつ，当該合併の予定日の属する当該企業集団の事業年度および翌事業年度の各事業年度においていずれも当該合併による当該企業集団の売上高の減少額が当該企業集団の最近事業年度の売上高の100分の10に相当する額未満であると見込まれること。

(3) 重要事実に関する「決定」

　前記(2)の事項に関しては，いずれも，「業務執行を決定する機関」が，これらの事項を「行うことについての決定をしたこと」および「（公表後に）行わないことを決定したこと」が重要事実になる（金商166条2項）。

特に，合併を「行うことについての決定」については，会社において，調査等の準備行為，稟議，各種の会議体における決議等を通じて徐々に具体的になっていくことが通常であり，このような経過の中で，どの時点をもって「決定」といえるのかが問題となる。
　まず，「業務執行を決定する機関」とは，会社法所定の決定権限のある機関には限られず，実質的に会社の意思決定と同視されるような意思決定を行うことのできる機関であれば足り（日本織物加工株式事件・最判平11・6・10刑集53巻5号415頁），取締役会に限られず，経営会議や常務会等のほか，代表取締役や取締役等の個人もこれに当たり得る。
　また，「行うことについての決定」をしたとは，上記のような機関において，当該事項に向けた作業等を会社の業務として行う旨を決定したことをいい，「決定」をしたというためには，かかる機関において当該事項の実現を意図して行ったことを要するが，確実に実行されるとの予測が成り立つことは要しない（日本織物加工株式事件）。また，当該事項の実現可能性については，「実現可能性が全くあるいはほとんど存在せず，一般の投資者の投資判断に影響を及ぼすことが想定されないために，『決定』というべき実質を有しない場合があり得る」が，「『決定』をしたというためには，業務執行を決定する機関において，その実現を意図して，当該事項の実施又はそれに向けた作業等を会社の業務として行う旨の決定がされれば足り，当該事項の実現可能性があることが具体的に認められることは要しない」とされている（村上ファンド事件・最判平23・6・6刑集65巻4号385頁）。
　実現可能性のない合併等を検討することは通常想定されないことからすれば，実務的には，何らかの準備を行うこととなった時点で，インサイダー取引規制の重要事実に該当すると考え，情報管理や株式売買等の制限措置をとらざるを得ない。

(4) **公　表**

　インサイダー取引規制は，重要事実の「公表」前の株式の売買等を禁止する

ものであるから,「公表」後,かかる規制は解除される。

合併が重要事実となる場合の「公表」とは,以下のいずれかの方法がとられたことである（金商166条4項,金商令30条,取引規制府令56条）。

> ① 2以上の報道機関に対して公開した後,12時間を経過したこと
> ② 金融商品取引所の規則に従いTDnetを利用して適時開示されたこと
> ③ 重要事実が記載された有価証券届出書,臨時報告書等が公衆縦覧に供されたこと

公表の方法は,上記に限定されることから,たとえば会社のウェブサイトに掲載されたとしても,インサイダー取引規制は解除されない。一般的には,適時開示または臨時報告書による公表がもっとも早く行われることから,この時点をもって,「公表」が行われたと判断することになる。

(5) 情報伝達・取引推奨行為の規制

平成25年金融商品取引法改正により,重要事実を知る会社関係者等による情報伝達・取引推奨行為の規制が新設された。

すなわち,重要事実を知った会社関係者（元会社関係者を含む）は,他人に対し,重要事実の公表前に上場会社等の特定有価証券等に係る売買等をさせることにより当該他人に利益を得させ,または当該他人の損失の発生を回避させる目的をもって,当該業務等に関する重要事実を伝達し,または当該売買等をすることを勧めてはならない（金商167条の2第1項）。なお,情報受領者には,かかる規制の適用はない。

重要事実を伝えること（情報伝達行為）だけでなく,重要事実を伝えずに売買等を推奨すること（取引推奨行為）も禁止されているのである。

なお,「重要事実の公表前に上場会社等の特定有価証券等に係る売買等をさせることにより当該他人に利益を得させ,または当該他人の損失の発生を回避させる目的をもって」という目的要件（主観的要件）が必要となるため,たとえば,社内外での業務上必要な情報交換や,IR活動の一環としての取引推奨

については，原則として金融商品取引法167条の2には該当しない。もっとも，重要事実に関する情報提供等は，必要最小限の範囲でなされるべきである。

第3節　金融商品取引所規則

1　概　要

上場会社は，上場している金融商品取引所の定める規則に従わなければならない。ここでは，東京証券取引所の規則について説明する。

2　適時開示等

(1)　適時開示事由

投資家にとって重要な事実が決定された場合や，重要な事実が発生した場合，これを適時に開示することが必要であり，金融商品取引所の規則に従った開示を「適時開示」という。

合併に関連する適時開示事由は，次のとおりである。

適時開示事由	軽微基準
上場会社の業務執行を決定する機関が，合併を行うことについて決定した場合（合併を行わないことを決定した場合を含む）（上場規程402条1号k）	なし
上場会社の子会社等の業務執行を決定する機関が，当該子会社等について合併を行うことについての決定をした場合（合併を行わないことを決定した場合を含む）（上場規程403条1号c）	次のいずれにも該当すること（上場規程施規403条3号） ① 当該合併による連結会社（連結財務諸表提出会社および連結子会社。以下同じ）の資産の額の減少額または増加額が直前連結会計年度の末日における連結純資産額の100分の30に相当する額未満であると見込まれる

	こと
	② 当該合併による連結会社の売上高の減少額又は増加額が直前連結会計年度の売上高の100分の10に相当する額未満であると見込まれること
	③ 当該合併による連結会社の連結経常利益の増加額または減少額が直前連結会計年度の連結経常利益金額の100分の30に相当する額未満であると見込まれること
	④ 当該合併による連結会社の親会社株主に帰属する当期純利益の増加額または減少額が直前連結会計年度の親会社株主に帰属する当期純利益金額の100分の30に相当する額未満であると見込まれること

　上場会社が合併当事会社となる場合については，軽微基準が設けられておらず，完全子会社との合併や，上場会社への影響が軽微な合併であっても，開示が必要となることに注意が必要である。

(2) 開示時期

　開示時期は，上場会社またはその子会社の「業務執行を決定する機関」が，「合併を行うことについての決定」した後，「直ちに」である。

　なお，かかる文言は，インサイダー取引規制における重要事実と同じであるが，前述のとおり，インサイダー取引規制における重要事実となる時点は極めて早く，原則として実現可能性の有無を問わないため，このような時点で適時開示を行うことは適切でなく，東京証券取引所もインサイダー取引規制が適用される時点において，直ちに適時開示を行うことが必要となるものではないとしている（適時開示ガイドブック52頁）。

　開示時期は，具体的事例に応じて判断することとなるが，一般的には，合併にかかる取締役会決議後直ちに開示することになる。また，基本合意書等の締

結を行う場合は，その締結にかかる取締役会決議後直ちに開示することが多いが，単なる準備行為にすぎないものや，成立に至らないおそれが高いときまで，適時開示が求められるものではないとされている（適時開示ガイドブック52頁）。

(3) 事前相談

なお，①支配株主または上場子会社との合併，②上場会社が消滅会社となる吸収合併，③対価として当事会社以外の者が発行する株券等を用いる場合等の場合には，遅くとも公表予定日の10日前までに事前相談を行うことが要請されている（適時開示ガイドブック168頁）。

(4) 適時開示の内容

適時開示書類を作成する場合は，適時開示ガイドブック（上場会社が合併当事会社となる場合は168頁〜185頁，子会社が合併当事会社となる場合は533頁〜534頁）を参照し，他社事例も参考にしつつ作成するのが一般的である。

なお，日本取引所グループのウェブサイトから，開示様式例をダウンロードすることができる。

開示様式例
http://www.jpx.co.jp/equities/listed-co/format/tddoc/index.html

---

3 合併に係る提出書類

合併を行う場合，東京証券取引所に対し，合併契約書，日程表，合併比率に関する見解を記載した書類，事前開示書類など，次の書類を提出しなければならない（適時開示ガイドブック718頁・758頁）。

提出書類	提出時期
合併契約書	契約締結後直ちに
合併日程表	確定後直ちに
合併比率に関する見解を記載した書面（簡易合併の場合または完全子会社と合併する場合を除く）	作成後直ちに
非上場会社の概要書（上場会社が合併により解散するときまたは非上場会社を吸収合併するときのみ）	決議後速やかに
事前備置書類の写し	適時開示後，備置開始までに
有価証券上場申請書（新株を発行する場合）	効力発生日の３週間前までに
発行（交付）株式数確定通知書	確定後直ちに
事後備置書類の写し	効力発生日後速やかに
有価証券上場廃止同意書（上場会社が消滅会社となる場合のみ）	確定後遅滞なく

4 上場廃止とテクニカル上場

　上場会社が消滅会社となる合併を行う場合，上場廃止となる（上場規程601条1項8号，上場規程施規601条7項2号a・b）。

　他方，上場会社を消滅会社とし，非上場会社を存続会社または新設会社とする合併が行われた場合であっても，一定の場合に，通常の新規上場の場合よりも簡易に上場を認める制度があり，これをテクニカル上場という。テクニカル上場の趣旨は，上場会社としての実績があった会社が非上場会社にいわば引き継がれた状況であると評価し得る場合に，通常の新規上場審査よりも簡略化された手続により非上場会社の株券を速やかに上場させることで，非上場会社に過度の負担を強いることなく，上場会社の株主に継続的な株式流通の場を提供

することを可能にすることにある。

　テクニカル上場については，市場に応じて上場審査基準が定められている（本則市場に関しては上場規程208条・209条，マザーズ市場に関しては上場規程215条・216条，JASDAQ市場に関しては上場規程216条の9・216条の10）。

　テクニカル上場に関しては，日本取引所自主規制法人　上場管理部による以下の解説を参照されたい。

> 「上場管理業務について－テクニカル上場の解説－」（平成26年4月改訂）
> http://www.jpx.co.jp/regulation/public/nlsgeu000001igbj-att/6-01technical.pdf

5　不適当合併

　上場会社が存続会社となる合併等を行う場合は，原則として上場は維持される。しかし，これを無制限に認めた場合，非上場会社の上場審査を免れる目的で，実質的に非上場会社を上場させるなど，いわゆる裏口上場を認めることになってしまう。

　そこで，上場会社を存続会社，非上場会社を消滅会社とする合併等の結果，上場会社が実質的な存続会社でないと認められ，かつ，3年以内に新規上場審査の基準に準じた基準に適合しない場合には上場廃止とすることが定められている（上場規程601条1項9号a，上場規程施規601条8項）。

(1)　実質的存続性の判断と軽微基準

　上場会社が実質的な存続会社と認められるかどうかの判断（実質的存続性）は，当事会社の経営成績および財政状態，役員構成，株主構成等の事項を総合的に勘案して行われ，概して規模の大小等これらの優位性の比較を行うとされている（適時開示ガイドブック671頁）。

　ただし，次のいずれかの軽微基準に該当する場合は，実質的存続性があるも

のとして取り扱うこととされている（上場規程施規601条8項2号）。

> ① 上場会社がその連結子会社との間で吸収合併を行う場合。ただし，当該吸収合併を行うことについて当該上場会社の業務執行を決定する機関が決定した日（行為決定日）以前3年間において，当該連結子会社が，非上場会社（連結子会社を除く。以下同じ）との間の合併，株式交換等を行っていないことまたは行うことについてその業務執行を決定する機関が決定していないことを要する。
> ② 当該非上場会社の直前連結会計年度の末日における連結総資産額・連結売上高・連結経常利益金額が，それぞれ，当該上場会社の直前連結会計年度の末日における連結総資産額・連結売上高・連結経常利益金額未満であること。ただし，行為決定日以前3年間において，当該上場会社が，当該非上場会社（その関係会社を含む）との間で合併，株式交換等を行っていないことまたは行うことについてその業務執行を決定する機関が決定していないことを要する。

(2) 審査等の流れ

実質的存続性の審査等の流れの概要は，以下のとおりである（適時開示ガイドブック672頁参照）。

> ① 合併等の決定・適時開示の2週間前に，東京証券取引所との事前相談を行う（この事前相談の際に実質的存続性審査の結論が出ていることが望ましい）。
> ② 上場会社が実質的な存続会社でないと認められる場合，合併にかかる適時開示時に，「合併の効力発生時から猶予期間（新規上場審査基準に準じた基準に適合しているかどうかの審査を受けるための猶予期間）に入る可能性がある」旨を，東京証券取引所のウェブサイトに掲載されるなど，投資者に周知が図られる。
> ③ 合併の効力発生日に，「新規上場審査基準に準じた基準に適合しているかどうかの審査を受けるための猶予期間」に入った旨が周知される。
> ④ 猶予期間（合併の効力発生後最初に終了する事業年度の末日から3年を経過する日まで）内に，新規上場審査基準に準じた基準に適合すると認められ

> た場合，猶予期間入りが解除される。
> ⑤ 猶予期間内に，新規上場審査基準に準じた基準に適合すると認められるに至らないまま，猶予期間が終了した場合は，その翌日から監理銘柄に指定される。
> ⑥ 猶予期間終了後，上場会社が，最初に有価証券報告書を提出した日から起算して8日目までの間に，審査申請を行うことができ，審査の結果，新規上場審査基準に準じた基準に適合していると認められた場合は，上場維持（監理銘柄の指定解除）となるが，審査申請を行わない場合や審査の結果上場廃止が決定された場合は，上場廃止となる。

第4節　米国証券法

　日本国内の会社同士の株式を対価とする合併の場合において，上場会社の株主に米国の居住者がいる場合，1933年米国証券法が適用され，Form F-4による登録届出書を米国証券取引委員会（SEC）に提出しなければならない可能性がある。Form F-4による開示は，米国会計基準に基づかなければならず，英文で作成しなければならないなど，準備等に要する負担が極めて大きい。また，届出後は，1934年米国証券取引所法の継続開示義務が課される。

　そこで，適用除外要件を検討することになるところ，ルール802が唯一利用可能な規定とされており，その要件は，米国株主保有比率が10％以下であること，米国居住者と他の株主との平等取扱い，一定の情報開示がなされること等である（アンダーソン・毛利・友常法律事務所監修『域外適用法令のすべて』（きんざい・2013年）128頁）。

　Form F-4を提出しなければならなくなった場合，その準備に相当の期間が必要となることから，合併の検討を始めた段階から，米国の法律事務所に確認を行うべきである。

第5節　振替法

1　振替法に関する基本的事項

(1)　振替機関・口座管理機関等

　平成16年に成立し，平成21年に施行された「社債，株式等の振替に関する法律」により，上場株式はすべてペーパーレス化され，振替株式（振替128条1項）となっている。

　株式会社証券保管振替機構（以下「証券保管振替機構」という）が「振替機関」（振替2条2項）であり，証券会社等が「口座管理機関」（振替2条4項，44条）である。振替機関と口座管理機関を併せて「振替機関等」という（振替2条5項）。

　振替機関等に対して口座を開設した者を「加入者」といい（振替2条3項），株主等の投資家がこれに該当する。また，上場株式等の発行会社が「発行者」である（振替13条等参照）。

(2)　振替口座簿

　振替機関等は，各加入者の口座ごとに区分された振替口座簿（株式については振替129条）を備えなければならない（振替12条3項，45条2項）。

　そして，振替株式についての権利の帰属は，振替口座簿の記載または記録により定まる（振替128条1項）。振替口座簿への記載は，譲渡等の効力発生要件である（振替140条等）。

(3)　特別口座

　特別口座とは，発行会社が振替株式を交付しようとする場合に，株主等の口座を知ることができないときに，当該株主等のために発行会社が振替機関等に対して開設する口座である（振替131条3項参照）。

特別口座に記載・記録された振替株式については、当該株主等の口座または発行会社の口座以外の口座に振り替えることは認められない（振替133条1項）。

(4) 総株主通知

発行会社が基準日を定めたときなど一定の場合には、振替機関は、発行会社に対し、振替口座簿に記載された「その日の株主」等の氏名・住所等を通知しなければならない（振替151条1項）。これを総株主通知という。

総株主通知を受けた発行会社は、通知された事項を株主名簿に記載しなければならず、基準日等一定の日に名義書換がなされたものとみなされ（振替152条1項）、株主は会社に対抗できる（会130条1項）。

(5) 個別株主通知

上記のとおり、総株主通知によって名義書換が行われるが、振替株式についての少数株主権等の行使には会社法130条1項は適用されず（振替154条1項）、株主名簿に基づいて株主かどうかの確認ができない。そこで、株主が少数株主権等の行使を行おうとする場合は、直近上位機関を経由して、振替機関に対し、自己が有する振替株式の数など一定の事項を、発行会社に通知するよう申出を行い、当該申出に基づき、（実務的には4営業日後に）振替機関から発行会社に通知がなされる（振替154条3項・4項）。これを個別株主通知といい、個別株主通知が発行会社に対する対抗要件となる（最決平22・12・7民集64巻8号2003頁）。

株主は、個別株主通知がなされた後、4週間を経過する日までの間に、少数株主権等を行使しなければならない（振替154条2項、振替令40条）。なお、発行会社は、情報提供請求（振替277条）によって、株主がその後に株式を売却済みでないかどうかを確認することができる。また、発行会社は、自らの危険において、名義書換未了株主による権利行使を容認することはできる（最判昭30・10・20民集9巻11号1657頁）。

「少数株主権等」とは、株主の権利のうち、基準日が設定される権利（会124

条1項）以外の権利であり，合併に関連するものとしては，株式買取請求権（会785条1項，797条1項），簡易合併に関する株主の反対通知（会796条3項，江頭200頁），差止請求，無効確認の訴え等がこれに該当する。なお，株式買取請求権にかかる権利保護要件としての株主総会前の反対通知（会785条2項1号イ，797条2項1号イ）においては，個別株主通知は不要である（コンメ⑱98頁）。

　会社法116条1項所定の株式買取請求権に関する個別株主通知を実施すべき時期について，最判平24・3・28裁時1553号1頁は，振替株式について株式買取請求を受けた株式会社が，買取価格の決定の申立てに係る事件の審理において，同請求をした者が株主であることを争った場合には，その審理終結までの間に個別株主通知がされることを要するものと解され，この理は，振替株式について株式買取請求を受けた株式会社が同請求をした者が株主であることを争った時点で既に当該株式について振替機関の取扱いが廃止されていた場合であっても同じであるとした。合併等の組織再編にかかる株式買取請求においても同様であると解されている（西村欣也「少数株主権等の行使と個別株主通知の実施時期」判タ1387号49頁）。なお，買取請求の際に個別株主通知が行われていれば，買取価格決定の申立ての際にあらためて個別株主通知を要しない（江頭201頁）。

　これに対し，簡易合併に関する株主の反対通知（会796条3項）については，株式買取請求にかかる通知または公告日から2週間以内に一定数の反対通知がなされたか否かを判断しなければならないことから，上記期間内に個別株主通知が必要になると解すべきである。

　また，差止請求（仮処分申立て）や無効の訴えについては，審理終結日までに個別株主通知を要すると解することとなろう（前掲・西村36頁以下参照）。

(6) 業務規程等

　振替法だけでなく，証券保管振替機構が定める「株式等の振替に関する業務規程」（業務規程）および「株式等の振替に関する業務規程施行規則」（業務規程施規）も遵守しなければならない。また，証券保管振替機構の業務処理要領

には手続の詳細が記載されている。

> 業務規程・業務規程施行規則
> https://www.jasdec.com/system/less/rule/fee/
> 株式等振替制度に係る業務処理要領（2017年5月 第5.0版）（以下「業務要領」という）
> https://www.jasdec.com/system/less/rule/management/

2　買取口座の開設

　振替株式発行会社が合併をしようとする場合は，振替機関等に対し，株式買取請求に係る振替株式の振替を行うための買取口座の開設の申出をしなければならない（振替155条1項本文）。もっとも，すでに買取口座を有しているときは重ねて買取口座を開設する必要はない（同項但書）。また，株式買取請求をすることができる振替株式の株主が存在しないときも，買取口座の開設は不要である（同項但書）。株式買取請求をすることができる振替株式の株主が存在しないときとは，簡易合併の場合が典型例であるが（坂本・一問一答314頁），略式合併の場合で特別支配株主が全株式を保有している場合も同様であろう。
　また，振替株式発行会社は，株式買取請求にかかる公告において，買取口座を記載しなければならない（振替155条2項）。
　株主が，株式買取請求をしようとするときは，振替株式について買取口座を振替先口座とする振替の申請をしなければならない（振替155条3項）。
　なお，株式買取請求の手続については，第4章第6節2を参照されたい。

3　会社法の適用除外

　振替株式については，会社法の規定のうち，その性質上適用できないものについて，適用除外規定を設けている（振替161条）。
　合併に関する適用除外規定としては，株主等に対する通知（会783条5項，785条3項，797条3項，804条4項および806条3項）に代えて，当該通知をすべ

き事項を公告しなければならないとされていることである（振替161条2項）。すなわち，会社法上は，株式買取請求等のための株主等に対し，通知または公告をしなければならないとされているが，振替法が適用される場合は，通知ではなく，必ず公告をしなければならないことになる。

これは，振替株式については，必ずしも株主名簿の名義人が真の株主とは限らず，株主名簿上の株主に通知しても意味がないためであるとされている（高橋康文編著『逐条解説　新社債，株式等振替法』（金融財政事情研究会・2006年）357頁）。

4　合併対価の交付と振替法

振替株式発行会社における合併対価としての株式の交付等については振替法が適用される。存続会社と消滅会社の株式が振替株式かそうでないかによって，以下のパターンがあり得るところ，パターン4については振替法の適用はないから，パターン1から3について説明する。

なお，消滅会社が振替株式発行会社であり，存続会社が非振替株式発行会社である場合において，合併に際して存続会社が上場し（テクニカル上場），消滅会社の株主に存続会社の振替株式を交付する場合は，存続会社についての新規上場時の取扱開始の手続および存続会社・消滅会社の株式が振替株式である場合の手続による（業務要領別紙2-2-1・7頁・8頁）。

	存続会社	消滅会社
パターン1	振替株式	振替株式
パターン2	振替株式	非振替株式
パターン3	非振替株式	振替株式
パターン4	非振替株式	非振替株式

具体的な手続等については，証券保管振替機構のウェブサイトに掲載されている業務処理要領（前述），通知様式およびガイドブックも参照されたい。

> 提出書類の書式
> http://www.jasdec.com/system/less/notice/01.html
> 通知手続ガイドブック（2017年２月版）（以下「通知ガイドブック」という）
> http://www.jasdec.com/download/ds/eq/y_eq.pdf

(1) 存続会社（振替）と消滅会社（振替）との合併

　消滅会社の株式が振替株式である場合において、存続会社または新設会社が吸収合併または新設合併に際して振替株式を交付するときは、消滅会社の振替株式の抹消と、存続会社の振替株式の新規記録が行われることになる。

　この場合の手続の概要は、以下のとおりである（振替法のほか、業務規程94条～98条等参照）。

> ①　消滅会社は、合併の効力発生日の２週間前までに、振替機関に対し、消滅会社の株主に対して交付される存続会社の振替株式の銘柄、消滅会社の振替株式の銘柄、割当比率等を通知しなければならない（振替138条１項）。
> ②　通知を受けた振替機関等は、合併の効力発生日において、合併対価として交付される振替株式の新規（または増額）の記録および消滅会社の振替株式の全部の記録の抹消手続をとる（同条３項・４項）。

　また、存続会社が自己株式（振替株式）を交付する場合は、効力発生日において、当該振替株式の抹消申請をしなければならない（振替138条６項）。

　なお、合併によって交付される振替株式が端数となる場合、振替法138条５項、振替令32条に定める手続を行う。

　振替法上は、以上のとおりであるが、業務規程に基づく通知も必要になる。すなわち、消滅会社は、合併に関する取締役会決議後速やかに、証券保管振替機構に対して通知を行う必要があり（業務規程12条１項、業務規程施規６条・別表１-１(9)）、その内容は、「吸収合併（吸収合併消滅会社の通知）」（ST98-07-01）

および「公示情報（合併等）」（ST98-19-02）に記載のとおりである（通知ガイドブック39頁・42頁）。また、消滅会社は、合併によって交付される株式数が確定した後、速やかに（合併の効力発生日の2営業日前の17時までに）、「吸収合併（吸収合併消滅会社の通知　株式数確定後）」（ST98-07-02）を提出しなければならない（通知ガイドブック42頁）。なお、消滅会社について株式買取請求がなされた場合、速やかに、消滅会社は「反対株主の株式買取請求に係る通知」（ST98-24）を提出しなければならない（通知ガイドブック42頁）。

　また、存続会社は、合併に際して自己株式を移転しようとする場合に限り、取締役会決議後速やかに、証券保管振替機構に対して通知を行う必要があり（業務規程12条1項、業務規程施規6条・別表1-1(9)）、その内容は、「吸収合併（吸収合併存続会社の通知）」（ST98-07-03）に記載のとおりである（通知ガイドブック39頁・40頁）。

(2) 存続会社（振替）と消滅会社（非振替）との合併

　消滅会社が非振替株式発行会社である場合において、存続会社の振替株式が交付される場合、存続会社の振替株式が消滅会社株主の振替口座に新規記録されることになる（自己株式を対価とした場合は自己株式の振替手続を行う）。その前提として、消滅会社株主の振替口座を確認しなければならず、振替口座が不明の場合は、特別口座に記録される。

　この場合の手続の概要は、次のとおりである（振替法のほか、業務規程99条・100条、業務要領別紙2-2-1参照）。

> ①　消滅会社は、新たに存続会社の株主となる者（消滅会社の株主等）に対し、合併の効力発生日の1カ月前までに、振替口座を通知すべき旨など一定の事項を通知しなければならない（振替160条1項、131条1項）。
> ②　通知を受けた消滅会社株主等は、消滅会社から交付を受けた呈示書面を証券会社等に呈示して口座通知取次請求を行う。
> ③　消滅会社は、効力発生日において、存続会社に対し、消滅会社株主等の振替口座を通知する（振替131条2項）。

④　存続会社は、振替口座を知らせなかった消滅会社株主等について、振替機関等に対し、特別口座の開設を申し出る（同条3項）。
⑤　存続会社は、効力発生日後遅滞なく、消滅会社株主等にかかる振替口座および特別口座等を通知し（同条5項、130条1項）、振替機関等は、当該通知を受けて、新規記録を行う（130条2項・3項）。なお、自己株式を移転するときは、新規記録手続ではなく、振替手続を行うことになる（振替160条2項、132条）。

　また、存続会社は、合併にかかる取締役会決議後速やかに、証券保管振替機構に対して通知（「吸収合併（吸収合併存続会社の通知）」（ST98-07-03））を行う必要がある（業務規程12条1項、業務規程施規6条・別表1-1(9)、通知ガイドブック39頁・40頁。この場合は、自己株式を移転する場合に限らない）。

　なお、業務要領において、存続会社は、取締役会決議後速やかに、存続会社の銘柄・銘柄コード、消滅会社の銘柄、合併比率、合併の日程等を、プレスリリース等を添付して通知しなければならず（業務要領別紙2-2-1・2頁）、かつ、効力発生日の前営業日から起算して2営業日前の日に、機構に対して新規記録通知データを通知するものとされ（同6頁）、かかる通知が一体となって、振替法130条1項の新規記録通知になるとされている（同2頁）。このように、振替法130条1項においては「効力発生後遅滞なく」とされているのに対して、業務要領上、効力発生日の2営業日前に行うこととされているのは、効力発生日に新規記録するため（業務規程99条1項）である。

(3) 存続会社（非振替）と消滅会社（振替）との合併

　消滅会社（振替株式発行会社）の株主に対して、存続会社の非振替株式が発行されることから、振替株式が存在しなくなる。そのため、振替株式の記録の抹消が行われる。
　この場合の手続の概要は、次のとおりである。

> ① 消滅会社は，振替機関に対し，効力発生日の2週間前までに，全部抹消の通知をしなければならない（振替160条3項，135条1項。なお，業務規程101条参照）。
> ② かかる通知を受けた振替機関等は，合併の効力発生日において，振替株式の全部抹消の手続をとる（振替135条3項・4項）。
> ③ また，振替機関は，消滅会社に対し，総株主通知を行う（振替151条，業務規程144条6号）。存続会社は，かかる総株主通知に基づいて作成される株主名簿（振替152条1項）に基づき，消滅会社株主に対して合併対価を交付する。

　また，消滅会社は，合併にかかる取締役会決議後速やかに，証券保管振替機構に対して通知を行う必要があり（業務規程12条1項，業務規程施規6条・別表1-1(9)），その内容は，「吸収合併（吸収合併消滅会社の通知）」（ST98-07-01）に記載のとおりである（通知ガイドブック39頁・49頁）。

第6章 独占禁止法

第1節 概　要

　独占禁止法は企業結合規制の1つとして，合併に関する規制を設けており，会社は，①合併によって一定の取引分野における競争を実質的に制限することとなる場合，または②合併が不公正な取引方法によるものである場合には，合併をしてはならないと定めている（独禁15条1項。なお，銀行と協同組織金融機関の合併については，「金融機関の合併及び転換に関する法律」（昭和43年法律第86号）54条により，協同組織金融機関を会社とみなして，独禁法15条が適用される）。そして，この規制に違反する合併については，公正取引委員会は，排除措置命令を発することができる（独禁17条の2第1項）。なお，上記②が問題になることはほとんどない。

　そして，公正取引委員会は，企業結合における審査内容の予測可能性を高めるため，「企業結合審査に関する独占禁止法の運用指針」（企業結合ガイドライン）を公表しており，これは「一定の取引分野における競争を実質的に制限することとなる」かどうかの判断基準を示す指針として重要である。

　また，一定規模以上の会社の合併については事前届出制度を設け（独禁15条2項），原則として届出受理日から30日（初日不算入，暦日ベース）を経過するまでは，合併をしてはならないこととしている（独禁15条3項，10条8項）。

　なお，独占禁止法上の「会社」には，外国会社を含むとされているため（独

禁9条2項)。独占禁止法の規制は，外国会社にも適用される。合併との関係でいえば，国内会社と外国会社との合併は認められないため，外国会社同士の合併に適用されるほか，企業結合集団内に外国会社が存在する場合にその国内売上高等を算定するに際して適用される。

第2節　事前届出制度

1　事前届出を要する合併

　公正取引委員会への事前届出が必要となる合併は，合併会社のうち，いずれか一の会社に係る国内売上高合計額が200億円を超え，かつ，他のいずれか一の会社に係る国内売上高合計額が50億円を超える場合である（独禁15条2項，独禁令18条1項・2項）。すなわち，存続会社または消滅会社のいずれかを問わず，一方の会社の国内売上高合計額が200億円を超え，かつ，他方の会社の国内売上高合計額が50億円を超える場合には事前届出が必要となる。

　なお，かかる要件に満たない会社の合併については，事前届出は不要であるが，要件を満たさない場合であっても，一定の取引分野における競争を実質的に制限することとなる場合には，調査や排除措置が必要とされることがあり得ることに注意が必要である（山田昭典「企業結合審査と手続上の留意点」商事1733号16頁）。

2　事前届出を要しない場合

　すべての合併会社が同一の企業結合集団に属する場合は，事前届出は不要である（独禁15条2項但書）。すでにグループ会社に属する会社間の合併が行われても，それによって，原則として結合関係が形成・強化されることはないからである。

3 定義語の内容

(1) 会社等

「会社等」とは，会社，組合（外国における組合に相当するものを含む）その他これらに類似する事業体をいう（独禁10条2項）。

(2) 企業結合集団・親会社・子会社

「企業結合集団」とは，①企業結合の当事会社，②当該会社の子会社，③当該会社の親会社であって他の会社の子会社でないもの（最終親会社）および④当該親会社の子会社（当該会社および当該会社の子会社を除く）から成る集団をいう（独禁10条2項）。

また，「子会社」とは，会社がその総株主の議決権の過半数を有する株式会社その他の当該会社がその経営を支配している会社等として公正取引委員会規則で定めるものをいい（独禁10条6項），「親会社」とは，会社等の経営を支配している会社として公正取引委員会規則で定めるものをいう（独禁10条7項）。企業結合届出規則においては，「財務及び事業の方針の決定」に関する「支配」を基準として，支配している会社を「親会社」，支配されている会社を「子会社」と定めており（独禁届出規則2条の9第1項・2項），会社法における親会社・子会社の定義とほぼ同様の定めとなっている（独禁届出規則2条の9第3項参照）。

なお，子会社の定義は「会社等」であるのに対し，親会社の定義は「会社」であるから，親会社には組合等は含まれない。

以上のとおり，「企業結合集団」の範囲は，企業グループの頂点に位置する親会社（最終親会社）と，その支配下にある会社，組合等をすべて含むこととなる。

(3) 国内売上高

「国内売上高」とは，国内において供給された商品および役務の価額の最終

事業年度における合計額として公正取引委員会規則で定めるものをいう（独禁10条2項）。その具体的内容は，届出規則2条で定められており，会社等の最終事業年度における売上高（銀行業および保険業を営む会社等については経常収益，第一種金融商品取引業を営む会社等については営業収益とする（独禁届出規則2条1項））のうち，次に掲げる額の合計額（売上値引，戻り高ならびに商品に直接課される租税の額に相当する額および役務の供給を受ける者に当該役務に関して課される租税の額に相当する額を含まないものとする）とされている。

① 国内の消費者（個人（事業としてまたは事業のために契約の当事者となる場合におけるものを除く）をいう）が当該会社等の供給する商品または役務に係る取引の相手方である場合における当該取引に係る売上高（独禁届出規則2条1項1号）

② 法人その他の社団もしくは財団または事業としてもしくは事業のために契約の当事者となる場合における個人（以下この項において「法人等」という）が当該会社等の供給する商品または役務に係る取引の相手方である場合において，当該取引に係る商品または役務が国内において供給されるときにおける当該取引に係る売上高（当該会社等が，当該取引に係る契約の締結時において，当該法人等が当該商品の性質または形状を変更しないで外国を仕向地としてさらに当該商品を取引することまたは当該法人等の外国に所在する営業所，事務所その他これらに準ずるもの（次号において「営業所等」という）に向けて当該商品を送り出すことを把握しているときにおける当該取引に係る売上高を除く）（独禁届出規則2条1項2号）

③ 法人等が当該会社等の供給する商品または役務に係る取引の相手方である場合において，当該取引に係る商品が外国において供給され，かつ，当該会社等が，当該取引に係る契約の締結時において，当該法人等が当該商品の性質または形状を変更しないで本邦を仕向地としてさらに当該商品を取引することまたは当該法人等の本邦に所在する営業所等に向けて当該商品を送り出すことを把握しているときにおける当該取引に係る売上高（独禁届出規則2条1項3号）

特に、上記の③、すなわち、外国に存在する法人等に対して商品が供給されるが、契約締結時に、商品の性質等を変更せず日本を仕向地として取引等が行われることを把握している場合は、その売上高も「国内売上高」に含まれることに注意が必要である。

なお、財務諸表提出会社および外国財務諸表提出会社については簡易な計算方法が認められており（独禁届出規則2条2項）、また、上記①～③を計算することができない場合には、適正かつ合理的な範囲内において、規定の趣旨および一般に公正妥当と認められる会計処理の基準に基づくものにより国内売上高を計算することができる（独禁届出規則2条3項）。

(4) 国内売上高合計額

「国内売上高合計額」とは、その会社の国内売上高と、当該会社が属する企業結合集団に属する当該会社以外の会社等の国内売上高を公正取引委員会規則で定める方法により合計した額と定義されている（独禁10条2項）。

その具体的内容は、独禁届出規則2条の2および2条の3に定められているが、基本的には、各会社等の国内売上高を合計し、企業結合集団に属する会社等相互間の取引に係る国内売上高を相殺消去する方法で算定する。

4　届出書の様式・添付資料

事前届出は、様式第八号による「法第15条第2項の規定による合併に関する計画届出書」を公正取引委員会に提出することによって行う（独禁届出規則5条1項）。なお、事前届出は合併当事会社が連名で提出することになる（独禁届出規則5条2項）。当該様式の「記載上の注意」や「記載要領」も確認の上、作成することが求められる。

事前届出書の様式（公正取引委員会のウェブサイト）
http://www.jftc.go.jp/dk/kiketsu/kigyoketsugo/dl/index.html
記載要領
http://www.jftc.go.jp/dk/kiketsu/kigyoketsugo/kaiseiyouryou.html

届出書に添付する書類は以下のとおりである（独禁届出規則5条3項）。

① 届出会社の定款
② 合併契約書の写し（事前届出が合併契約締結前に行われる場合は，合併契約書のドラフトを添付し，契約締結後遅滞なく合併契約書の写しを提出する）
③ 届出会社の最近一事業年度の事業報告，貸借対照表および損益計算書
④ 届出会社の総株主の議決権の100分の1を超えて保有するものの名簿
⑤ 届出会社において当該合併に関し株主総会の決議または総社員の同意があった時は，その決議または同意の記録の写し
⑥ 届出会社の属する企業結合集団の最終親会社により作成された有価証券報告書その他当該届出会社が属する企業結合集団の財産および損益の状況を示すために必要かつ適当なもの
⑦ 委任状（代理人名で届出する場合）

5　待機期間

　届出受理日の翌日から起算して30日間（暦日ベース），合併が禁止される（独禁15条3項，10条8項）。この期間は待機期間または禁止期間と呼ばれる。したがって，合併を実施する場合には，遅くとも30日前までに事前届出を行っておく必要がある。

　かかる待機期間は，①一定の取引分野における競争を実質的に制限することとはならないことが明らかな場合であり，かつ，②禁止期間を短縮することについて届出会社が書面により申し出た場合には短縮することが可能である（独禁15条3項，10条8項但書）。実務上，この期間短縮の申出は積極的に利用されているようであり，期間短縮の申出書は事前届出書と同時に提出されることが多い。

6　届出義務違反に対する罰則等

　届出対象となる合併に関し，届出をしなかった場合，または虚偽の記載をした届出書を提出した場合，200万円以下の罰金が科される（独禁91条の2第5

号・6号)。

また，公正取引委員会は，届出義務に違反した合併，30日間の禁止期間内に実行された合併に対し，合併無効の訴えを提起することができるものとされている（独禁18条1項)。

第3節　企業結合審査の手続

1　届出前相談

合併の事前届出を予定している会社は，公正取引委員会に対して届出前相談を行うことができる（公正取引委員会の「企業結合審査の手続に関する対応方針」(以下「対応方針」という）2)。

届出前相談の内容は，①届出書の記載内容に不備がないかの確認と，②公正取引委員会の企業結合審査における見解の確認に大別される。

事前届出書に記載上の欠落や添付書類の不備がある場合には事前届出書の受理がなされず，予定していた合併のスケジュールに変更をもたらす可能性もあることから，上記①の内容の届出前相談は，実務上多く行われている。他方，上記②の内容の届出前相談は，あくまで公正取引委員会が正式な手続に基づいて示す判断ではない点には留意が必要であるが（対応方針2)，当事会社間で競合する商品が高度に専門的で，かつ多岐にわたるため，一定の取引分野の画定に困難が生じるような案件や，独占禁止法上の問題を惹起させる可能性のある案件（高い市場シェアを占める会社同士の合併等）の場合に行われる。

2　届出の受理

公正取引委員会に対して届出を提出し，公正取引委員会がこれを受理すると，届出受理書が交付される（独禁届出規則7条)。

3　第1次審査

　公正取引委員会から届出会社に対して届出受理書が交付されると，30日間の第1次審査が開始する。第1次審査において，公正取引委員会が当該合併について独占禁止法15条1項に係る問題がないと判断した場合，排除措置命令を行わない旨の通知が届出会社に交付されることになる（独禁届出規則9条）。企業結合審査の対象となるほとんどの事案は，この第1次審査で終了する。

　なお，第1次審査において，当該合併に関し，独占禁止法15条1項に係る問題があると判断される場合，公正取引委員会は排除措置命令を行うことも可能であるが（独禁17条の2，15条3項，10条9項），実務上は，後述する第2次審査に進むことが一般的である。

4　第2次審査

(1)　報告等の要請

　公正取引委員会が，当該事案に関し，第2次審査に進めるべきと判断した場合，第1次審査中に届出会社に対して報告，情報または資料の提出（以下「報告等」という）の要請が行われる（独禁15条3項，10条9項）。報告等を求める趣旨は報告等要請書に記載され，これは届出会社に交付される（独禁届出規則8条1項）。

　かかる要請が行われた場合，公正取引委員会が予定される排除措置命令の内容等に係る意見聴取の通知（独禁49条，50条）を行うことができる期間が，①届出受理日から120日を経過した日と，②すべての報告等を受理した日から90日を経過した日のいずれか遅いほうの日までに延長されるが（独禁15条3項，10条9項），実務上は，②の期間まで延長されることが一般的であろう。なお，公正取引委員会が届出会社から報告等の要請に対するすべての報告等を受理した場合には，報告等受理書が交付される（独禁届出規則8条2項）。

　また，公正取引委員会がかかる要請を行う場合，その旨が公正取引委員会のウェブサイト上で公表されることになる。

(2) 第三者からの意見の聴取

公正取引委員会は，上記(1)の要請を行ったことの公表と同時に第三者からの意見を募集することになる。かかる募集の期間は公表後30日以内である（対応方針6(2)）。

(3) 第2次審査の結果

第2次審査の結果はすべて，公正取引委員会のウェブサイトにおいて公表される。公正取引委員会は第2次審査を経て，(i)排除措置命令を行わない旨の通知を届出会社に交付するか，(ii)当事会社に対して予定される排除措置命令の内容等に係る意見聴取の通知（独禁49条，50条）を行うかを判断することになる。

上記(i)は，第1次審査における通知と異なり，独占禁止法上の問題がない理由が書面により説明される（対応方針6(3)ア）。(ii)の場合の手続については❻で後述する。

5　問題解消措置の申出

公正取引委員会による企業結合審査の過程で，当該合併に関して問題があるものと判断され得る場合，当事会社において，排除措置命令を回避するため，問題解消措置の申出が行われることがある。

第1次審査および第2次審査を通じた企業結合審査において，届出会社は公正取引委員会に対して論点等についての説明を求めることができ，また，届出会社から意見書や資料を提出することができるところ（対応方針4），問題解消措置はこのような機会の中で，公正取引委員会から問題点の指摘を受け，当事会社がこれに対して問題解消措置の提案を行うというケースが多い。

公正取引委員会が当事会社の問題解消措置によって，独占禁止法上の問題が解消されると判断する場合，当事会社は正式に問題解消措置を提案することとなる。具体的には，届出書中の「合併に関する計画として採ることとする措置の内容及びその期限」について，追記を行う旨の変更報告書を提出するという方法が採られることが多い（独禁届出規則7条3項）。

なお，問題解消措置に関する基本的考え方および類型については，企業結合ガイドライン第6を参照されたい。

6 排除措置命令

公正取引委員会が排除措置命令を行う場合には，当事会社に対して，予定される排除措置命令の内容等に係る意見聴取の通知を書面により行う必要がある（独禁15条3項，10条9項，49条，50条1項）。

平成25年改正独占禁止法においては，公正取引委員会が行う審判制度が廃止され，これに伴い，従前は審決において示されていた公正取引委員会の最終的な判断が排除措置命令において示されることとなるため，排除措置命令に係る処分前手続の充実が図られている。これらの処分前手続を経て，公正取引委員会は排除措置命令を行うことができる（独禁17条の2第1項）。

7 緊急停止命令

裁判所は，緊急の必要があると認めるときは，公正取引委員会の申立てにより，独占禁止法に違反する疑いのある行為をしている者に対して，当該行為，議決権の行使もしくは会社の役員の業務の執行を一時停止すべきことを命じ，またはその命令を取り消し，もしくは変更することができる（独禁70条の4第1項）。

たとえば，ある合併に関して，企業結合審査が第2次審査まで進められているにもかかわらず，届出受理日から30日を経過し，禁止期間が経過したことにより合併を強行しようとする場合には，上記の緊急停止命令が申し立てられる可能性がある。

8 合併後の手続

企業結合審査が終了し，当該合併に関して独占禁止法上の問題がないと判断された合併については，合併の実行後，完了報告書を公正取引委員会に提出することになる（独禁届出規則7条5項）。

第4節　企業結合ガイドライン

　公正取引委員会は，企業結合における審査内容の予測可能性を高めるため，企業結合ガイドライン（「企業結合審査に関する独占禁止法の運用指針」）を公表している。

1　企業結合審査の対象

　企業結合審査を開始するには，まず，ある合併が企業結合審査の対象となるか否かを判断することになる。

　合併が行われると，複数の会社が1つの法人として一体となることから，当事会社間で最も強固な結合関係が形成されることとなる。そのため，株式保有や役員兼任の場合では一定の結合関係がありながら，競争への影響をみる上では，結合関係がさほど強くないことから問題ないとされる場合でも，合併により結合関係が強まり，問題とされる場合もあり得る（企業結合ガイドライン第1の3(1)）。

　もっとも，①専ら組織変更の目的で行う合併については，通常，企業結合審査の対象とならず，また，②合併の当事会社が同一の企業結合集団に属する場合における合併についても原則として企業結合審査の対象とはならない場合が多い（ただし，当事会社の属する企業結合集団に属する会社等以外の他の株主と結合関係が形成・強化される場合には，その結合関係が企業結合審査の対象となる）とされている（企業結合ガイドライン第1の3(3)）。

2　一定の取引分野の画定

　審査対象に関する判断を経た後は，一定の取引分野の画定が行われる。一定の取引分野とは，企業結合により競争が制限されることとなるか否かを判断するための範囲を示すものである（企業結合ガイドライン第2の1）。これは端的

に言えば「市場」のことであり，例を挙げると，A製品を製造する甲社とB製品を製造する乙社とが合併を検討する場合，A製品とB製品とがそれぞれ個別の市場であるのか，あるいはA製品およびB製品が同一の市場に属することになるのかといった形で議論される。

　一定の取引の対象となる商品・役務の範囲や取引の地理的範囲等は，基本的には，需要者にとっての代替性という観点から判断されることになる（企業結合ガイドライン第2の1）。

　そして，需要者からみた代替性を検討するに当たっては，「ある地域において，ある事業者が，ある商品を独占して供給しているという仮定の下で，当該独占事業者が，利潤最大化を図る目的で，小幅ではあるが，実質的かつ一時的ではない価格引上げをした場合に，当該商品及び地域について，需要者が当該商品の購入を他の商品又は地域に振り替える程度を考慮する」と説明されている（企業結合ガイドライン第2の1）。「小幅ではあるが，実質的かつ一時的ではない価格引上げ」とは，通常，価格として5％から10％程度，期間として1年程度のものを指すとされているが，この数値はあくまで目安であり，個々の事案ごとに検討されるものとされる（企業結合ガイドライン第2の1）。なお，上記の考え方は，「小幅ではあるが，実質的かつ一時的ではない価格引上げ(Small but Significant and Non-transitory Increase in Price)」の略称から「SSNIP（スニップ）基準」と呼ばれる。

3　競争を実質的に制限することとなる場合

(1)　意　義

　競争を実質的に制限することとなる場合については，「競争を実質的に制限する」と，「こととなる」に分けて検討される。

　まず，「競争を実質的に制限する」とは，「競争自体が減少して，特定の事業者又は事業者集団がその意思で，ある程度自由に，価格，品質，数量，その他各般の条件を左右することによって，市場を支配することができる状態をもたらすこと」をいう（東京高判昭28・12・7判時19号11頁。企業結合ガイドライン第

3の1(1)イ)。

　また,「こととなる」とは,「企業結合により,競争の実質的制限が必然ではないが容易に現出し得る状況がもたらされることで足りるとする蓋然性を意味するものである」と説明される（企業結合ガイドライン第3の1(2))。

　この点に関し,企業結合ガイドラインは,企業結合を,水平型企業結合,垂直型企業結合および混合型企業結合に類型化した上で,具体的な基準を示している（また,それぞれの類型について単独行動および協調的行動による競争の実質的制限に関する説明がなされているが,これについては企業結合ガイドラインを参照されたい)。

(2) 水平型企業結合

　水平型企業結合とは,同一の一定の取引分野において競争関係にある会社間の企業結合であり,たとえば,合併の当事会社が類似商品のメーカー同士である場合などである。水平型企業結合は,一定の取引分野における競争単位の数を減少させるので,競争に与える影響が最も直接的であり,他の類型に比して,一定の取引分野における競争を実質的に制限することとなる可能性が高いとされている（企業結合ガイドライン第3の2)。

　水平型企業結合が一定の取引分野における競争を実質的に制限することとなるか否かについては,個々の事案ごとに各判断要素（企業結合ガイドライン第4の2・3）を総合的に勘案して判断されることになる。

(3) 垂直型企業結合・混合型企業結合

　垂直型企業結合とは,メーカーとその商品の販売業者との間の合併など取引段階を異にする会社間の企業結合であり,混同型企業結合とは,たとえば,異業種に属する会社間の合併,一定の取引分野の地理的範囲を異にする会社間の株式保有など水平型企業結合または垂直型企業結合のいずれにも該当しない企業結合である。

　これらは,一定の取引分野における競争単位の数を減少させないので,水平

型企業結合に比べて競争に与える影響は大きくなく,一定の場合を除き,通常,一定の取引分野における競争を実質的に制限することとなるとは考えられないとされている(企業結合ガイドライン第3の2)。

垂直型企業結合および混合型企業結合による競争の実質的制限にかかる考え方および考慮要素については,企業結合ガイドライン第5を参照されたい。

(4) セーフハーバー基準

企業結合ガイドラインは,企業結合に関して,「一定の取引分野における競争を実質的に制限することとなるとは通常考えられない」基準を定めており,このような基準をセーフハーバー基準という(企業結合ガイドライン第4の1(3)参照)。セーフハーバー基準に該当することが判明した場合,公正取引委員会は,判明した時点で,当該事案に関する審査を終了することが通例とされている(田辺=深町112頁)。

セーフハーバー基準においては,ハーフィンダール・ハーシュマン指数(HHI)とその増分,市場シェアによる基準が採用されていることから,まず,これらの意義を明らかにした上で,各類型におけるセーフハーバー基準を説明する。

また,セーフハーバー基準とは別に,「競争を実質的に制限することとなるおそれは小さいと通常考えられる」基準も設けられている。

(a) ハーフィンダール・ハーシュマン指数(HHI)

ハーフィンダール・ハーシュマン指数(HHI)とは,当該一定の取引分野における各事業者の市場シェアの2乗の総和によって算出される(企業結合ガイドライン第4の1(3))。ある一定の取引分野において,たとえば,①3社の市場シェアが60%,30%,10%である場合,$60^2+30^2+10^2=3,600+900+100=4,600$になり,②10社が10%ずつの市場シェアを有している場合は,$10^2\times10=1,000$,③1社独占(100%)である場合は$100^2=10,000$になる。

また,HHIの増分は,当事会社が2社の場合,$(A+B)^2-(A^2+B^2)=2AB$であることから,当事会社の市場シェアを乗じたものの2倍により計算できる

(田辺＝深町113頁)。

(b) 市場シェア

　市場シェアは，HHIの算出に際して必要になるとともに，それ自体でセーフハーバー基準の一部を構成することもある。そして，市場シェアは，製造販売業の場合，一定の取引分野における商品の「販売数量」に占める各事業者の商品の販売数量シェアによることを原則としつつ，販売金額シェアによることが適切な場合はこれによる（企業結合ガイドライン第4の1(3)（注4））。

(c) 水平型企業結合の場合

　水平型企業結合のセーフハーバー基準は以下のとおりである（企業結合ガイドライン第4の1(3)）。

> ① 企業結合後のHHIが1,500以下である場合
> ② 企業結合後のHHIが1,500超2,500以下であって，かつ，HHIの増分が250以下である場合
> ③ 企業結合後のHHIが2,500を超え，かつ，HHIの増分が150以下である場合

　たとえば，合併後の市場シェアが1位25％，2位15％，3位10％，4位以下が各5％（10社）である場合，HHIは，$25^2+15^2+10^2+(5^2\times10)=1,200$となり，基準①に該当する。

　また，合併前の市場シェアが1位30％，2位25％，3位20％，4位15％，5位・6位が各5％であって，4位と5位が合併する場合，合併前のHHIは$30^2+25^2+20^2+15^2+5^2+5^2=2,200$であるが，HHIの増分は$15\times5\times2=150$であるから，基準②に該当することになる。

(d) 垂直型企業結合・混合型企業結合の場合

　垂直型企業結合および混合型企業結合のセーフハーバー基準は以下のとおりである（企業結合ガイドライン第5の1(3)）。水平型企業結合と異なり，HHIの増分が用いられていないのは，垂直型企業結合および混合型企業結合の場合は，当事会社が競争関係にないことから，HHIの増分がゼロになるからである（田辺＝深町202頁）。

> ① 当事会社が関係するすべての一定の取引分野において，企業結合後の当事会社グループの市場シェアが10％以下である場合
> ② 当事会社が関係するすべての一定の取引分野において，企業結合後のHHIが2,500以下の場合であって，企業結合後の当事会社グループの市場シェアが25％以下である場合

(e) 競争を実質的に制限することとなるおそれが小さい場合

　前述のとおり，水平型企業結合，垂直型企業結合および混合型企業結合のいずれにおいても，セーフハーバー基準とは別に，「企業結合後のHHIが2,500以下であり，かつ，企業結合後の当事会社グループの市場シェアが35％以下の場合には，競争を実質的に制限することとなるおそれは小さいと通常考えられる」とされている（企業結合ガイドライン第4の1(3)，第5の1(3)）。

　これはセーフハーバー基準ではないため，外形的な基準によって判断することはできず，個々の事案ごとに各判断要素が検討され，通常の審査が行われることとされている（田辺＝深町116頁）。

第5節　ガン・ジャンピング

　独占禁止法上，価格カルテル等は不当な取引制限として厳格に規制されているところ，特に水平型の企業結合の過程において，当事会社が，企業結合に関する公正取引委員会による企業結合審査を経る前に，カルテルに結びつく可能性のあるセンシティブ情報を交換することに違法性がないのかが問題となる。これが，いわゆるガン・ジャンピングの問題である。

　合併の検討の過程において，たとえ，デュー・ディリジェンスの必要性があったとしても，ガン・ジャンピングの問題が発生し得る場合には，情報の交換は必要最小限に留めるという工夫が求められる。

　実務上の対応としては，個々の製品に関する価格やコスト等の具体的なデータが推測できないような情報のみを交換するといった情報のスクリーニング，

その情報を検討するクリーン・チームの組成（法務部門等の営業そのものに関与していないメンバーにより構成される），センシティブ情報については弁護士等の外部専門家のみが検討するといった体制の構築，適法な範囲での情報交換のみを行っていることを示すエビデンスの作成等を実施する必要がある。

第6節　外国競争法

　日本の会社同士の合併が日本の独占禁止法の対象となり得るのはもちろんのこと，外国の競争法の規制対象となることもある。特に，当事会社やその子会社・関連会社が外国に資産を有している場合や，外国での売上げがある場合（外国子会社等が日本国外における売上げを有する場合や，当該国に向けた輸出による売上げがある場合等）には注意が必要である。

　合併が外国の競争法における企業結合規制の対象となった場合，当該国の競争当局への届出や折衝等が必要になり得るのみならず，届出に伴う待機期間や相当額の届出手数料の負担が伴う場合も少なくない。

　いうまでもなく競争法の規制内容は国ごとに異なるので，その調査・対応には当該国の法律事務所を通じた対応が必要である。とはいえ，その前段階として，とりあえずの情報を集める際に有益な情報源としては，以下のようなものがある（なお，情報のアップデートがされていない場合があるので，その点は留意が必要である。また，宮川裕光「海外競争法の学び方と読むべき文献」公正取引786号22頁参照）。

公正取引委員会ウェブサイト
http://www.jftc.go.jp/kokusai/worldcom/kakkoku/index.html
経済産業省「新興国等における競争当局の執行状況に関する調査報告書」（2017年4月）
http://www.meti.go.jp/press/2017/04/20170410001/20170410001.html

第7章

労働関係法

第1節　合併による労働契約の承継

　合併により，消滅会社の権利義務のすべてが存続会社に包括承継される（会750条1項，754条1項）。したがって，消滅会社と従業員との労働契約は，従業員の同意を要せず，存続会社にそのまま承継される。

　全部の包括承継であるから，一部の従業員を承継しないということはできない。

　なお，合併の場合は，会社分割と異なり，労働契約の承継につき特別な手続は必要ない。

第2節　労働条件の統一

　上記のとおり，消滅会社の雇用関係はそのまま存続会社に承継されることから，存続会社においては，存続会社の既存の労働者との雇用関係と，消滅会社から承継した労働者との雇用関係が併存することになる。

　そこで，合併後の労働条件を統一するための手続を行うことになるが，労働契約法等においては，合併の場合の特則を設けていないことから，労働契約法等に定められた一般的な手続を行うことが必要である。労働条件を統一するにあたっては，労働条件の不利益変更を伴うことも多い。

労働者との労働条件は，一般的には，労働契約および就業規則で定められており，また，労働協約において一部の労働条件が定められている場合があるから，これらの変更が問題となる。

1　労働契約の変更

労働契約に定められた労働条件の変更は，労働者と使用者の合意によることが原則である（労契8条）。なお，一定の要件を満たす場合に，就業規則の変更によって労働条件を変更することができるが（労契10条本文），労働契約において，労働者および使用者が就業規則の変更によっては変更されない労働条件として合意していた部分については，就業規則の変更によって変更することはできない（労契10条但書）。

2　労働協約の変更

労働協約は，労働組合と使用者との合意（労組14条）であり，就業規則に優先する（労契13条，労基92条）。そして，労働協約に定める「労働条件その他の労働者の待遇に関する基準」に違反する労働契約の部分は，無効となる（労組16条）。このような労働協約中の「労働条件その他の労働者の待遇に関する基準」が個々の労働契約を直接規律する効力を「規範的効力」という。

労働協約の規範的効力が及ぶ人的範囲は，原則として，労働協約の当事者である労働組合の組合員である。ただし，一の工場事業場に常時使用される同種の労働者の4分の3以上の数の労働者が一の労働協約の適用を受けるに至ったときは，当該工場事業場に使用される他の同種の労働者に関しても，当該労働協約が適用される（労組17条。なお，労組18条参照）。

労働協約を変更するためには，労働組合との合意が必要になる。労働協約による労働条件の不利益変更については，そのプロセス等の合理性があれば，規範的効力が肯定されるとの見解が一般的であり，最高裁判例においても，労働協約の締結に至る経緯，会社の経営状態，労働協約に定められた基準の全体としての合理性に照らせば，当該労働協約が特定のまたは一部の組合員をことさ

ら不利益に取り扱うことを目的として締結されたなど労働組合の目的を逸脱して締結されたものとはいえないとして，その規範的効力を肯定した例がある（最判平9・3・27判時1607号131頁）。もっとも，中根製作所事件（東京高判平12・7・26労判789号6頁）は，労働条件の不利益変更を伴う労働協約の締結について，組合大会付議事項であったにもかかわらず，その決議を経なかった事例において，その規範的効力を否定した。したがって，使用者（企業）においても，労働組合側のプロセスを十分に確認することが必要である。

なお，労働協約に期間の定めがない場合は，90日前までに，当事者の一方が署名または記名押印した文書によって相手方に予告することにより，解約することができる（労組15条3項・4項）。これに対し，労働協約に期間の定め（最大3年）がある場合（労組15条1項・2項）は，その期間内は解約できない。

3　就業規則の変更

(1)　就業規則の効力等

就業規則は，企業の従業員に対して，統一的に適用されるものであり，労働者に周知することによって効力が生じる（労契7条）。

また，就業規則には，労働条件の最低基準を定めるという効力があるため，就業規則に定められた労働条件は，個々の労働者との合意によって引き下げることはできず，就業規則自体の変更（または労働協約の締結）が必要となる（労契12条）。なお，就業規則の変更には，労働基準法89条および90条に定める手続を要する（労契11条）。

(2)　就業規則の不利益変更

就業規則の変更による労働条件の不利益変更については，原則として労働者との合意が必要である（労契9条）。この点について，労働者の同意があったか否かの判断基準につき，労働者が使用者の指揮命令に服すること，労働者の情報収集能力に限界があることに照らし，「就業規則に定められた賃金や退職金に関する労働条件の変更に対する労働者の同意の有無については，当該変更

を受け入れる旨の労働者の行為の有無だけでなく，当該変更により労働者にもたらされる不利益の内容及び程度，労働者により当該行為がされるに至った経緯及びその態様，当該行為に先立つ労働者への情報提供又は説明の内容等に照らして，当該行為が労働者の自由な意思に基づいてされたものと認めるに足りる合理的な理由が客観的に存在するか否かという観点からも，判断されるべきものと解するのが相当である」とされている（山梨県民信用組合事件・最判平28・2・19民集70巻2号123頁）。したがって，労働者から同意を得る場合には，同意書の取得のほか，変更事項をわかりやすく記載した説明書等を交付しておくことが重要であろう。

　また，労働契約法は，労働者の同意がない場合であっても，「変更後の就業規則を労働者に周知させ，かつ，就業規則の変更が，労働者の受ける不利益の程度，労働条件の変更の必要性，変更後の就業規則の内容の相当性，労働組合等との交渉の状況その他の就業規則の変更に係る事情に照らして合理的なものであるときは，労働契約の内容である労働条件は，当該変更後の就業規則に定めるところによるものとする」と定めている（労契10条）。すなわち，変更後の就業規則の周知と，変更の合理性が必要である。このような定めは，判例における不利益変更の法理を明確化したものとされている。

　就業規則の不利益変更に関するリーディングケースは，秋北バス事件（最判昭43・12・25民集22巻13号3459頁）とされているが，合併に伴う労働条件の統一が問題になった事例としては，大曲市農協事件（最判昭63・2・16民集42巻2号60頁）がある。かかる事件において，最高裁は，「新たな就業規則の作成又は変更によって，既得の権利を奪い，労働者に不利益な労働条件を一方的に課すことは，原則として，許されないと解すべきであるが，労働条件の集合的処理，特にその統一的かつ画一的な決定を建前とする就業規則の性質からいって，当該規則条項が合理的なものであるかぎり，個々の労働者において，これに同意しないことを理由として，その適用を拒否することは許されない」として秋北バス事件を引用しつつ，当該事案について，就業規則の変更によって労働者が被った実質的な不利益は決して大きくない一方，「一般に，従業員の労働条

件が異なる複数の農協，会社等が合併した場合に，労働条件の統一的画一的処理の要請から，旧組織から引き継いだ従業員相互間の格差を是正し，単一の就業規則を作成，適用しなければならない必要性が高いことはいうまでもない」ところ，労働条件の格差是正措置に関する折衝の経緯，格差を放置した場合の支障等に照らして，その変更には合理性があるとして，就業規則の不利益変更を認めた。合併に伴う労働条件統一の必要性を1つの事情として合理性が認められているが，それに加えて，労働者の受ける不利益の程度や変更内容の相当性等も勘案して，合理性の有無が判断されることに注意すべきである。

なお，就業規則の不利益変更に際しては，上記のとおり合理性が要求されるところ，労働者が被る不利益を緩和するための代償措置が設けられることも多い。

第3節　人員整理

合併による管理コスト等の削減のため，合併後に従業員の配置転換・転勤，整理解雇等を行うことが考えられる。

配置転換や転勤等の人事異動は，原則として使用者の命令によって行うことができるが，かかる命令権を濫用することはできず，「業務上の必要性が存しない場合」，「業務上の必要性が存する場合であっても，他の不当な動機・目的をもってなされたものであるとき」または「労働者に対し通常甘受すべき程度を著しく超える不利益を負わせるものであるとき」など，特段の事情の存する場合は権利濫用になる（東亜ペイント事件・最判昭61・7・14労判477号6頁）ことに留意が必要である。

また，整理解雇を行う場合は，いわゆる整理解雇の4要件（①人員整理の必要性，②解雇回避の努力，③整理対象者選定の合理性，④整理手続の妥当性）を満たす必要がある。

第4節　企業年金

　合併当事会社の一方または双方が企業年金を実施している場合，その統廃合等の手続が必要になる。

　企業年金の代表的な制度としては，就業規則に基づく自社年金（内部留保型）のほか，厚生年金基金，確定給付企業年金，確定拠出企業年金等がある。

　このうち，厚生年金基金は，「公的年金制度の健全性及び信頼性の確保のための厚生年金保険法等の一部を改正する法律」（平成25年法律第63号）により，平成26年4月1日以降の新規設立は認められず，既存の厚生年金基金（存続厚生年金基金）についても解散または他の制度への移行に誘導されることとなった。そこで，本書では，確定給付企業年金と確定拠出企業年金を中心に解説することとする。

　確定給付企業年金は，確定給付企業年金法に基づく年金であり，規約型（確定給付3条1項1号）と基金型（同項2号）がある（以下，規約型を「規約型DB」，基金型を「基金型DB」といい，規約型DBと基金型DBを総称して「DB」という）。あらかじめ加入者が将来受け取る年金給付の算定方法が決まっている制度である。

　また，確定拠出年金は，確定拠出年金法に基づく規約型の年金である（以下「DC」という）。将来の給付額は約束されておらず，また，年金資産が個人別に区分される。

1　企業年金の統廃合等を検討するための前提事項

(1)　合併による消滅会社の企業年金の帰趨
(a)　DB

　規約型DBは，事業主の全部が合併により消滅したときは，その規約が効力を失い（確定給付86条2号），終了するとされている（確定給付83条1項2号）。この場合，30日以内に，その旨を厚生労働大臣に届け出なければならない（確

定給付86条)。もっとも，存続会社が消滅会社の事業主の地位を承継することができ（承継日から20日以内に，その旨を厚生労働大臣に届け出なければならない。確定給付令65条），かかる地位承継を行った場合は，当該規約型DBは終了しない。なお，規約型DBを複数の事業主で共同実施していた場合は，その事業主の一部が合併により消滅したとしても，当該年金は終了しない。

これに対して，基金型DBの場合，事業主が合併により消滅した場合も，基金の解散事由とはされておらず（確定給付83条2項参照），基金型DBは存続する。

(b) DC

DCにおいては，規約型DBと同様，事業主の全部が合併により消滅したときは，その規約が効力を失い（確定拠出47条2号），終了するとされており（確定拠出45条2号），30日以内に，その旨を厚生労働大臣に届け出なければならない（確定拠出47条）。しかし，規約型DBと異なり，地位承継の例外は定められていない。

(2) 複数制度の併存の可否

企業年金制度は，いずれも事業所単位で設計されている。

DBにおいては，原則として，1つの事業所において1つの制度のみ実施できる（確定給付3条2項）が，法人である事業主が他の法人である事業主と合併した場合であって，当該合併の日から起算して原則として1年を経過していない場合には，複数の制度を併存させることができる（確定給付3条2項但書，確定給付令1条，確定給付規則1条2号）。この場合，合併後1年以内に統合等を検討することとなる。

これに対して，DCにおいては，複数制度の併存を禁止する規定は設けられていない。なお，厚生労働省の「確定拠出年金Q＆A」71-32において，「企業型年金加入者掛金の拠出を可能としている企業Aと，企業型年金と個人型年金の同時加入を可能としている企業Bが合併し，企業Cとなる場合，合併後の企業型年金はどちらかの制度に合わせなければならないのか。」との質問に対し，「左記の例による企業合併の場合，合併後の企業Cにおいて，必ずしも規約を

1つにする必要はない。ただし，その場合は，各規約に該当する加入者を明確に区分しておく必要がある。」との回答がなされている。

(3) 統廃合のパターン

　DBとDCに限定した場合でも，存続会社と消滅会社のそれぞれにおいて，規約型DB，基金型DB，DCおよび企業年金の実施なしの各4パターンがあることから，合計16パターンあることになる（ただし，存続会社と消滅会社のいずれもが企業年金を実施していない場合は，企業年金の問題は生じない）。

　これらの場合に合併当事会社がとることができる手段について，唯一の正解があるわけではなく，合併後の企業年金がどうあるべきかを検討し，厚生労働省等とも協議の上，あるべき企業年金に向けた手続を行うことになる。

　以下では，同一制度内の統廃合等（後記2）および他制度への移行（後記3）について述べた上で，規約の変更（後記4）および企業年金の終了（後記5）について述べることとする。

2　企業年金の同一制度内の統廃合等

　同一制度内で統廃合等を行う場合，典型的には，以下のような手続を行うことになる（(1)(a)について，りそな企業年金研究所「規約型確定給付企業年金制度における会社合併時の行政対応」「同第2回」「同第3回」（りそな銀行のウェブサイト），明治安田生命「企業年金豆知識」Vol.137（明治安田生命のウェブサイト）参照。また，(1)および(3)について，日本労働組合総連合会＝NPO法人金融・年金問題教育普及ネットワーク共編『労働組合のための退職金・企業年金ハンドブック〔2017年版〕』106頁～109頁参照）。

　なお，統合等の行政手続には相当の時間を要することから，時間的な余裕をもって対応することが必要である。

(1) 規約型DBの場合

ⓐ 存続会社と消滅会社の双方が規約型DBを実施している場合

この場合，存続会社と消滅会社の規約型DBを統合するかどうかで手続が異なる。

① 制度を統合する場合

消滅会社が規約型DBを単独で実施していた場合において，存続会社と消滅会社の規約型DBを統合するためには，統合手続（確定給付74条）を行うこととなる。すなわち，事業所ごとに，実施事業所に使用される被保険者の過半数で組織する労働組合があるときは当該労働組合，当該厚生年金保険の被保険者の過半数で組織する労働組合がないときは当該厚生年金保険の被保険者の過半数を代表する者の同意を得た上で（確定給付74条2項・3項），厚生労働大臣の承認を受けなければならない（同条1項）。この場合，既存の規約は効力を失い（同条5項），新たな規約型DBが発足する。

これに対し，消滅会社が規約型DBを共同で実施していた場合は，消滅会社に帰属する部分の権利義務を，存続会社の規約型DBに移転するため，権利義務の移転手続（確定給付79条）を行うことになる。具体的には，消滅会社（移転事業主等）および存続会社（承継事業主等）の双方が，上記確定給付企業年金法74条2項・3項の手続を経た上で（確定給付79条4項），厚生労働大臣の承認を得て，権利義務を承継することになる（同条1項・2項）。ただし，厚生労働大臣の承認に代えて，加入者等の同意を得る方法によることもできる（同条1項但書・2項）。

なお，権利義務の移転・承継を行う場合，存続会社・消滅会社のDBの規約にこれを可能とする旨が規定されている必要がある。

② 制度を統合しない場合

制度を統合しない場合，消滅会社が規約型DBを単独で実施していた場合であれば，前述のとおり，消滅会社の規約型DBは終了するのが原則である（確定給付83条1項2号，86条2号）が，存続会社が消滅会社の規約型DBの事業主たる地位を承継する手続をとることもできる（確定給付令65条）。なお，複数制

度の併存については，前記1(2)を参照されたい。また，消滅会社の規約型DBを終了させて，加入者に積立金を分配した上，存続会社の規約型DBに追加加入させることも可能である。

　消滅会社が規約型DBを共同で実施していた場合は，消滅会社に帰属する部分とそれ以外とに分割して，消滅会社に帰属する部分を存続会社に引き継ぐために，規約型DBの分割手続（確定給付75条）が必要になる。この場合，確定給付企業年金法74条2項・3項の手続を経た上で（確定給付75条3項），厚生労働大臣の承認を得ることが必要である（確定給付75条1項）。

(b)　存続会社のみが規約型DBを実施している場合

　この場合は，消滅会社の従業員を，存続会社が実施している規約型DBに追加加入させる手続をとることが一般的である。

(c)　消滅会社のみが規約型DBを実施している場合

　この場合は，消滅会社の規約型DBを終了させるか（確定給付83条1項2号，86条2号），存続会社が消滅会社の規約型DBの事業主たる地位を承継した上で（確定給付令65条），存続会社の従業員を追加加入させることになる。

(2)　**基金型DBの場合**

　基金型DBにおいても，おおむね規約型DBと同じであり，基金の合併（確定給付76条），権利義務の移転（確定給付79条），分割（確定給付77条），存続会社の基金型DBへの新規加入等を行うことになる。

　もっとも，規約型DBと異なり，消滅会社の基金型DBは合併によって終了しない。

(3)　**DCの場合**

(a)　存続会社と消滅会社の双方がDCを実施している場合

　存続会社と消滅会社の双方がDCを実施している場合，存続会社のDCは存続するが，消滅会社のDCは消滅する（確定拠出45条2号，47条2号）。消滅会社の従業員は，消滅会社のDCの年金資産を現金化して，存続会社のDCへの新規加

入時に移管することとなる。

(b) **存続会社のみがDCを実施している場合**

この場合は，消滅会社の従業員が，存続会社のDCへ新規加入することになろう。

(c) **消滅会社のみがDCを実施している場合**

この場合，消滅会社のDCは終了し，消滅会社のDCの加入者は個人型確定拠出年金に移換するのが原則的な取扱いであるものの，当局の了解を得て，将来的なDC加入を前提として，存続会社が暫定的に消滅会社のDCを引き継ぐことも可能とされている（前掲・日本労働組合総連合会ほか共編108頁）。

3 他制度への移行

存続会社と消滅会社で年金制度が異なっている場合は，他制度への移行も含めて検討することになる。

(1) 基金型DBから規約型DBへの移行

基金型DBは，その実施事業所の事業主の全部が規約型DBを実施しているときまたは実施することとなるときは，代議員会における代議員の定数の4分の3以上の多数による議決を経た上，厚生労働大臣の認可を受けて，規約型DBの事業主に対し，基金型DBの加入者等に係る給付の支給に関する権利義務の移転を申し出ることができる（確定給付81条1項）。

上記申出を受けた規約型DBの事業主は，確定給付企業年金法74条2項・3項の手続を経た上で厚生労働大臣の承認を受けて，基金型DBの権利義務を承継することができる（同条2項）。

この場合，当該承認があった時に基金型DBの解散の認可があったものとみなされ（同条3項），基金型DBから規約型DBの資産管理運用機関に積立金および残余財産が移換される（同条4項）。

(2) 規約型DBから基金型DBへの移行

規約型DBの事業主は，事業主の全部が基金を設立しているときまたは設立することとなるときは，確定給付企業年金法74条2項・3項の手続を経た上で厚生労働大臣の承認を受けて，基金に対し，当該規約型DBの加入者等に係る給付の支給に関する権利義務の移転を申し出ることができる（確定給付80条1項）。

申出を受けた基金は，代議員会における代議員の定数の4分の3以上の多数による議決を経た上，厚生労働大臣の認可を受けて，同項の権利義務を承継することができる（同条2項）。

この場合，当該規約型DBは，前項の認可があった時に終了の承認があったものとみなされ（同条3項），当該規約型DBの資産管理運用機関から当該基金に積立金を移換する（同条4項）。

(3) DCからDBへの移行

現行法上，DCからDBへの移行は認められていない。しかし，平成28年6月3日に公布された「確定拠出年金法等の一部を改正する法律」（平成28年法律第66号）により，DCの加入者であった者は，DBの加入者の資格を取得した場合であって，当該DBの規約において，あらかじめ，当該DCの資産管理機関からその個人別管理資産の移換を受けることができる旨が定められているときは，DBへの移換を申し出ることができるものと改正される（改正後の確定拠出年金法54条の4。なお，74条の4）。かかる改正は公布日から起算して2年を超えない範囲内において政令で定める日から施行される予定である。

(4) DBからDCへの移行

企業型DCの資産管理機関は，実施事業所において実施されるDBに係る資産の全部または一部の移換を受けることができる（確定拠出54条1項，確定拠出令22条）。

4　規約の変更

　制度の統合等を行うに際し，存続会社と消滅会社で実施している各制度の規約変更が必要になることがある。

　規約を変更する場合は，各法令に従った手続を行う必要があるところ，おおむね，過半数労働組合等の同意を得て，厚生労働大臣の承認または認可を受けることである（規約型DBについて確定給付6条，基金型DBについて確定給付16条，DCについて確定拠出5条）。

　また，DBの場合は，存続会社と消滅会社の給付水準を統一するために，給付の減額を行う必要が生じる可能性がある。規約型DBの給付の減額については，より厳格な規制がなされており，規約型DBを統合する場合または権利義務の承継がなされる場合であって，給付の額を減額することにつきやむを得ない事由があること等が要求され（確定給付令4条2号，確定給付規則5条3号），かつ，加入者の3分の1以上で組織する労働組合があるときは当該労働組合の同意および加入者の3分の2以上の同意（ただし，加入者の3分の2以上で組織する労働組合があるときは，当該労働組合の同意をもって，これに代えることができる）を得，また，給付額の減額について受給権者等の3分の2以上の同意を得る等の手続が必要である（確定給付令4条2号，確定給付規則6条）。

　さらに，規約型DBのみならず，基金型DBにおいても，給付の減額については，原則として労働条件の不利益変更にかかる規律（上記**第2節**3⑵参照）が及ぶと考えられていることに留意が必要である（M＆A法大系986頁）。

5　企業年金の終了

⑴　規約型DBの場合

　規約型DBは，次のいずれかに該当する場合に終了する（確定給付83条1項）。

> ① 確定給付年金法84条1項による厚生労働大臣の承認があったとき。
> ② 規約型DBの事業主の全部が，合併による消滅（なお，地位承継の例外については前記2(1)(a)参照），破産手続開始決定による解散，その他の理由により解散したとき等，確定給付年金法86条により規約の承認の効力が失われたとき。
> ③ 確定給付年金法102条3項または6項の規定により規約の承認が取り消されたとき。

この場合，終了日における積立金の額が，当該終了日を確定給付年金法60条3項に規定する事業年度の末日とみなして同項の規定に基づき算定した最低積立基準額を下回るときは，事業主は，当該下回る額を，掛金として一括して拠出しなければならない（確定給付87条）。

また，規約型DBが終了した場合，事業主は，当該規約型DBの加入者であった者に係る給付の支給に関する義務（終了日までに支給すべきであった給付でまだ支給していないものの支給等に関する義務を除く）を免れる（確定給付88条）。そして，規約型DBの終了により，清算が行われる（確定給付89条〜91条）。

(2) 基金型DBの場合

基金型DBは，以下のいずれかに該当するに至った場合に解散し，当該基金型DBは終了する（確定給付83条2項）。

> ① 確定給付年金法85条1項による厚生労働大臣の認可があったとき。
> ② 確定給付年金法102条6項の規定による基金の解散の命令があったとき。

もっとも，解散した基金は，清算の目的の範囲内において，清算結了に至るまでなお存続するものとみなされ（確定給付88条の2），清算が行われる（確定給付89条〜91条）。なお，確定給付年金法87条および88条については規約型DBと同じである。

(3) DCの場合

DCは，以下のいずれかに該当する場合に終了する（確定拠出45条）。

> ① 確定拠出年金法46条に定める厚生労働大臣の承認を受けたとき。
> ② DCの事業主の全部が，合併による消滅，破産手続開始決定による解散，その他の理由により解散したとき等，確定拠出年金法47条により規約の承認の効力が失われたとき。
> ③ 確定拠出年金法52条2項の規定により企業型年金規約の承認が取り消されたとき。

この場合，DCの加入者であった者の個人別管理資産が，国民年金基金連合会に移換されることになるところ（確定拠出81条～83条），終了したDCの規約は，確定拠出年金法83条1項の規定により，終了日の加入者であった者の個人別管理資産が連合会に移換されるまでの間，その目的の範囲内において，なお効力を有する（確定拠出令20条1項）。終了したDCの事業主等は，当該個人別管理資産の移換に関し必要な協力をしなければならない（確定拠出令20条2項）。

第8章 会 計

第1節　会社計算規則と企業結合会計基準の関係

1　会社計算規則

　会社計算規則は，合併に関して，資産および負債の評価（計算規8条），のれんの計上（計算規11条），存続会社の株主資本等（計算規35条，36条），新設合併の株主資本等（計算規45条〜48条）について規定を置いている。しかし，これらの会社計算規則の規定は，合併に関する会計処理の一部分を定めているにすぎない。

　すなわち，会社計算規則は，株主資本等変動額（存続会社において変動する株主資本等の総額をいう。計算規35条1項）の範囲内において，どのように資本金，準備金（資本準備金および利益準備金）および剰余金（その他資本剰余金および利益剰余金）を計上することが許されるのかに関しては，詳細な定めを置いているものの，資産・負債の評価，のれんの計上および株主資本等変動額については，その基本的事項を定めているだけである。

　そのため，具体的な会計処理については，企業結合会計基準等の「一般に公正妥当と認められる企業会計の基準その他の企業会計の慣行」（計算規3条）をしん酌しなければならない。そして，何が「一般に公正妥当と認められる企業会計の基準その他の企業会計の慣行」に該当するかは，会社によって異なるが，

上場会社等においては，企業結合会計基準が「一般に公正妥当と認められる企業会計の基準」になると考えられる。

2　企業結合会計基準における組織再編の分類

企業結合会計基準は，組織再編を「取得」，「共通支配下の取引」および「共同支配企業の形成」の3つに分類している。

(1) 取　得

「取得」とは，ある企業が他の企業または企業を構成する事業に対する支配を獲得することをいい（企業結合会計基準9項），共同支配企業の形成および共通支配下の取引以外の企業結合は取得に該当する（企業結合会計基準17項）。

典型的には，資本関係のない独立当事者間の合併がこれに該当する。

(2) 逆取得

取得のうち，消滅会社が会計上の取得企業とされる場合を「逆取得」という（企業結合会計基準34項参照）。

たとえば，規模の小さな会社を存続会社，規模の大きな会社を消滅会社とする合併である。なお，グループ企業内で子会社を存続会社，親会社を消滅会社とする合併は，逆取得ではなく，共通支配下の取引である。

(3) 共同支配企業の形成

「共同支配企業の形成」とは，複数の独立した企業が契約等に基づき，当該共同支配企業（複数の独立した企業により共同で支配される企業）を形成する企業結合をいう（企業結合会計基準11項）。

独立した企業間で，合弁事業を行う際に，組織再編を利用する場合等がこれに当たる。

(4) 共通支配下の取引

「共通支配下の取引」とは、結合当事企業（または事業）のすべてが、企業結合の前後で同一の株主により最終的に支配され、かつ、その支配が一時的ではない場合の企業結合をいい、親会社と子会社の合併および子会社同士の合併は、共通支配下の取引に含まれる（企業結合会計基準16項）。なお、共通支配下の取引と非支配株主との取引を「共通支配下の取引等」という（企業結合会計基準40項）。

親子会社間合併、兄弟会社間合併等のグループ企業内の合併等がこれに当たる。

(5) 各類型の会計処理の概要

取得（逆取得を除く）においては、パーチェス法（被取得企業から受け入れる資産および負債の取得原価を、原則として、対価として交付する現金および株式等の時価とする方法）が適用され、当該取得原価は、企業結合日に、受け入れた資産および引き受けた負債のうち識別可能なものに配分される（企業結合会計基準17項）。

これに対し、逆取得、共同支配企業の形成および共通支配下の取引においては、存続会社において、消滅会社の資産および負債を合併直前の適正な帳簿価額により計上することとなる（企業結合会計基準34項・38項・41項）。

企業結合においては、持分の継続の有無によって経済的実態が異なり、それぞれに適した会計処理を使い分けることが必要であることから、持分の継続が断たれていると判断される場合は、対応する資産および負債を時価で引き継ぐ方法（パーチェス法）が、また、すべての結合当事企業において持分が継続していると判断される場合は、対応する資産および負債を帳簿価額で引き継ぐ方法が、企業にとっての投資原価の回収計算すなわち損益計算の観点から優れているとされ、持分プーリング法は廃止されたものの、かかる考え方については踏襲しているのである（企業結合会計基準75項）。

3 企業結合会計基準等と連結会計基準との関係

「連結財務諸表に関する会計基準」(以下「連結会計基準」という) 19項は，連結貸借対照表の作成に関する会計処理における企業結合および事業分離等に関する事項のうち，連結会計基準に定めのない事項については，企業結合会計基準等の定めに従って会計処理すると定めている。

したがって，連結財務諸表上の処理を検討するためには，連結会計基準も参照する必要がある。なお，本書では連結会計基準には触れない。

第2節　会計処理の概要

1　資産・負債の計上

(1) 会社計算規則8条

会社計算規則8条1項は，存続会社が消滅会社から承継する財産の会計処理については，吸収合併が存続会社による支配取得に該当する場合その他の吸収型再編対象財産（吸収合併により存続会社が承継する財産をいう。計算規2条2項35号イ）に時価を付すべき場合を除き，吸収型再編対象財産には，消滅会社における当該吸収合併の直前の帳簿価額を付さなければならないと定めている。

時価を付すべきか，帳簿価額を付すべきかについては，「一般に公正妥当と認められる企業会計の基準その他の企業会計の慣行」をしん酌して判断される（計算規3条）ことから，以下，企業結合会計基準に基づいて，合併時の会計処理を概観する。

(2) 取得の場合

合併が「取得」に該当する場合，まず，結合当事企業のどちらが取得企業になるかが決定される。次に，具体的な会計処理がなされることとなり，そこでは，取得原価の算定（いくらで買収したのか）と，取得原価の配分（取得原価

の個々の資産・負債への配分等）という2つのステップでなされる。

(a) **取得企業の決定**

取得とされた企業結合においては，原則として，連結会計基準の考え方を用いて，いずれかの結合当事企業を取得企業として決定することとなる（企業結合会計基準18項）。連結会計基準の考え方によってどの結合当事企業が取得企業となるかが明確ではない場合には，企業結合会計基準19項から22項の要素を考慮して取得企業を決定する。

(b) **取得原価の算定**

取得原価の算定とは，取得企業が被取得企業をいくらで買収したのかを算定するものである。

被取得企業の取得原価は，原則として，取得対価（支払対価）の企業結合日における時価で算定され，支払対価が現金であれば，その金額が取得原価となる。また，支払対価が現金以外（株式等）の場合は，支払対価となる財の時価と被取得企業の時価のうち，より高い信頼性をもって測定可能な時価で算定する（企業結合会計基準23項）。なお，取得関連費用（外部のアドバイザー等に支払った特定の報酬・手数料等）は，発生した事業年度の費用として処理される（企業結合会計基準26項）。

(c) **取得原価の配分**

算定された取得原価は，被取得企業から受け入れた資産および引き受けた負債のうち企業結合日時点において識別可能なもの（識別可能資産および負債）の企業結合日時点の時価を基礎として，当該資産および負債に対して企業結合日以後1年以内に配分する（企業結合会計基準28項，なお29項・30項参照）。

(3) 「逆取得」の場合

消滅会社が取得企業となる場合，存続会社の個別財務諸表では，当該取得企業（消滅会社）の資産および負債を合併直前の適正な帳簿価額により計上する（企業結合会計基準34項）。なお，逆取得の場合，連結財務諸表上は，パーチェス法が適用される（適用指針85項）。

(4) 「共同支配企業の形成」の場合

　共同支配企業の形成と判定するためには，①共同支配投資企業となる企業が，複数の独立した企業から構成されていること，②共同支配となる契約等を締結していること，③企業結合に際して支払われた対価のすべてが，原則として，議決権のある株式であること，④支配関係を示す一定の事実が存在しないことという要件が必要とされる（企業結合会計基準37項）。

　この場合，共同支配企業は，共同支配投資企業から移転する資産および負債を，移転直前に共同支配投資企業において付されていた適正な帳簿価額により計上する（企業結合会計基準38項）。

(5) 「共通支配下の取引」の場合

　共通支配下の取引により企業集団内を移転する資産および負債は，原則として，移転直前に付されていた適正な帳簿価額により計上する（企業結合会計基準41項）。なお，共通支配下の取引に関し，親会社と子会社が企業結合する場合において，子会社の資産および負債の帳簿価額を連結上修正しているときは，親会社が作成する個別財務諸表においては，連結財務諸表上の金額である修正後の帳簿価額（のれんを含む）により計上する（企業結合会計基準（注9））。

　共通支配下の取引については，連結財務諸表上は，内部取引として消去される（企業結合会計基準44項）。

2　のれんの計上・処理

　会社計算規則11条は，「会社は，吸収型再編，新設型再編又は事業の譲受けをする場合において，適正な額ののれんを資産又は負債として計上することができる」と定めている。

(1) 取得の場合

　企業結合が「取得」に該当する場合，被取得企業から承継した資産および負債を時価評価し，取得原価が資産・負債の時価を上回るときは，その差額は

「のれん」となり、取得原価が資産・負債の時価を下回るときは、その差額は「負ののれん」となる（企業結合会計基準31項）。「のれん」は、承継する資産・負債の純額を超える価値と考えられている（適用指針381項）。

そして、「のれん」は、資産に計上した上、20年以内のその効果の及ぶ期間にわたって償却する（のれんの金額に重要性が乏しい場合には、費用として処理することができる）（企業結合会計基準32項）。

また、「負ののれん」については、利益（特別利益）として処理される（企業結合会計基準33項、適用指針78項(1)）。したがって、企業結合会計基準のみがその会社にとって「一般に公正妥当と認められる企業会計の基準」である場合は、負ののれんとして計上することができる「適正な額」（計算規11条）はゼロである。

(2) 共通支配下の取引・逆取得の場合

共通支配下の取引の場合、消滅会社の資産・負債は適正な帳簿価額により受け入れるため、原則として、のれん（または負ののれん）は生じない。

しかし、共通支配下の取引においても、現金等を対価とする場合は、受け入れる資産・負債の帳簿価額とは独立して、当該対価の帳簿価額が算定されるため、その差額としての「のれん」または「負ののれん」が発生し（適用指針448項(2)参照）、取得の場合と同様の処理がなされる。また、逆取得の場合において現金等の財産を対価として交付する場合も同様である（適用指針448項）。

3 株主資本等の額の変動

会社法上、「合併……に際して資本金又は準備金として計上すべき額については、法務省令で定める」（会445条5項）とされ、吸収合併に関しては会社計算規則35条および36条において定められている。

(1) 株主資本等変動額（総額）

存続会社の資本金等の額が変動するのは、「吸収型再編対価の全部又は一部

が存続会社の株式又は持分である場合」に限られる（計算規35条1項）から，合併対価の全部が存続会社の株式・持分以外のもの（現金等）である場合には，資本金等の額は変動しない。

　合併対価の全部または一部が存続会社の株式である場合，会社計算規則35条1項は，存続会社において変動する株主資本等の総額（株主資本等変動額）について，会計処理の類型に応じて，時価または帳簿価額を基礎として算定することとしている。すなわち，①支配取得（取得）の場合（逆取得を除く）は，「吸収型再編対価時価または吸収型再編対象財産の時価を基礎として算定する方法」（計算規35条1項1号），②共通支配下関係（共通支配下の取引），逆取得，共同支配企業の形成の場合は，「吸収型再編対象財産の吸収合併の直前の帳簿価額を基礎として算定する方法（時価を基礎として算定すべき部分にあっては，当該方法）（計算規35条1項2号・3号）である。

　具体的にどのように算定するかについては，「一般に公正妥当と認められる企業会計の基準その他の企業会計の慣行」（計算規3条）をしん酌して判断される。

(2) 株主資本等変動額の内訳
(a) 会社計算規則35条2項

　会社計算規則35条1項に従って株主資本等が変動する場合において，その内訳については，会社計算規則35条2項および36条が定めている。

　原則として，存続会社の資本金および資本剰余金の増加額は，株主資本等変動額の範囲内で，存続会社が吸収合併契約の定めに従いそれぞれ定めた額とし，利益剰余金の額は変動しない（計算規35条2項本文）。つまり，株主資本等変動額がプラスである限り，その範囲内で，資本金，資本準備金，その他資本剰余金の増加額をどのように振り分けるかは，合併契約において自由に決めることができ，たとえば，資本金および資本準備金を増加させず，その他資本剰余金のみを増加させることもできる。

　ただし，株主資本等変動額がゼロ未満の場合には，株主資本等変動額のうち，

自己株式処分差損の額をその他資本剰余金の減少額とし，その余の額をその他利益剰余金の減少額とし，資本金，資本準備金および利益準備金の額は変動しないものとされている（計算規35条2項但書）。

(b) **会社計算規則36条**

　会社計算規則36条は，合併対価の全部が存続会社の株式・持分である場合であって，存続会社が消滅会社の株主資本等を引き継ぐことが適切である場合に，吸収合併の直前の消滅会社の資本金，資本剰余金および利益剰余金の額を，それぞれ当該存続会社の資本金，資本剰余金および利益剰余金の変動額とすることを認めている（計算規36条1項本文）。なお，「できる」であるから，強制されるものではない。また，「吸収合併消滅会社における吸収合併の直前の株主資本等を引き継ぐものとして計算することが適切であるとき」という要件は，支配取得（取得）の場合を除く趣旨であり，逆取得，共同支配企業の形成，共通支配下取引の場合に適用がある。

　また，会社計算規則36条2項は，無対価合併の場合であって，消滅会社における吸収合併の直前の株主資本等を引き継ぐものとして計算することが適切であるときは，①消滅会社の資本金および資本剰余金の合計額を存続会社の「その他資本剰余金」の変動額とし（ただし，先行取得分株式等がある場合にあっては，当該先行取得分株式等の帳簿価額を吸収合併の直前の消滅会社の資本金および資本剰余金の合計額から減じて得た額を，存続会社のその他資本剰余金の変動額とする），②消滅会社の利益剰余金の額を存続会社の「その他利益剰余金」の変動額とすることができると定めている。①は，株式が発行されない場合に資本金・資本準備金の額を増加させることは適当でないため，その他資本剰余金の額を変動させることとしたものである（抱合せ株式がある場合はその帳簿価額を減じた額を，その他資本剰余金とする）。②は，利益準備金ではなく，その他利益剰余金を変動させることとしたものである。なお，企業結合会計基準および適用指針は，会社計算規則36条2項の適用場面を，100％子会社同士の合併の場合に限定しており，親会社が100％子会社を合併する場合には適用できないとされている（布施・会計Q＆A243頁）。

第3節　会計処理の具体例

　第3章で述べたとおり、実務上は、グループ会社間の合併（共通支配下の取引）が圧倒的に多い。そこで、親会社と子会社との合併、子会社同士の合併、子会社が親会社を吸収合併する場合に分けて、個別財務諸表上の具体的な会計処理について概説する（適用指針では、これらのほか、多数の事例にかかる会計処理が解説されている）。

1　親会社と子会社との合併

(1)　親会社と100％子会社との合併

　親会社を存続会社、その100％子会社を消滅会社とする合併は、「共通支配下の取引」にあたるため、個別財務諸表上、親会社は、子会社において合併効力発生日の前日に付された適正な帳簿価額をもって資産・負債を受け入れる（企業結合会計基準41項、適用指針206項(1)）。

　消滅会社の資産と負債の差額が子会社の純資産（株主資本）であるが、これは直接、存続会社の株主資本となるわけではない。存続会社が保有する消滅会社株式には合併対価が交付されないことから、親会社と100％子会社との合併の場合は対価の交付はできず、株主資本は直接変動しないのである。他方、親会社（存続会社）においては、子会社株式（抱合せ株式）が資産として計上されているところ、合併によりこれが消滅する。そして、かかる子会社株式については、子会社の純資産と、子会社株式の適正な帳簿価額との差額を、抱合せ株式消滅差損益として、特別損益に計上され（企業結合会計基準（注10）、適用指針206項(2)①ア）、その結果として純資産が変動する。

　なお、抱合せ株式消滅差損が生じる場合について、子会社株式の帳簿価額が「適正な帳簿価額」といえるのかという問題がある（たとえば、合併を契機とした期中減損ができるという見解として、菊地伸＝布施伸章＝長谷川芳孝＝荒井太一『組織再編セミナー　法務・会計・税務のポイント』（商事法務・2013年）61頁〔布

施〕)。

(2) 非支配株主が存在する場合

子会社に非支配株主がある場合，通常，合併により，非支配株主に対して合併対価として親会社株式等が交付される。

この場合，親会社（存続会社）における資産・負債の受入れについては，上記(1)と同じである。

株主資本の会計処理としては，親会社は，子会社から受け入れた資産と負債との差額のうち株主資本の額を合併期日直前の持分比率に基づき，①親会社持分相当額と，②非支配株主持分相当額に按分する。その上で，①親会社が保有している子会社株式については，(1)と同様，子会社純資産の親会社持分相当額と子会社株式の帳簿価額との差額を，抱合せ株式消滅差損益（特別損益）として計上する。また，②非支配株主持分相当額と取得の対価（非支配株主に交付した親会社株式の時価）との差額は，その他資本剰余金とする。対価の発行により増加する株主資本は，払込資本とし，増加すべき払込資本の内訳項目は，会社法の規定に基づき決定する（適用指針206項・79項）。

なお，中間子会社（消滅会社株式を保有する親会社の他の子会社）が存在する場合において，中間子会社に合併対価を交付する場合，子会社純資産に中間持株会社の持株比率を乗じて中間子会社持分相当額を算定し，その額を存続会社の払込資本として処理する（内訳は会社法の規定に基づく）（適用指針206項(3)）。

2 子会社同士の合併

(1) 完全子会社同士の合併

同一の親会社の下での完全子会社同士の合併であり，対価が発行される場合と無対価の場合がある（消滅会社の100％親会社は，存続会社の100％親会社でもあるため，対価が発行されても100％であることに変わりはないからである）。

まず，存続会社である子会社は，消滅会社である子会社から受け入れた資

産・負債を，合併期日の前日に付された適正な帳簿価額により計上する（適用指針247項(1)）。

対価が発行される場合の増加すべき株主資本の会計処理については，以下のいずれかの方法が認められている（適用指針247項(2)・185項）。また，無対価の場合は，②の処理のみ認められる（適用指針203-2項(1)。なお，計算規36条2項参照）。

> ① （原則法）消滅会社の合併期日の前日の適正な帳簿価額による株主資本の額を払込資本とし，その内訳は，会社法の規定に基づき決定する。なお，消滅会社の株主資本の額がマイナスの場合および抱合せ株式等の会計処理により株主資本の額がマイナスとなる場合には，払込資本をゼロとし，その他利益剰余金のマイナスとして処理する。
> ② （容認法）消滅会社の合併期日の前日の資本金，資本準備金，その他資本剰余金，利益準備金及びその他利益剰余金の内訳科目を，抱合せ株式等の会計処理を除き，そのまま引き継ぐことができる（消滅会社の株主資本の額がマイナスとなる場合も同様）。自己株式を交付する場合は，自己株式の帳簿価額をその他資本剰余金から控除する（適用指針203項(1)）。

抱合せ株式の会計処理については，①消滅会社の株主資本の額から当該抱合せ株式の適正な帳簿価額を控除した額を払込資本の増加（当該差額がマイナスの場合にはその他利益剰余金の減少）として処理するか，②消滅会社の株主資本を引き継いだ上で，当該抱合せ株式の適正な帳簿価額をその他資本剰余金から控除するかのいずれかであるが（適用指針247項(3)），いずれの場合でも抱合せ株式消滅差損は生じない。

(2) 消滅会社に非支配株主が存在する場合

非支配株主が存在する場合も，基本的に(1)と同じ会計処理がなされるが，非支配株主に対して対価を発行する取引については，適正な帳簿価額を基礎として株主資本を増加させる（適用指針203項参照）。

3 子会社が親会社を吸収合併する場合

　この類型は，たとえば，子会社が保有する許認可を維持したい場合などに行われる。

　子会社が存続会社，親会社が消滅会社となる合併は，「共通支配下の取引」に該当するため，子会社が親会社から受け入れる資産および負債は，合併期日の前日に付された適正な帳簿価額により計上する（適用指針210項(1)）。

　また，移転された資産および負債の差額は，純資産として処理され，具体的には，逆取得の場合に準じて処理される（適用指針210項(2)・84項）。

第4節　新設合併に関する会社計算規則の定め

　新設合併に際しての資産および負債の評価については会社計算規則8条1項を準用するとされ（同条2項），また，のれんの計上に関する会社計算規則11条は「新設型再編」にも適用される。

　また，新設合併設立会社の株主資本等に関しては，新設合併が「支配取得」に該当する場合については会社計算規則45条，「共通支配下関係」にある場合については会社計算規則46条・47条，その他の場合については会社計算規則48条が定めている。その内容はおおむね吸収合併の場合と同様である。

第5節　差損が生じる場合

1 「差損」が生じるか否かの判定の重要性

　合併の結果，存続会社に「差損」が生じる場合，①簡易合併は認められず，存続会社の株主総会決議を要し（会796条2項但書。なお，略式合併の要件を満たす場合は，株主総会を省略できる），②取締役は株主総会においてその旨を説明しなければならない（会795条2項）。また，簡易合併の場合は，株式買取請求

権は認められない（会797条1項但書）。

特に存続会社が上場会社等の場合，株主総会の開催には多くの時間と費用を要するため，簡易合併が認められるか否かの判断は重要である。

2　会社法795条2項

吸収合併に関して差損が生じるのは，以下の場合である。

> ① 存続会社が承継する消滅会社の債務の額として法務省令で定める額（以下「承継債務額」という）が，存続会社が承継する消滅会社の資産の額として法務省令で定める額（以下「承継資産額」という）を超える場合（会795条2項1号）
> ② 合併対価として交付する金銭等（存続会社の株式等を除く）の帳簿価額が，承継資産額から承継債務額を控除して得た額を超える場合（会795条2項2号）

なお，②の「金銭等」とは「金銭その他の財産」をいい（会151条1項），「株式等」とは「株式，社債及び新株予約権」をいう（会107条2項2号ホ）。②の場合の対価の帳簿価額に「株式等」が含まれないこととされているのは，合併対価が株式，社債または新株予約権の場合は，存続会社の分配可能額が減少しないからである（コンメ(18)220頁）。

したがって，会社法795条2項1号および2号を計算式にすると，以下のとおりである。

> 会795条2項1号：承継債務額＞承継資産額……〔式1〕
> 会795条2項2号：合併対価（株式・社債・新株予約権を除く）の帳簿価額＞承継資産額－承継債務額……〔式2〕

3 会社法施行規則195条

(1) 用語の定義

会社法施行規則195条の説明に際し,次のように,用語を定義しておく。

定　義	内　容
合併直後の負債額	吸収合併の直後に存続会社の貸借対照表の作成があったものとする場合における当該貸借対照表の負債の部に計上すべき額
合併直前の負債額	吸収合併の直前に存続会社の貸借対照表の作成があったものとする場合における当該貸借対照表の負債の部に計上すべき額
合併前後の負債変動額	合併直後の負債額から合併直前の負債額を控除した額
合併直後の資産額	吸収合併の直後に存続会社の貸借対照表の作成があったものとする場合における当該貸借対照表の資産の部に計上すべき額
合併直前の資産額	吸収合併の直前に存続会社の貸借対照表の作成があったものとする場合における当該貸借対照表の資産の部に計上すべき額
合併前後の資産変動額	合併直後の資産額から合併直前の資産額を控除した額
自己社債	合併対価として交付される,吸収合併の直前に存続会社が有していた社債
新規発行社債	合併対価として新たに発行される社債

(2) 会社法施行規則195条の内容

会社法795条2項に定める承継債務額および承継資産額については,会社法施行規則195条1項～3項で詳細が定められているところ,吸収合併に関する会社法施行規則195条1項および2項の定めは以下のとおりである。なお,会社法施行規則195条3項は,連結配当規制適用会社の場合の承継資産額の定め

であるから，後記5において述べることとする。

(a) 承継債務額

> 承継債務額：①の額から②の額を減じて得た額（会施規195条1項）
>   ① 合併直後の負債額から合併対価としての新規発行社債につき会計帳簿に付すべき額を減じて得た額
>   ② 合併直前の負債額

承継債務額に関し，「合併対価としての新規発行社債につき会計帳簿に付すべき額」を控除することとされている理由は，合併対価としての新規発行社債は，消滅会社から承継する債務ではなく，合併に際して存続会社が新たに負担する債務であるからである（弥永コンメ施規963頁）。

したがって，承継債務額を計算式で表すと，以下のとおりである。

> 承継債務額＝（合併直後の負債額－合併対価としての新規発行社債の帳簿価額）
>   －合併直前の負債額……〔式3〕

(b) 承継資産額

> 承継資産額：①の額から②の額を減じて得た額（会施規195条2項）
>   ① 合併直後の資産額
>   ② 合併直前の資産額から「会社法第795条第2項第2号に規定する金銭等（同号の株式等のうち吸収合併の直前に存続会社が有していた社債を含む）の帳簿価額」を減じて得た額

承継資産額に関し，「会社法第795条第2項第2号に規定する金銭等（同号の株式等のうち吸収合併の直前に存続会社が有していた社債を含む）の帳簿価額」を加算する（マイナスのマイナスはプラスである）こととされているのは，存続会社が消滅会社の株主等に対して交付する金銭等の額の分だけ，存続会社における合併直後の資産額が減少しているので，これを加算しないと，存続会

社が承継する資産額が過少に算定されるからである（弥永コンメ施規963頁）。ここで，会社法施行規則195条2項は，「法第795条第2項第2号に規定する金銭等」と定めているところ，会社法795条2項2号では「……交付する金銭等（吸収合併存続株式会社の株式等を除く。）」と定めているから，会社法施行規則195条2項においても「株式等」は除かれる。もっとも，会社法施行規則195条2項では自己社債は含むと定められているから，結局，合併対価のうち，株式，新株予約権および新規発行社債を除くこととなると解される。したがって，承継資産額を計算式で表すと，以下のとおりである。

> 承継資産額＝合併直後の資産額－合併直前の資産額＋合併対価（株式・新株予約権・新規発行社債を除く）の帳簿価額……〔式4〕

(3) 計算式の整理

会社法施行規則195条1項・2号の内容（〔式3・4〕）を，会社法795条1項1号・2号（〔式1・2〕）に代入して，整理すると，以下のとおりである。

> 【会795条1項1号】
> 0＞合併前後の資産変動額（合併直後の資産額－合併直前の資産額）
> 　－合併前後の負債変動額（合併直後の負債額－合併直前の負債額）
> 　＋合併対価（株式・新株予約権を除く）の帳簿価額……〔式5〕
>
> 【会795条1項2号】
> 0＞合併前後の資産変動額（合併直後の資産額－合併直前の資産額）
> 　－合併前後の負債変動額（合併直後の負債額－合併直前の負債額）
> 　＋合併対価（社債に限る）の帳簿価額……〔式6〕

無対価合併の場合や，合併対価が株式，新株予約権および社債のみの場合は〔式5〕と〔式6〕は一致するが，合併対価が現金や親会社株式の場合は異なることとなる。

そして、〔式5〕の右辺の額は、〔式6〕の右辺の額に合併対価としての株式等以外の財産を加えた額であり、合併対価がプラスである限り、〔式5〕の右辺の額よりも〔式6〕の右辺の額のほうが大きくなるから、簿価債務超過の事業を合併対価として交付するような特異な場合を除けば、〔式6〕の要件を確認すれば足りる（相澤・省令解説143頁）。

ここで、これらの計算式において注意すべき点は、「合併直後の資産額」および「合併直後の負債額」には、合併対価分が影響するということである（したがって、「合併前後の資産変動額」および「合併前後の負債変動額」に影響する）。たとえば、共通支配下取引の場合において、存続会社の合併直前の資産額が100、消滅会社の合併直前の資産額が20だとすると、合併対価として株式を交付する場合であれば合併直後の資産額は120になるが（合併前後の資産変動額は20）、合併対価として現金（資産）10を交付する場合は、合併直後の資産額がその分減少し、合併直後の資産額が110（120－10）になる（合併前後の資産変動額は10）。また、合併対価として社債を交付する場合は、合併直後の負債額がその分増加する。

4　差損が生じる場合の具体例

差損が生じる場合の典型例としては、以下のような場合がある（その他の場合については、中村慎二「簡易組織再編における『差損』の判定」商事1894号44頁参照）。

(1)　パーチェス法が適用される場合

取得の場合、合併の計算に際して、パーチェス法が適用される。この場合、消滅会社が簿価債務超過であり、消滅会社の資産・負債を時価によって評価した差額がマイナスであっても、その差額（厳密には、純資産の変動額と対価の差額）に相当する「のれん」が計上されることから、原則として、合併差損は生じない（計算詳解402頁）。

もっとも、含み損のある財産を対価として交付する場合、その含み損が実現

することにより（適用指針81項），合併差損が生じる可能性がある。

(2) 帳簿価額を付すべき場合
(a) 消滅会社が債務超過の場合
　合併の計算に際して，帳簿価額を付すべき場合（共通支配下の取引等）には，消滅会社が簿価債務超過であるときには，原則として，合併差損が生ずる。

　たとえば，消滅会社の資産額が50，負債額が70とすると，合併前後の資産変動額－合併前後の負債変動額＝－20となり，原則として合併差損が生じる。

(b) 抱合せ株式消滅差損が生じる場合
　存続会社が消滅会社の親会社である場合など，存続会社が消滅会社の株式（抱合せ株式）を保有している場合，合併によって当該抱合せ株式は消滅するところ，抱合せ株式の帳簿価額が消滅会社の簿価純資産よりも大きい場合は，原則として，差損が生じることとなる。

　このような抱合せ株式消滅差損は，消滅会社が資産超過である場合でも生じることに留意が必要である。たとえば，存続会社の合併直前の資産額が100で，そのうち消滅会社株式の帳簿価額が20の場合において，消滅会社の資産・負債の額がそれぞれ30・20（純資産10）の場合，消滅会社から承継する資産・負債だけを考えれば，合併前後の資産変動額－合併前後の負債変動額＝10＞0になるが，抱合せ株式20が消滅することにより，合併前後の資産変動額－合併前後の負債変動額＝－10となって，合併差損が生じる。

　したがって，存続会社が消滅会社に対して合併前に増資を行い，消滅会社の簿価債務超過を解消した場合でも，抱合せ株式消滅差損との関係では同じであり，さらに，子会社株式の期中減損の可否等を検討することとなる（期中減損はできないとする見解として前掲・中村47頁，期中減損ができるとする見解として前掲・菊地＝布施＝長谷川＝荒井61頁〔布施〕）。

5 連結配当規制適用会社の特例

(1) 連結配当規制適用会社

　連結配当規制適用会社とは，ある事業年度に係る連結計算書類を作成している場合に，当該事業年度に係る計算書類の作成に際し，分配可能額の算定につき会社計算規則158条4号の規定を適用する旨を定めた株式会社をいう（計算規2条3項51号）。

　連結配当規制適用会社になるためには，ある事業年度に係る計算書類の作成に際して，連結配当規制を適用する旨を定めることが必要であり，それで足りる。なお，連結配当規制を適用する旨を定めるに当たり，取締役会の決議は要求されていない（計算詳解332頁）。

　また，連結配当規制は，事業年度ごとに選択が可能であるが，連結配当規制を恣意的に採用することによる事実上の問題があるため，連結配当規制を導入するにあたっては，継続・不継続の方針を定めた上で導入するほうが便宜であるとされている（計算詳解327頁）。

(2) 差損に関する特例の趣旨・内容

　①存続会社が連結配当規制適用会社であること，②消滅会社が存続会社の子会社であることという2つの要件を満たすときは，会社法施行規則195条1項の承継債務額と，同条2項の承継資産額のいずれか高い額が「承継資産額」とされる（会施規195条3項）。

　このように，連結配当規制適用会社において特則が定められている理由は，子会社に対する投資損失が分配可能額に反映されているため，吸収合併により子会社が過去に計上した損失の引受けがなされたとしても，分配可能額には影響を及ぼさないからとされている。

(3) 会社法795条2項1号の場合

　会社法795条2項1号の計算式は「承継債務額＞承継資産額〔式1〕」である

ところ，会社法施行規則195条1項および2項を適用した場合に「承継債務額＞承継資産額」となる場合であっても，会社法施行規則195条3項の適用により，承継資産額は承継債務額と一致し，「承継債務額＝承継資産額」となるから，差損が生じないこととなる。なお，「承継債務額≦承継資産額」の場合，会社法施行規則195条3項を適用しても結果は変わらず，やはり差損は生じない。

(4) 会社法795条2項2号の場合

会社法795条2項2号の場合は単純ではない。同号の計算式は「合併対価（株式・新株予約権・社債を除く）の帳簿価額＞承継資産額－承継債務額〔式2〕」であるから，「承継債務額≧承継資産額」の場合，会社法施行規則195条3項を適用すると，承継資産額は承継債務額に一致することとなり，承継債務額＝承継資産額」となるから，〔式2〕の右辺がゼロになる。そのため，合併対価が株式，新株予約権または社債の場合は差損が生じないが，合併対価がそれ以外の資産（たとえば金銭）である場合，その帳簿価額がプラスである限り，差損が生じることとなると思われる。

これに対して，「承継債務額＜承継資産額」の場合，会社法施行規則195条3項を適用しても，同条2項を適用した場合と結果は同じである。この場合，〔式2〕の右辺はプラスになる一方，合併対価が株式，新株予約権または社債の場合は〔式2〕の左辺がゼロになるから，差損が生じないが，承継資産額と承継債務額の差額を超える金銭等を合併対価とする場合は差損が生じる可能性があると思われる。

このように，連結配当規制適用会社においても，差損が生じる場合があり得ることに留意する必要がある。

第9章 税務

第1節 概要

　合併の税務は多岐にわたるが，主として問題になるのは，合併当事会社の法人税および合併当事会社の株主に生じる課税であるから，本書ではこれらを中心に解説する。なお，法人税法は，消滅会社を被合併法人（法税2条11号），存続会社を合併法人（同条12号）と定義していることから，本章では，この用語に従う。

　会社法上は，合併は，消滅会社から存続会社への権利義務の承継と，存続会社から消滅会社株主への対価の交付と捉えられるが，法人税法は，会社法と異なり，合併を以下のように整理している（法税62条1項）。

> ① 被合併法人から合併法人への資産等の譲渡
> ② 合併法人から被合併法人への対価（合併法人株式等）の交付
> ③ 被合併法人から被合併法人の株主への残余財産（合併法人株式等）の分配

　このように，合併法人と被合併法人との取引（①および②）に対応する税務と，被合併法人の株主に関する税務（③）が問題となる。また，法人税法は，合併に関して，繰越欠損金の引継制限等の特殊な取扱いも定めている。

　法人税法は，以上のような課税を規律するため，適格合併と非適格合併という分類を設けている。また，非適格合併には，平成22年度税制改正で導入され

たグループ法人税制が適用される合併と適用されない合併がある。すなわち，(a)適格合併，(b)非適格合併（グループ法人税制の適用あり），(c)非適格合併（グループ法人税制の適用なし）の３つに区別され，このいずれに該当するかによって，課税上の取扱いが大きく異なることから，実務上，合併ストラクチャーの検討に際して重要な論点となる。

なお，適格合併が非適格合併よりも望ましいものとイメージされることがしばしばあるが，非適格合併のほうが適格合併よりも課税上のメリットがある場合もある。これを利用して，あえて非適格合併を利用する事例（いわゆる「適格外し」）も考えられるが，この場合には包括否認規定（法税132条の２，所税157条４項）の適用が問題となる。

第２節　適格合併・グループ法人税制の適用要件

法人税法上は，非適格合併が原則であり，資産等を時価で譲渡したものとして譲渡損益を認識することとなる（法税62条）が，適格合併の要件を満たす場合は，課税が繰り延べられる（法税62条の２）。また，非適格合併のうち，完全支配関係のあるグループ法人間でなされた合併には，グループ法人税制が適用され，譲渡損益調整資産の譲渡損益の課税が繰り延べられる（法税61条の13第１項）。

1　完全支配関係・支配関係

適格合併とグループ法人税制の適用要件を述べる前に，これらに関連する「完全支配関係」および「支配関係」について整理しておく。なお，完全支配関係，支配関係のいずれにおいても，垂直的な関係（親会社と子会社との関係等）と水平的な関係（兄弟会社間等）が区別されていることから，本書では，それぞれ，「垂直的完全支配関係」，「水平的完全支配関係」，「垂直的支配関係」，「水平的支配関係」と呼称することとする。

(1) 完全支配関係

完全支配関係には垂直的完全支配関係と水平的完全支配関係がある。

(a) 垂直的完全支配関係

垂直的支配関係は、一の者が法人の発行済株式等（自己株式を除く。以下同じ）の全部を直接もしくは間接に保有する関係として政令で定める関係（当事者間の完全支配の関係）である（法税2条12号の7の6）。これについて、法人税法施行令4条の2第2項は、①一の者が法人の発行済株式等の全部を保有する場合における当該一の者と当該法人との間の関係（直接完全支配関係）と定めるとともに、②当該一の者およびこれとの間に直接完全支配関係がある一もしくは二以上の法人または当該一の者との間に直接完全支配関係がある一もしくは二以上の法人が他の法人の発行済株式等の全部を保有するときは、当該一の者は当該他の法人の発行済株式等の全部を保有するものとみなす、と定めている。

したがって、親会社が子会社株式の100％を保有している場合（直接完全支配関係）のほか、親会社とその100％子会社によって株式の100％を保有されている会社との関係も、これに該当する。

なお、「一の者」が個人である場合には、その者およびこれと法人税法施行令4条1項に規定する特殊の関係のある個人を含めて判定することとされている。

また、「発行済株式等」については、従業員持株会等が有する株式および一定のストックオプションの行使の結果取得された株式の合計が発行済株式（自己株式を除く）の5％未満である場合は、これらの株式を除いて判定することとされている（法税令4条の2第2項）。

(b) 水平的完全支配関係

水平的完全支配関係は、一の者との間に当事者間の完全支配の関係がある法人相互の関係である（法税2条12号の7の6）。完全親会社の下での兄弟会社等がこれに該当する。

(2) 支配関係

支配関係にも垂直的支配関係と水平的支配関係があり、持分比率を除き、お

おむね，完全支配関係の場合とパラレルに考えられる。

すなわち，垂直的支配関係は，①一の者が法人の発行済株式等（自己株式を除く）の50％超を直接もしくは間接に保有する関係（直接支配関係）と，②当該一の者およびこれとの間に直接支配関係がある一もしくは二以上の法人または当該一の者との間に直接支配関係がある一もしくは二以上の法人が他の法人の発行済株式等の50％超を保有するときにおける，当該一の者と当該他の法人との関係がある（法税2条12号の7の5，法税令4条の2第1項）。なお，完全支配関係と異なり，従業員持株会等が有する株式等は控除されない。

水平的支配関係は，一の者との間に当事者間の支配の関係がある法人相互の関係である（法税2条12号の7の5）。

2　適格合併の適用要件

適格合併の要件は，法人税法2条12号の8において，①完全支配関係にあるグループ企業内の合併，②支配関係にあるグループ企業内の合併，③共同事業を営むための合併に分けて定められている。

それぞれの要件の概要は，次のとおりである。

	完全支配関係	支配関係	共同事業
対価要件	○	○	○
（完全）支配関係要件	○	○	
事業関連性要件			○
事業規模要件・特定役員引継要件			○
従業者引継要件		○	○
事業継続要件		○	○
株式継続保有要件			○（※）

※　被合併法人の株主の数が50名未満である場合のみ必要。

(1) 対価要件（共通要件）

　いずれの場合にも必要な要件（対価要件）として，被合併法人の株主等に対して，合併法人株式（または一定の要件を満たす合併親法人株式）以外の資産が交付されないことが必要である（法税2条12号の8柱書）。つまり，合併対価として，合併法人の株式（またはその親法人株式）以外の対価（金銭，社債等）を交付した場合は適格合併の要件を満たさない。

　ただし，「株式以外の資産」から，被合併法人の株主等に対する剰余金の配当等として交付される金銭その他の資産，反対株主からの株式買取請求に基づく対価として交付される金銭その他の資産は除かれており（法税2条12号の8柱書），また，被合併法人の株主等に交付された金銭が，その合併に際して交付すべき合併法人の株式に端数が生じたために譲渡対価として交付されたものであるときは，株式を交付したこととなるとして適格合併の判定がされる（法人税基本通達1-4-2）。

　また，合併親法人株式が含まれているのは，三角合併について適格要件を満たす場合を認める趣旨であるが，合併の直前に，合併親法人が合併法人を直接完全支配（全部保有）しており，かつ，合併後に合併法人と合併親法人との間に直接完全支配関係が継続することが見込まれていることが必要である（法税令4条の3第1項）。

平成29年度税制改正①－対価要件

　平成29年度税制改正（所得税法等の一部を改正する等の法律）が，平成29年3月27日に成立し，同月31日に公布された。

　かかる改正において，対価要件の改正も行われている。すなわち，本文記載のとおり，同改正前は「株式以外の資産」から除外されるものは，①被合併法人の株主等に対する剰余金の配当等として交付される金銭その他の資産，②反対株主からの株式買取請求に基づく対価として交付される金銭その他の資産に限られていたが，同改正により，③「合併の直前において合併法人が被合併法人の発行済株式等の総数又は総額の3分の2以上に相当する数又は金額の株式

又は出資を有する場合における当該合併法人以外の株主等に交付される金銭その他の資産」が追加された（法税2条12号の8柱書の改正）。つまり，被合併法人の3分の2以上の株式を保有する親会社が合併法人となる場合に，当該合併法人以外の被合併法人株主に対して現金等を交付しても適格合併の要件を満たし得るということになる。

そもそも，このような親子会社間の合併の場合，合併法人に対して対価を交付することはできないから（会749条1項3号），改正後の条文を文字通り読めば，合併法人が被合併法人の3分の2以上の株式を保有している場合には合併対価の種類を問わず，適格合併になり得ることになると思われる。また，あえて非適格にすることが困難になると想定される。

上記改正は，平成29年10月1日以後に行われる合併に適用される。

(2) 完全支配関係にあるグループ企業内の合併

完全支配関係にあるグループ企業内の合併の場合，適格要件は，以下のとおり，上記の対価要件のほかは，完全支配関係要件のみである（法税2条12号の8イ，法税令4条の3第2項）。

① 対価要件（(1)参照）
② (i)垂直的完全支配関係の場合は，完全支配関係があること，(ii)水平的完全支配関係の場合は，完全支配関係があり，かつ，完全支配関係の継続が見込まれていること（完全支配関係要件）

なお，無対価合併にかかる適格判定については，後記(5)で述べる。

(3) 支配関係にあるグループ企業内の合併

支配関係にあるグループ企業内の合併の場合，適格要件は以下のとおりである（法税2条12号の8ロ，法税令4条の3第3項）。

① 対価要件（(1)参照）

> ② (i)垂直的支配関係の場合は，支配関係があること，(ii)水平的支配関係の場合は，支配関係があり，かつ，支配関係の継続が見込まれていること（支配関係要件）
> ③ 被合併法人の合併直前の従業者のうち，その総数のおおむね80％以上に相当する数の者が，合併後に合併法人の業務に従事することが見込まれていること（従業者引継要件）
> ④ 被合併法人の合併前に営む主要な事業が，合併後に合併法人において引き続き営まれることが見込まれていること（事業継続要件）

　上記のうち，③従業者引継要件にかかる「従業者」とは，従業員に限らず，役員，使用人その他の者で，合併の直前において被合併法人の合併前に営む事業に現に従事する者をいう（受け入れている出向者を含む。ただし，これらの事業に従事する者であっても，たとえば日々雇い入れられる者で従事した日ごとに給与等の支払を受ける者について，法人が従業者の数に含めないこととしている場合は，これを認める）とされている（法人税基本通達1-4-4）。

　また，④事業継続要件について，被合併法人の合併前に営む事業が2以上ある場合，そのいずれが「主要な事業」であるかは，それぞれの事業に属する収入金額または損益の状況，従業者の数，固定資産の状況等を総合的に勘案して判定するとされている（法人税基本通達1-4-5）。

> ### 平成29年度税制改正②－連続合併
>
> 　平成29年度税制改正では，(i)A社を合併法人，B社を被合併法人とする合併の後に，(ii)C社を合併法人，A社を被合併法人とする合併が行われることが見込まれている場合（C社・A社間の合併が適格合併であることが前提となる）の適格判定に関しても改正が行われている。
>
> 　平成29年度税制改正前は，このような場合，上記③の従業者引継要件として，B社の従業者の80％以上の者が，A社の業務，C社の業務に順次従事することが見込まれていること（法税2条12号の8ロ(1)），上記④の事業継続要件として，B社の主要な事業が，A社，C社において順次営まれることが見込まれていること（同号ロ(2)）が必要とされていた。

これに対して，同改正後は，③従業者引継要件として，B社の従業者の80％以上の者が，C社の業務に従事することが見込まれていること（改正後の法税2条12号の8ロ(1)），④事業継続要件として，B社の主要な事業がC社において引き続き行われることが見込まれていること（同号ロ(2)）が必要となった。

なお，共同事業を営むための合併が適格合併となるための要件のうち，従業者引継要件，事業継続要件についても同様の改正がなされている（改正後の法税令4条の3第4項3号・4号参照）。その他，改正後の法税令4条の3第1項・2項2号参照。

上記改正は，平成29年10月1日以後に行われる合併に適用される。

(4) 共同事業を営むための合併

共同事業を営むための合併が適格合併となる要件は次頁①～⑥のとおりである（法税2条12号の8ハ，法税令4条の3第4項）。

共同事業を営むための合併にかかる適格要件に特徴的な要件は，②，③および⑥である。

このうち，②事業関連性要件については，被合併法人の事業については「主要な事業」であることが要求されているが，合併法人の事業についてはそうではない。したがって，たとえば，被合併法人がA事業（主要），B事業（主要）およびC事業（非主要）を営んでおり，合併法人がX事業（主要），Y事業（主要）およびZ事業（非主要）を営んでいる場合，A事業とX・Y・Z事業のいずれかとの関連性，または，B事業とX・Y・Z事業のいずれかとの関連性があることが必要である。事業関連性の具体的な判断は，合併事業と被合併事業がそれぞれ，固定施設や人員を有し，事業としての実態を有しており，かつ，それらの事業が同種のものである場合あるいはそれらの事業に係る商品等とを活用して営まれることが見込まれている場合かどうか等によって決せられる（法税規3条1項・2項）。なお，持株会社と事業会社の合併の場合については，「持株会社の中には，単に株主としての立場のみしか有しないような場合がありま

① 対価要件((1)参照)
② 被合併法人の合併前に営む主要な事業のうちのいずれかの事業(被合併事業)と,合併法人の合併前に営む事業(合併事業)のうちのいずれかの事業とが,相互に関連するものであること(事業関連性要件)
③ (i)被合併事業と合併事業(被合併事業と関連する事業に限る)のそれぞれの売上金額・従業者数,被合併法人と合併法人のそれぞれの資本金の額もしくはこれらに準ずるものの規模の割合がおおむね5倍を超えないこと(事業規模要件),または,(ii)合併前の当該被合併法人の特定役員(社長,副社長,代表取締役,代表執行役,専務取締役もしくは常務取締役またはこれらに準ずる者で法人の経営に従事している者)のいずれかと,合併法人の特定役員のいずれかとが,合併後に合併法人の特定役員となることが見込まれていること(特定役員引継要件)
④ 被合併法人の合併直前の従業者のうち,その総数のおおむね80%以上に相当する数の者が,合併後に合併法人の業務に従事することが見込まれていること(従業者引継要件)
⑤ 被合併法人の合併前に営む主要な事業(合併事業と関連する事業に限る)が,合併後に合併法人において引き続き営まれることが見込まれていること(事業継続要件)
⑥ 合併の直前の被合併法人の株主等で当該合併により交付を受ける合併法人の株式(または合併親法人株式)の全部を継続して保有することが見込まれる者,ならびに,合併法人および他の被合併法人が有する被合併法人の株式の数を合計した数が,被合併法人の発行済株式等の総数の80%以上であること(被合併法人の株主等の数が50名未満である場合にのみ求められる)(株式継続保有要件)

すが,ご照会の場合には,Aホールディングス社は,B社およびB社グループの事業最適化等を踏まえた事業計画の策定や営業に関する指導および監査業務などの経営管理業務を行うことによって,単に株主としての立場のみだけでなく,持株会社としてB社を含むA社グループ全体の財務面,監査面などを経営上監督する立場にあり,いわばAホールディングス社とB社グループが相まって一つの事業を営んでいる実態にあるような場合には,両社の事業は密接な関

係を有していると認められ，Aホールディングス社の合併事業とB社の被合併事業は相互に関連するものと解するのが相当と考えられます。」とされている（国税庁・質疑応答事例「持株会社と事業会社が合併する場合の事業関連性の判定について」）。

また，③のうち事業規模要件にかかる「これらに準ずるものの規模」とは，たとえば，金融機関における預金量等，客観的・外形的にその事業の規模を表すものと認められる指標をいうとされる（法人税基本通達1-4-6）。事業規模要件については，売上金額，従業者数，資本金額等の「いずれか一の指標が要件を満たすかどうかにより判定する」（法人税基本通達1-4-6（注））。

③のうち特定役員引継要件にかかる「これらに準ずる者」とは，役員または役員以外の者で，社長，副社長，代表取締役，専務取締役または常務取締役と同等に法人の経営の中枢に参画している者をいう，とされている（法人税基本通達1-4-7）。なお，国税庁・質疑応答事例の「特定役員引継要件」および「特定役員引継要件（みなし役員）の判定」も参照されたい。

⑥については，合併により交付を受ける株式を一部でも譲渡する予定の者の株式は，合計数（分子）に一切カウントされないことに留意が必要である。

平成29年度税制改正③－共同事業を営むための合併

平成29年度税制改正では，共同事業を営むための合併にかかる適格要件のうち，前記⑥の株式継続保有要件についても改正がなされている（連続合併における従業者引継要件，事業継続要件については，前記【平成29年度税制改正②】を参照されたい）。

前記⑥記載のとおり，平成29年度税制改正前においては，株式継続保有要件は，被合併法人の株主等の数が50名未満である場合に必要とされていたが，同改正後は，「当該合併の直前に当該合併に係る被合併法人の全てについて他の者との間に当該他の者による支配関係がない場合」に必要となり，株式継続保有要件の内容も改正されている（改正後の法税令4条の3第4項本文・5号）。これは，株式継続保有要件の内容を，「被合併法人等の発行済株式の50%超を保有

する企業グループ内の株主がその交付を受けた合併法人等の株式の全部を継続して保有することが見込まれていること」とする趣旨である（平成28年12月22日閣議決定・平成29年度税制改正の大綱56頁）。

上記改正は，平成29年10月1日以後に行われる合併に適用される。

(5) 無対価合併の適格判定

ここで，無対価合併の場合について説明する。無対価合併の税制適格要件には，平成22年度税制改正によって明確化されたものであり，基本的な考え方は，対価の交付が省略されたと認められるものについて適格性を認めるというものである。なお，無対価である場合は，対価要件を満たすことから，それ以外の要件が問題となる。

(a) 完全支配関係がある場合の無対価合併

完全支配関係がある場合の無対価合併が税制適格となる要件は，(i)垂直的完全支配関係がある場合は「合併法人が被合併法人の発行済株式等の全部を保有する関係」がある場合（法税令4条の3第2項1号）である。

また，(ii)水平的完全支配関係がある場合については，①合併法人が被合併法人の発行済株式等の全部を保有する関係，②一の者が被合併法人および合併法人の発行済株式等の全部を保有する関係，③合併法人および当該合併法人の発行済株式等の全部を保有する者が被合併法人の発行済株式等の全部を保有する関係，④被合併法人および当該被合併法人の発行済株式等の全部を保有する者が合併法人の発行済株式等の全部を保有する関係のいずれかがある場合であり（同項2号イ〜ニ），かつ，合併後に同一の者と合併法人との間に同一の者による完全支配関係の継続が見込まれている場合である。

いずれも「全部を保有する関係」とあることから，従業員持株会等が存在する場合は，適格要件を満たさない。また，株主が個人である場合の適格判定については，国税庁・質疑応答事例「無対価合併に係る適格判定について（株主が個人である場合）」を参照されたい。

なお，完全子会社と完全孫会社との合併は，上記(ii)①～④の要件を満たさないことから，税制適格とならないとされていることに注意が必要である（国税庁・質疑応答事例「合併対価が交付されない合併（無対価合併）に係る適格判定について」）。

(b) 支配関係がある場合の無対価合併

支配関係がある場合の無対価合併が税制適格となる要件は，水平的完全支配関係における(ii)③または④の関係がある場合，もしくは，水平的完全支配関係における(ii)の「完全支配関係」を「支配関係」と読み替えた場合におけるその関係がある場合である（法税令4条の3第3項1号・2号）。

これらは，合併時には発行済株式等の全部を保有する関係があるものの，合併後に，株式売却等によって完全支配関係を満たさなくなることが見込まれていても，支配関係を有することが見込まれていれば適格合併の要件を満たすこととするという観点から設けられている（実務必携444頁）。

(c) 共同事業を営むための合併の場合の無対価合併

この場合の適格要件は，「被合併法人の全て又は合併法人が資本又は出資を有しない法人であるものに限る」であり（法税令4条の3第4項柱書），会社による無対価合併が，共同事業を営むための合併として適格合併になることはない（実務必携445頁）。

3 グループ法人税制の適用要件

グループ法人税制の適用要件は，合併法人と被合併法人との間に完全支配関係があることである（法税61条の13第1項）。この場合，（非適格合併となる場合でも）グループ法人税制が強制的に適用される。

第3節 適格合併・非適格合併の課税関係

第2節で述べた要件を適用した結果，(a)適格合併，(b)非適格合併（グループ法人税制の適用あり），(c)非適格合併（グループ法人税制の適用なし）の3つ

に区別されることとなる。ここでは，適格合併と非適格合併における課税関係を述べた後，グループ法人税制が適用される場合の特例について触れることとする。

1 適格合併の課税関係

(1) 被合併法人の課税関係

　被合併法人が適格合併により合併法人に資産・負債の移転をしたときは，最後事業年度終了時の帳簿価額による引継ぎをしたものとして，当該被合併法人の所得金額を計算する（法税62条の2第1項，法税令123条の3第1項）。したがって，被合併法人の譲渡損益は発生しない。

(2) 合併法人の課税関係

(a) 資産・負債の受入れ

　合併法人が適格合併により被合併法人から資産・負債の移転を受けた場合，被合併法人における合併直前の帳簿価額による引継ぎを受けたものとされる（法税令123条の3第3項）。したがって，含み損益も引き継がれ，将来，譲渡等をした場合に損益が認識されることになる。

　なお，適格合併により合併法人が被合併法人から移転を受けた資産または負債につき，合併後，被合併法人の合併日の前日の属する事業年度以前の各事業年度分の調査により税務上の否認金の額があることが判明した場合には，合併法人の合併日の資産・負債の帳簿価額は当該否認金に相当する金額を加算または減算した金額となる（法人税基本通達12の2-1-1）。

(b) 資本の部

　合併法人の資本金等の増加額は，被合併法人の資本金等の額から，合併による増加資本金額等を減算した金額になる（法税令8条1項5号）。

　また，合併法人の利益積立金額の増加額は，被合併法人から移転を受けた資産・負債の帳簿価額（移転簿価純資産価額）から，合併により増加した資本金

等の額等を減算した金額になる（法税令9条1項2号）。

なお，繰越欠損金については(5)で述べる。

(3) 被合併法人株主の課税関係

適格合併の場合，被合併法人の株主に関してみなし配当課税は発生しない（法税24条1項，所税25条1項1号）。

また，適格合併の場合，合併対価として合併法人の株式以外の資産が交付されない場合に該当し，譲渡対価の金額が合併直前の帳簿価額に相当する金額となり，同額となるため，譲渡損益等は計上されない（法税61条の2第2項）。なお，交付を受ける合併法人株式の取得価額は被合併法人株式の合併直前の帳簿価額に相当する金額とされる（法税令119条1項5号）。

(4) 合併法人株主の課税関係

合併法人の株主に対して課税は発生しない。

(5) 繰越欠損金等の取扱い

(a) 原 則

合併法人の各事業年度開始の日前9年以内に開始した事業年度において生じた欠損金額がある場合には，当該欠損金額に相当する金額は，当該各事業年度の所得の金額の計算上，損金の額に算入される（法税57条1項）。

また，適格合併が行われた場合において，被合併法人の当該適格合併の日前9年以内に開始した各事業年度（以下「前9年内事業年度」という）において生じた未処理欠損金額（青色申告書を提出していること等の要件を満たしている場合に限る）があるときは，その未処理欠損金額は，合併法人において生じた欠損金額とみなされ，合併法人に引き継がれる（法税57条2項）。

これが原則である。したがって，合併法人は，当該合併法人の欠損金額に加え，被合併法人から引き継いだ上記未処理欠損金額を利用することができる。

(b) 欠損金引継ぎ・利用制限等の概要

　上記(a)の原則を無制限に認めると，欠損金の利用を目的として，欠損金を有する企業を買収した後に，当該企業を被合併法人として適格合併を行うことにより，税負担を軽減することが可能になる。また，欠損金を有する企業を合併法人とする場合も，同様のおそれがある。さらに，欠損金のみならず，含み損のある資産を利用することによっても，税負担の軽減が可能になる。

　そこで，法人税法上，合併法人と被合併法人との間に支配関係が生じる前から存在する欠損金や資産について，当該欠損金の引継ぎ・利用や譲渡等損失の損金算入について制限を設けている。具体的には，①被合併法人の繰越欠損金の引継制限（法税57条3項），②合併法人の繰越欠損金の利用制限（法税57条4項），③特定資産譲渡等損失額の損金不算入（法税67条の7）である。

　また，④欠損等法人を利用した税負担の軽減についても，制限が設けられている（法税57条の2等）。

(c) 被合併法人の繰越欠損金の引継制限

　上記(a)のとおり，適格合併が行われた場合，被合併法人に未処理欠損金額があるときは，その未処理欠損金額は合併法人に引き継がれるのが原則である（法税57条2項）。

　しかし，合併法人と被合併法人との間に支配関係がある場合において，①一定の日（合併法人の適格合併の日の属する事業年度の開始日の5年前の日，被合併法人の設立日，合併法人の設立日のうち最も遅い日）から支配関係が継続しておらず，かつ，②当該適格合併が共同で事業を営むための合併に該当しない場合（適格合併を判定するための要件（第2節2(4)参照）とは必ずしも同じではない点に注意が必要である），被合併法人の未処理欠損金額の引継ぎに制限が設けられている（法税57条3項）。

　この場合に，引継ぎが制限される未処理欠損金額は，(i)被合併法人の支配関係事業年度（合併法人と被合併法人との間に最後に支配関係があることとなった日の属する事業年度をいう）前の各事業年度で前9年内事業年度に該当する事業年度に生じた欠損金額と，(ii)被合併法人の支配関係事業年度以後に生じた

欠損金額のうち特定資産譲渡等損失額（法税62条の7第2項，(e)参照）に相当する金額から成る部分の金額である（法税57条3項各号，法税令112条5項）。「最後に支配関係があることとなった日」については，法人税基本通達12-1-5を参照されたい。

なお，法人税法施行令113条は，上記引継制限の特例を定めている。

(d) **合併法人の繰越欠損金の利用制限**

上記(a)のとおり，合併法人の繰越欠損金は合併後も利用できるのが原則である（法税57条1項）が，合併法人の繰越欠損金についても，合併法人と被合併法人との間に支配関係がある場合において，上記(b)①②と同様の場合には，その利用制限が設けられている（法税57条4項）。

この場合，(i)合併法人の支配関係事業年度（合併法人と被合併法人との間に最後に支配関係があることとなった日の属する事業年度をいう）前の各事業年度で前9年内事業年度（適格合併の日の属する事業年度開始の日前9年以内に開始した各事業年度）において生じた欠損金額と，(ii)合併法人の支配関係事業年度以後の各事業年度で前9年内事業年度に該当する事業年度において生じた欠損金額のうち特定資産譲渡等損失額（法税62条の7第2項，(e)参照）に相当する金額から成る部分の金額は，法人税法57条1項の欠損金額に含まれないことになる（法税57条4項各号，法税令112条11項）。なお，法人税法施行令113条参照。

(e) **特定資産譲渡等損失額の損金不算入**

適格合併の場合，被合併法人の資産・負債は被合併法人の帳簿価額により引き継ぐことが原則である（法税62条の2第1項）。

しかし，支配関係法人間の適格合併が行われた場合において，上記(b)①②と同様の場合には，当該適格合併が行われた日の属する事業年度開始日から3年を経過する日（その経過する日が最後に支配関係があることとなった日以後5年を経過する日後となる場合にあっては，その5年を経過する日）までの期間において生ずる特定資産譲渡等損失額は，損金の額に算入されない（法税62条の7。なお，法税令123条の9）。

なお，特定資産譲渡等損失額とは，次に掲げる金額の合計額をいう（法税62

条の7第2項)。

> ① 被合併法人が合併法人との間に支配関係が発生した日(支配関係発生日)よりも前から保有していた資産であって,適格合併により移転された資産(法税令123条の8第3項で定めるものを除く)(特定引継資産)の譲渡,評価換え,貸倒れ,除却その他これらに類する事由による損失の額の合計額から特定引継資産の譲渡または評価換えによる利益の額の合計額を控除した金額
> ② 合併法人が支配関係発生日よりも前から有していた資産(法税令123条の8第14項,同3項で定めるものを除く)(特定保有資産)の譲渡,評価換え,貸倒れ,除却その他これらに類する事由による損失の額の合計額から特定保有資産の譲渡または評価換えによる利益の額の合計額を控除した金額

(f) 欠損等法人の繰越欠損金の控除制限

「欠損等法人」とは,買収等によって他の者による特定支配関係(発行済株式等の総数の50%超を直接又は間接に保有する一定の関係)を有することとなった法人で,特定支配関係を有することとなった日(以下「特定支配日」という)の属する事業年度(以下「特定支配事業年度」という)において当該特定支配事業年度前の各事業年度において生じた欠損金額又は評価損資産を有するものをいう(法税57条の2第1項)。また,このような欠損等法人が,特定支配日以後5年を経過した日の前日までに,一定の事由に該当することとなった場合,その該当することとなった日(同項第4号の場合は適格合併の日の前日)を「該当日」,該当日の属する事業年度を「適用事業年度」という(同項)。なお,上記「一定の事由」とは,①欠損等法人が特定支配日の直前において事業を営んでいない場合(清算中の場合を含む)において,当該特定支配日以後に事業を開始すること(清算中の当該欠損等法人が継続することを含む),②欠損等法人が特定支配日の直前において営む事業(以下「旧事業」という)のすべてを当該特定支配日以後に廃止し,または廃止することが見込まれている場合において,当該旧事業の当該特定支配日の直前における事業規模のおおむね5倍を超える資金の借入れ等を行うこと,③欠損等法人が特定支配日の直前において事業を営んでいない場合等の場合において,欠損等法人を被合併法人

とする適格合併を行うこと，などである（同項各号）。

このような欠損等法人については，適用事業年度前の各事業年度において生じた欠損金額は，繰越控除ができないこととされている（法税57条の2第1項）。

そして，このような欠損等法人を合併法人とする適格合併が，該当日以後に行われた場合，以下の処理となる。

> ①　被合併法人の当該適格合併の日の前日の属する事業年度以前の各事業年度において生じた欠損金額は，合併法人に引き継ぐことができず（法税57条の2第2項1号）。ただし，適格合併が欠損等法人の適用事業年度開始の日以後3年を経過する日（その経過する日が特定支配日以後5年を経過する日後となる場合にあっては，同日）後に行われるものである場合には，適用事業年度開始日より前に開始した事業年度に生じた欠損金額に限り，引継ぎが認められない（同号かっこ書）。
> ②　合併法人の適用事業年度前の各事業年度において生じた欠損金額について，法人税法57条4項（上記(d)参照）が適用されない（法税57条の2第2項2号）。これは，法人税法57条の2第1項が適用されるからと解される。

次に，欠損等法人を被合併法人とする適格合併が行われた場合，以下の処理となる。

> ①　適用事業年度以後の各事業年度においては，当該適用事業年度前の各事業年度において生じた欠損金額について，被合併法人の欠損金額の繰越控除（法税57条1項）ができない（法税57条の2第1項4号）。
> ②　欠損等法人を被合併法人とする適格合併が行われる場合には，欠損等法人の適用事業年度前の各事業年度において生じた欠損金額については，合併法人への引継ぎ（法税57条2項・3項）ができない（法税57条の2第5項）。

なお，譲渡等損失額についても損金不算入とされている（法税60条の3第2項，62条の7第4項・5項）。

> **平成29年度税制改正④－特定保有資産の取扱い等の改正**
>
> 　平成29年度税制改正により，特定資産に係る譲渡等損失額の損金不算入制度について，支配関係発生日の属する事業年度開始の日において有する資産を特定保有資産として，その譲渡等損失額を損金不算入の対象とすることとされた。具体的には，特定保有資産の定義について，改正前の「支配関係発生日前から有していた資産」から，「支配関係発生日の属する事業年度開始の日前から有していた資産」に改正された（改正後の法税62条の7第2項2号）。
>
> 　また，同様に，欠損等法人に関する法人税法57条の2についても，特定支配日の属する事業年度開始の日において有する資産を特定資産として，その譲渡等損失額を損金不算入の対象とすることと改正された（改正後の法税57条の2第1項，60条の3第1項）。
>
> 　これらの改正により，事業年度開始日から支配関係発生日（特定支配日）までの間に取得した資産の譲渡等損失額についても，損金不算入となった。

2　非適格合併の課税関係

(1)　被合併法人の課税関係

　被合併法人の資産・負債の移転は，すべて「時価」による譲渡として損益を認識する（法税62条1項）。被合併法人の事業年度は合併の日の前日で区切られ（法税14条2号），資産等の移転による譲渡損益は合併の日の前日の属する事業年度の益金または損金に算入される（法税62条2項）。

　また，被合併法人は，合併法人から合併対価を時価で受け入れ，これを直ちに，自らの株主に交付する（法税62条1項）ところ，かかる取引について譲渡損益は発生しない。

(2)　合併法人の課税関係
(a)　資産・負債の受入れ

　合併法人は，被合併法人から移転を受けた資産等を時価で受け入れ（法税62

条1項），対価として合併対価を交付する。なお，合併対価が合併法人の株式以外の資産等の場合には，その譲渡（交付）に際し，譲渡損益が発生することとなる。

合併法人は，非適格合併により被合併法人から移転を受けた資産・負債の時価純資産価額と，被合併法人に交付する対価の差額を，資産調整勘定または負債調整勘定に計上し，5年間（60カ月）の均等償却をしなければならない（法税62条の8）。

> **平成29年度税制改正⑤－非適格合併における資産調整勘定等**
> 　平成29年度税制改正により，非適格合併により移転を受ける資産等に係る調整勘定の損金算入等に係る資産調整勘定等の損金算入額等の計算について，非適格合併の日の属する事業年度においては月割計算を行うこととする，との改正がなされている（改正後の法税62条の8第4項・7項）。

(b)　資本の部

合併法人の資本金等の額の増加額は，受け入れた資産・負債の純資産価額（被合併法人の株主等に交付した合併法人の株式，金銭ならびに当該株式および金銭以外の資産等の合併の時の価額の合計額）から，合併による増加資本金額等（合併により増加した資本金の額ならびに合併により被合併法人の株主等に交付した金銭ならびに当該金銭および当該法人の株式以外の資産の価額の合計額）等を減算した額である（法税令8条1項5号）。

非適格合併の場合，合併法人の利益積立金の額の増減はない。

(c)　繰越欠損金等の取扱い

非適格合併の場合，合併法人は，被合併法人が有していた繰越欠損金の引継ぎを受けることができない。また，非適格合併の場合，後述のグループ法人税制が適用される場合を除き，合併法人が有していた繰越欠損金の使用制限は課されていない。

(3) 被合併法人の株主の課税関係

(a) みなし配当課税

　法人税法上，被合併法人は，合併法人から合併対価を取得し，これを直ちにその株主等に交付したこととされるところ，非適格合併の場合，その対価の額が，被合併法人の資本金等の額（のうちその交付の基因となった被合併法人の株式に対応する部分の金額）を超えるときは，その超過額を剰余金の分配とみなして，みなし配当課税がなされる（法税24条1項1号）。個人株主の場合も同様である（所税25条1項1号）。

　なお，法人株主の場合，受取配当等の益金不算入（法人税法23条）の適用を受けることができる。

(b) 譲渡損益課税

　また，非適格合併の場合，被合併法人の株主は，その保有する被合併法人株式に代えて，その対価を受け取ることになるから，譲渡損益課税が生じるのが原則である（法税61条の2第1項）。この場合，みなし配当とされた金額は，譲渡収入から控除されることとなる（法税61条の2第1項1号）。

　ただし，合併対価として合併法人等の株式以外の資産が交付されない場合には，この譲渡所得課税は繰り延べられる（法税61条の2第2項）。

(4) 合併法人の株主の課税関係

　合併法人の株主に対して課税は発生しない。

3　グループ法人税制が適用される場合

(1) 譲渡損益調整資産にかかる課税繰延べ

　非適格合併の場合，被合併法人から合併法人へ移転される資産・負債については，すべて「時価」による譲渡として損益を認識することが原則である（法税62条1項）。

　しかし，完全支配関係がある場合（グループ法人税制が適用される場合）は，譲渡損益調整資産の移転により生じた譲渡損益は繰り延べられる。すなわち，

合併法人の譲渡損益調整資産の取得価額に，譲渡損益調整資産の譲渡利益額に相当する金額を算入せず，譲渡損失額に相当する金額を算入することとされており，帳簿価額で移転することとなる（法税61条の13第1項・7項）。なお，譲渡損益調整資産とは，固定資産，土地（土地の上に存する権利を含み，固定資産に該当するものを除く），有価証券，金銭債権および繰延資産で政令で定めるもの以外のものをいう（法税61条の13第1項，法税令122条の14第1項）。

(2) 繰越欠損金等の取扱い

グループ法人税制が適用される場合，合併法人について，適格合併と同様，繰越欠損金等の使用制限および特定資産譲渡等損失額の損金不算入の規定が適用される（法税57条4項，62条の7）。

第4節　包括否認規定

組織再編成を用いた租税回避行為を防止するため，包括的な否認規定が設けられている（法税132条の2，所税157条4項）。

たとえば法人税法では，税務署長は，消滅会社または存続会社，合併対価の発行会社，またはこれらの株主の法人税につき更正または決定をする場合において，その法人の行為または計算で，これを容認した場合には，合併により移転する資産および負債の譲渡に係る利益の額の減少または損失の額の増加，法人税の額から控除する金額の増加，法人の株式の譲渡に係る利益の額の減少または損失の額の増加，みなし配当金額の減少その他の事由により法人税の負担を不当に減少させる結果となると認められるものがあるときは，その行為または計算にかかわらず，税務署長の認めるところにより，その法人に係る法人税の課税標準もしくは欠損金額または法人税の額を計算することができると定めている。

特に「不当」性の意義が問題となるが，今後の判例等による議論の進展が期待される。

第5節 所得課税以外の税務

1 消費税

合併による資産等の移転は包括承継であるから，消費税法上の「資産の譲渡等」に該当しないと解されている。したがって，消費税は課税されない。

2 登録免許税

消滅会社の解散登記については3万円である（登録免許税法別表第一第24号（一）レ）。

また，存続会社・新設会社の合併登記については，吸収合併の場合は増加資本金額（新設合併の場合は新設会社の資本金額）の1000分の1.5（ただし，吸収合併により消滅した会社の当該吸収合併の直前における資本金の額として財務省令で定めるものを超える資本金の額に対応する部分については，1000分の7）であり，これによって計算した額が3万円に満たないときは申請件数1件につき3万円である（登録免許税法別表第一第24号（一）ホ・ヘ）。

なお，合併により不動産が移転する場合の所有権移転登記にかかる登録免許税は，固定資産課税台帳価額の1000分の4である（登録免許税法別表第一第1号（二）イ）。不動産取得税は非課税である（地方税法73条の7第2号）。

3 印紙税

合併契約書1通につき，4万円の印紙税が課税される（印紙税法2条・別表第一の5号）。

索　引

英数

5分の1ルール …………………… 93
90％ルール ……………………… 98
Cash-Out-Merger ……………… 24
DB ……………………………… 214
DC ……………………………… 214
DCF法 ………………………… 136
HHI …………………………… 204
SSNIP（スニップ）基準 ……… 202

あ行

異議催告手続 ………………… 113
異議を述べることができる債権者 … 105
インサイダー取引規制 ……… 170
印紙税 …………………… 52, 269
インテリジェンス事件 ……… 132
裏口上場 ……………………… 178
大曲市農協事件 ……………… 212

か行

海外資産 ………………………… 5
外国会社との合併 ……………… 18
外国競争法 …………………… 207
解散登記 ……………… 3, 40, 145
解散命令 ………………………… 17
開示が行われている場合 …… 166
会社解散判決 …………………… 17
会社関係者等 ………………… 170
会社更生手続中の会社 ………… 17
買取口座 ………… 110, 111, 120, 184
確定給付企業年金 …………… 214
確定拠出年金 ………………… 214

確定申告書 ……………………… 10
課徴金債務 …………………… 11
合併関連手続の未了 ………… 148
合併契約 ……………………… 52
　　——の解除事由 …………… 70
　　——の解除条件 …………… 70
　　——の任意的記載事項 …… 65
　　——の必要的記載事項 …… 53
合併差損→差損
合併自由の原則 ……………… 15
合併条件の変更 ……………… 151
合併対価 ……………… 21, 54, 139
　　——がないことの相当性 … 76
　　——について参考となるべき事項
　　　……………………… 82, 84
　　——の交付 ………………… 40
　　——の自由化 ……………… 21
　　——の相当性 ………… 80, 84
　　——の割当ができない株主 … 21
合併の中止 …………………… 150
合併比率の不公正 …………… 26
合併無効の訴え ……………… 157
株券提出公告 ………………… 118
株券提出手続 ……………… 36, 112
株式買取請求 ………………… 121
　　——の撤回 ………………… 128
株式買取請求権の行使 ……… 126
株式等 ………………………… 21
株主資本等変動額 …………… 231
株主総会 …………………… 64, 87
株主総会決議取消の訴え ……… 27
株主総会決議無効の訴え ……… 27
株主総会参考書類 …………… 89

株主代表訴訟 …………………………… 8
株主平等原則 …………………………… 22
株主リスト ……………………………… 146
ガン・ジャンピング …………………… 206
簡易合併 …………………………… 39, 92
完全支配関係 …………………………… 249
企業結合会計基準 ……………………… 225
企業結合ガイドライン ………………… 201
企業結合集団 …………………………… 193
企業年金 ………………………………… 214
議決権を行使することができない株主
 …………………………………………… 123
基準純資産額 …………………………… 94
基準日 ……………………………… 40, 87
規制業種 ………………………………… 11
基本合意書 ……………………………… 47
逆取得 …………………………………… 226
吸収合併 ………………………………… 1
競争を実質的に制限することとなる場合
 …………………………………………… 202
共通支配下の取引 ……………………… 227
共同支配企業の形成 …………………… 226
業法 ……………………………………… 11
業務執行を決定する機関 ……………… 172
許認可の承継 …………………………… 11
緊急停止命令 …………………………… 200
金銭債権者 ……………………………… 105
金銭等 …………………………………… 21
繰越欠損金 ………………………… 260, 268
グループ法人税制 ………………… 258, 267
刑事責任 ………………………………… 11
継続開示義務 …………………………… 167
決算手続 ………………………………… 10
欠損等法人 ……………………………… 263
公告方法 ………………………………… 103
公正な価格 ………………………… 131, 138
公正分配価格 …………………………… 132

交付金合併 ………………………… 24, 60
効力発生条件 …………………………… 70
効力発生の停止条件 …………………… 70
効力発生日 ………………………… 40, 64
 ——の変更 …………………………… 151
個別株主通知 ……………………… 127, 182
個別催告 ………………………………… 106
混合型企業結合 ………………………… 203

さ行

財源規制 ………………………………… 131
債権者異議手続 …………………… 36, 105
債権者を害するおそれ ………………… 109
最終事業年度 ……………………… 77, 108
債務超過会社 …………………………… 18
債務の履行の見込み …………………… 78
差止事由 ………………………………… 155
差止請求 …………………………… 27, 155
差損 ………………………………… 95, 237
三角合併 …………………………… 25, 59
三洋電機事件 …………………………… 136
事後備置書類 ……………………… 40, 143
 ——の閲覧 …………………………… 143
 ——の記載内容 ……………………… 144
 ——の備置期間 ……………………… 143
事前相談 …………………………… 33, 176
事前届出 …………………………… 34, 192
事前備置書類 ……………………… 36, 72
 ——の閲覧 …………………………… 74
 ——の記載内容 ……………………… 74
 ——の更新 …………………………… 79
 ——の備置開始日 …………………… 73
 ——の備置期間 ……………………… 72
実質債務超過 ……………………… 18, 23
実質的存続性 …………………………… 178
支配関係 ………………………………… 249
資本金 ……………………………… 61, 232

索引　273

資本準備金 ………………………… 61, 232
資本剰余金 ………………………… 232
就業規則の不利益変更 …………… 211
秋北バス事件 ……………………… 212
重要事実 …………………………… 170
取得 ………………………………… 226
種類株主総会 …………………… 40, 90
種類株主に損害を及ぼすおそれ …… 90
準備金 ……………………………… 61
承継債務額 ………………………… 238, 240
承継資産額 ………………………… 238, 240
証券保管振替機構 ………………… 38, 181
上場廃止 …………………………… 10, 177
譲渡制限株式等 …………………… 88, 91
譲渡損益調整資産 ………………… 267
消費税 ……………………………… 269
消滅会社の解散 …………………… 3
初日不算入 ………………………… 104
知れている債権者 ………………… 105
新株予約権買取請求 ……………… 136
新株予約権証券提出手続 ………… 36, 112
新株予約権の定めの相当性 ……… 84
新設合併 …………………………… 1
垂直型企業結合 …………………… 203
水平型企業結合 …………………… 203
スクイーズアウト ………………… 24
清算中の会社 ……………………… 17
整理解雇 …………………………… 213
セーフハーバー基準 ……………… 204
潜在債務 …………………………… 6
選択対価 …………………………… 25
総株主の同意 ……………………… 89
組織再編成交付手続 ……………… 165
組織再編成発行手続 ……………… 164
組織法上の行為に関する訴え …… 8
租税債務 …………………………… 10

た行

対価の割当て ……………………… 138
待機期間 …………………………… 196
対抗問題 …………………………… 4
対内直接投資 ……………………… 142
大量保有報告書提出 ……………… 141
抱合せ株式 ………………… 21, 234, 236
抱合せ株式消滅差損 …… 96, 234, 236, 243
チェンジ・オブ・コントロール条項 …… 8
知的財産権 ………………………… 6
中間子会社 ………………………… 235
中断・受継 ………………………… 8
適格合併の課税関係 ……………… 259
適格合併の要件 …………………… 250
適時開示 …………………………… 35, 174
テクニカル上場 …………………… 177
テクモ事件 ………………………… 132
東亜ペイント事件 ………………… 213
到達主義 …………………………… 103
登録株式質権者 …………………… 111
登録新株予約権質権者 …………… 111
登録免許税 ……………… 145, 148, 269
特殊決議 …………………………… 88
特定資産譲渡等損失額 …… 262, 268
特定組織再編成交付手続 ……… 35, 165
特定組織再編成発行手続 ……… 35, 164
特別決議 …………………………… 88
特別支配会社 ……………………… 98
特別利害関係株主 ………………… 27
特例有限会社 ……………………… 17
届出前相談 ………………………… 33, 197
取締役に対する責任追及 ………… 27
取締役の違法行為差止請求 ……… 28
取引保護条項 ……………………… 51

な行

ナカリセバ価格 ……………………… 132
二段階買収 …………………………… 135
日興コーディアルグループ事件 …… 135
日本織物加工株式事件 ……………… 172
任意の株主総会 ……………………… 99
のれん ………………………………… 230

は行

パーチェス法 ………………………… 227
ハーフィンダール・ハーシュマン指数
　……………………………………… 204
排除措置命令 ………………………… 200
配置転換 ……………………………… 213
破産手続中の会社 …………………… 17
端数処理 ………………………… 40, 140
罰金・科料 …………………………… 11
反対株主 ……………………………… 123
非金銭債権者 ………………………… 105
非支配株主 …………………………… 235
非上場株式の評価 …………………… 136
非適格合併の課税関係 ……………… 265
秘密保持契約 ………………………… 47
非流動性ディスカウント …………… 136
不適当合併 …………………………… 178
振替株式 ………………………… 37, 181
米国証券法 …………………………… 180
平成29年度税制改正 ………… 251, 253,
　　　　　　　　　　　　256, 265, 266
変更登記 ………………………… 3, 40, 145
包括承継 ……………………………… 3
包括否認規定 ………………………… 268
簿価債務超過 …………………… 18, 96, 243

ま行

マイノリティ・ディスカウント …… 136

　

みなし配当課税 ………………… 260, 267
民事再生手続中の会社 ……………… 17
無効原因 ……………………………… 158
無対価合併 ……………… 23, 54, 74, 233, 257
村上ファンド事件 …………………… 172
持分会社 ……………………………… 16
　──の社員たる地位 ……………… 7
持分等 …………………………… 25, 89, 92
問題解消措置 ………………………… 199

や行

役員退職慰労金 ……………………… 68
役員との委任契約 …………………… 7
山梨県民信用組合事件 ……………… 212
有価証券通知書 ………………… 35, 166
有価証券届出書 ………………… 35, 165
　──の効力発生 ………………… 167
有価証券報告書提出義務 …………… 10

ら行

ライセンス契約 ……………………… 6
楽天対TBS事件 ……………………… 132
利益準備金 ……………………… 61, 233
利益剰余金 …………………………… 232
利息支払義務 ………………………… 131
略式合併 ………………………… 39, 97
臨時報告書 ……………………… 34, 168
連結会社 ……………………………… 169
連結子会社 …………………………… 169
連結配当規制適用会社 ……………… 244
労働協約の変更 ……………………… 210
労働契約 ………………………… 7, 209
　──の変更 ……………………… 210
労働条件の統一 ……………………… 209

《著者紹介》

谷口　明史（たにぐち　あきひと）
弁護士法人北浜法律事務所東京事務所パートナー

〈経歴〉
1999年　慶應義塾大学商学部卒業
2004年　弁護士登録，北浜法律事務所・外国法共同事業入所
2006年　弁護士法人北浜法律事務所（現・弁護士法人北浜法律事務所東京事務所）に移籍
2009年　国内証券会社に出向し，IPO支援等の業務に従事
2011年　弁護士法人北浜法律事務所東京事務所に復帰
2012年　弁護士法人北浜法律事務所東京事務所パートナー就任

〈専門分野〉
M&A・企業再編，コーポレート・ガバナンス，IPO，資本政策，エクイティファイナンス，アセットファイナンス，証券化，ファンドビジネス，不動産法務，その他企業法務全般

〈著作〉
『新信託の理論・実務と書式』（共著，民事法研究会・2008年）
『営業秘密Q＆A80』（共著，商事法務・2015年）
『コンパクト解説会社法2　取締役・取締役会・執行役』（共著，商事法務・2016年）

合併の法務

2017年9月1日　第1版第1刷発行

著　者　谷　口　明　史
発行者　山　本　　　継
発行所　㈱中央経済社
発売元　㈱中央経済グループ
　　　　パブリッシング

〒101-0051　東京都千代田区神田神保町1-31-2
電話　03 (3293) 3371 (編集代表)
　　　03 (3293) 3381 (営業代表)
http://www.chuokeizai.co.jp

印刷／三英印刷㈱
製本／誠製本㈱

© 2017
Printed in Japan

＊頁の「欠落」や「順序違い」などがありましたらお取り替えいたしますので発売元までご送付ください。（送料小社負担）
ISBN978-4-502-23791-1　C3032

JCOPY〈出版者著作権管理機構委託出版物〉本書を無断で複写複製（コピー）することは，著作権法上の例外を除き，禁じられています。本書をコピーされる場合は事前に出版者著作権管理機構（JCOPY）の許諾を受けてください。
JCOPY〈http://www.jcopy.or.jp　e メール：info@jcopy.or.jp　電話：03-3513-6969〉

会社法・法務省令大改正を収録!

「会社法」法令集 第十一版

中央経済社 編　A5判・688頁　定価3,024円(税込)

◆新規収録改正の概要
◆重要条文ミニ解説　付き
◆改正中間試案ミニ解説

会社法制定以来初めての大改正となった、26年改正会社法と27年改正法務省令を織り込んだ待望の最新版。変更箇所が一目でわかるよう表示。

本書の特徴

◆会社法関連法規を完全収録
☞ 本書は、平成17年7月に公布された「会社法」から同18年2月に公布された3本の法務省令等、会社法に関連するすべての重要な法令を完全収録したものです。

◆好評の「ミニ解説」さらに充実!
☞ 重要条文のポイントを簡潔にまとめたミニ解説。平成26年改正会社法と平成27年改正法務省令を踏まえ大幅な加筆と見直しを行い、ますます充実!

◆引用条文の見出しを表示
☞ 会社法条文中、引用されている条文番号の下に、その条文の見出し(ない場合は適宜工夫)を色刷りで明記。条文の相互関係がすぐにわかり、理解を助けます。

◆政省令探しは簡単!条文中に番号を明記
☞ 法律条文の該当箇所に、政省令(略称=目次参照)の条文番号を色刷りで表記。意外に手間取る政省令探しもこれでラクラク。

◆改正箇所が一目瞭然!
☞ 平成26年改正会社法、平成27年改正法務省令による条文の変更箇所に色付けをし、どの条文がどう変わったのか、追加や削除された条文は何かなどが一目でわかる!

中央経済社